Gustav A. Horn
Gegensteuern

Gustav A. Horn

GEGENSTEUERN

Für eine neue Wirtschaftspolitik gegen Rechts

Ch. Links Verlag

Auch als ebook erhältlich

Die Deutsche Nationalbibliothek verzeichnet diese Publikation
in der Deutschen Nationalbibliografie; detaillierte bibliografische
Daten sind im Internet über www.dnb.de abrufbar.

1. Auflage, Mai 2020

Prinzenstraße 85 D, 10969 Berlin, Tel.: (030) 44 02 32-0
www.christoph-links-verlag.de; mail@christoph-links-verlag.de
Umschlaggestaltung: Bert Hülpüsch (kunstistarbeit.de)
Satz: Nadja Caspar, Ch. Links Verlag
Druck und Bindung: Druckerei F. Pustet, Regensburg
Gedruckt auf säurefreiem, alterungsbeständigem Papier

ISBN 978-3-96289-074-2

Inhalt

Der doppelte Einbruch
101

Der Aufbruch zu einer Wirtschaftspolitik gegen Rechts
145

Ein wirtschaftspolitischer Angriff auf den Rechtspopulismus
191

Prolog

Ein Rabbi erleidet Schiffbruch und strandet auf einer einsamen Insel. Nach Jahren des Alleinseins nähert sich ein Schiff, dessen Kapitän nicht schlecht staunt, als er auf der Insel neben dem Rabbi zwei Synagogen vorfindet, die dieser sorgfältig aufgebaut hat. »Rabbi«, so fragt er, »sag mir, warum hast du denn gleich zwei Synagogen gebaut?« »Nun ja«, antwortet der Rabbi, »da ist die eine, in die ich gehe, und da ist die andere, in die ich definitiv nicht gehe.«

Diese kleine Geschichte enthält gleich drei Lehren für die politische Kultur einer liberalen Demokratie. Die erste und offenkundige ist, dass wir uns nicht nur durch das definieren, was wir wollen, sondern auch durch das, was wir nicht wollen. Der Widerspruch oder das Opponieren gegen etwas gehören ebenso unverzichtbar zur Auseinandersetzung mit der Realität wie das Verfolgen eigener Ziele. Man darf dies, und das ist die zweite Lehre, jedoch nicht nur als intellektuelles Privatvergnügen jedes Einzelnen verstehen. Der Rabbi auf seiner Insel steht auch für eine Art rudimentärer Gesellschaft. Widerspruch in der Auseinandersetzung mit anderen wie auch mit sich selbst erzeugt intellektuelle Reibung, lässt Argumente verblassen oder schärfer werden.

Im Dialog entsteht durch Konflikte ein Prozess, der dazu dient, Erkenntnisse zu gewinnen. Das nützt am Ende allen.

Und doch darf bei all dem als dritte Lehre eines nicht vergessen werden. Widerspruch und Konflikt entstammen in unserer Geschichte derselben Quelle: dem Rabbi. Das bedeutet, Konflikte gehören zu uns und unserer Gesellschaft. Sie stellen sie nicht in Frage, sondern dienen ihrer Weiterentwicklung. Die Geschichte ist also ein indirektes Plädoyer für Toleranz im Sinne von Aushalten unterschiedlicher Sichtweisen und gegen Ausgrenzung. Dies stößt aber an seine Grenzen, wo das Aushalten und Tolerieren selbst nicht mehr toleriert und ausgehalten wird. Das wäre eine andere Insel mit einem anderen Rabbi.

Das folgende Buch handelt von der aktuellen Gefährdung dieser politischen Weisheiten und wie wir diese Gefahren meistern können und müssen.

Das politische Beben

Was ist Rechtspopulismus?

Es ist wie bei einem Erdbeben. Was mit einem leichten Zittern des Bodens beginnt, endet mit viel Getöse und einer völlig veränderten Landschaft. Derzeit ist es die politische Landschaft vieler westlicher Industrieländer, die von nationalistisch-populistischen Bewegungen erschüttert wird wie von seismischen Stößen.

Die Slogans sind fast überall die Gleichen: »Wir wollen die Kontrolle über unser Land zurück« (AfD), *»Get back control of our country«* (Brexit-Bewegung) oder *»Dans notre ville, prenez le pouvoir«* (Rassemblement National, früher Front National). Sie fügen sich zu einem rauen Klagelied, in das allerorten viele Menschen einstimmen und jene wählen, die es angestimmt haben. Von Frankreich über die Niederlande, Großbritannien und Italien bis hin zu den USA und Deutschland reicht die (unvollständige) Reihe der Wahlerfolge von Parteien, die einen Kontrollverlust beklagen.

Im Ergebnis haben sich die politischen Landschaften in vielen westlichen Ländern in den vergangenen Jahren grundlegend verändert. Es ist nicht übertrieben, von tektonischen Verschiebungen zu sprechen, die in Wahlen oder Volksabstimmungen wie immer wieder aufwallende politische Beben zum Ausbruch kommen. Im Vergleich zu früheren Abstimmungen zeigen sich dramatische Wählerbewegungen weg von den traditionellen Parteien der Nachkriegszeit und deren Vorstellungen hin zu neuen Parteien oder Bewegungen. Die politische Macht in den westlichen Gesellschaften verschiebt sich. Selbst die lange Zeit als Vorbilder gesellschaftlicher Stabilität angesehenen Staaten Skandinaviens sind davon nicht ausgenommen.

Schon auf den ersten Blick lassen sich einige Aspekte dieses Prozesses erkennen, die ihn bemerkenswert machen. Da sich das Wahlverhalten in fast allen westlichen Gesellschaften in eine ähnliche Richtung verändert hat, müssen die Wurzeln dieses Phänomens in allgemeinen Entwicklungen zu suchen sein, die nicht an nationalen Grenzen haltmachen – sie sind transnational. Das entbehrt nicht einer gewissen Widersprüchlichkeit, beziehen sich die Klagen über den Kontrollverlust doch gerade auf den Nationalstaat. Angeklagt werden die jeweiligen nationalen Regierungen, weil sie durch ihre Politik den Kontrollverlust bewirkt hätten. Ziel der politischen Bewegungen ist folglich, selbst eine nationalstaatliche Regierung zu bilden, die die Kontrolle – gerne zu Lasten anderer Nationalstaaten – wiedererlangt. Allen gemeinsam ist also die Forderung nach einem starken Nationalstaat, der sich transnationalen Phänomenen entgegenstellen soll.

Diese Ansicht wird im Übrigen nicht nur als Meinung einer Person oder Partei dargestellt, sondern als *die* Sichtweise *des* Volkes. Die besagten Bewegungen erheben also den Anspruch, als einzige einen unterstellten homogenen Volkswillen zu vertreten. Darin stecken gleich zwei – bewusste – Provokationen gegen liberale Werthaltungen auf einen Schlag: dass es ein homogenes Volk gebe und dass dieses einen einheitlichen Willen beziehungsweise eine einzige Meinung habe. Zugleich wecken diese Bewegungen Ressentiments gegen die politischen Wettbewerber, insbesondere jene, die an der Regierung sind. Man selbst vertritt schließlich nicht irgendeine Position, sondern die des Volkes – wer anderer Meinung ist, stellt sich also gegen das Volk.[1] Nicht zufällig greift die AfD im Osten Deutschlands auf die Slogans der Bürgerrechtsbewegung zum Ende der DDR zurück, und selbst der Ausspruch Willy Brandts, mehr Demokratie zu wagen, findet sich auf den Plakaten der Partei wieder. Der Alleinvertretungsanspruch für einen behaupteten Volkswillen begründet die Charakterisierung dieser politischen Bewegungen als populistisch.[2]

Populistische Bewegungen können sowohl einen rechten als auch einen linken Charakter haben. Zwar ist die Wahrnehmung eines Kontrollverlusts beiden Richtungen gemeinsam, jedoch werden dessen Wurzeln gänzlich unterschiedlich gesehen. Auf der linken Seite des politischen Spektrums ist es ein übergriffiges kapitalistisches System, das die Menschen nicht nur ausbeutet und unterdrückt, sondern auch die soziale Schutzfunktion des Nationalstaats sukzessive aushebelt. Da dieses System global agiert, ist auch der linke Kampf dagegen global angelegt. Ein stärkerer Nationalstaat ist nur ein scheinbar geeignetes Instrument in dieser Auseinandersetzung.

Rechte Populisten sehen hingegen den Ursprung des Kontrollverlustes in anderen Völkern, Religionen oder mysteriösen Bewegungen, die die Meinungen und Interessen des nur von ihnen selbst vertretenen und auch für überlegen gehaltenen Nationalvolkes unterdrücken. Deshalb wollen sie diesen endlich – nicht zuletzt gegenüber anderen Völkern – zum Durchbruch verhelfen. Der stärkere Nationalstaat ist hier nicht nur ein Instrument in dieser Auseinandersetzung, sondern er ist zugleich Ausdruck der wirtschaftlichen oder kulturellen Überlegenheit des eigenen Volkes. Um diese Haltung geht es hier, und insofern erscheint es angemessen, in diesen neuen politischen Strömungen rechtspopulistische Bewegungen zu sehen.

Dabei muss zugestanden werden, dass die Unterscheidung zwischen linkem und rechtem Populismus nicht völlig trennscharf ist. Es gibt Strömungen unter Rechtspopulisten, die das globale kapitalistische System als ein Instrument zum Beispiel des angeblich jüdischen Finanzkapitals sehen. Insofern kann auch rechter Populismus antikapitalistische Züge aufweisen.

Der Soziologe Wilhelm Heitmeyer weist zudem zu Recht daraufhin, dass »rechtspopulistisch« eine sehr grobe Bezeichnung ist, die noch weiter differenziert werden muss, um nicht vereinfachend Autoritär-Konservative mit potentiellen rechten Gewalttätern über einen Kamm zu scheren.[3] Er schlägt daher als Unterkategorien »autoritärer Nationalradikalismus« und »gewalttätiger Rechtsextremismus« vor. Ersterer umfasst vor allem die teilweise an der Regierung befindlichen Bewegungen in Osteuropa, während zu letzterem jene gehören, die am rechten Rand vieler rechtspopulistischer Parteien und darüber hinaus aktiv sind.

Der Aufstieg der Rechtspopulisten

Nicht in allen Ländern der EU gibt es nennenswert starke rechtspopulistische Parteien, in Portugal, Irland und Slowenien beispielsweise nicht. Doch wo es sie gibt, haben sie in den Wahlen der letzten Jahre fast überall zugelegt, zum Teil sogar kräftig. Ausnahmen bilden lediglich Großbritannien und Griechenland. In Großbritannien ist UKIP, die britische Unabhängigkeitspartei, bei den Unterhauswahlen 2017 eingebrochen. Mit dem für sie positiven Ausgang des Brexit-Referendums hatte sie zuvor ihr einziges Ziel erreicht, zumal sich die Konservativen und die Labourpartei mehrheitlich an das Votum gebunden fühlen. Die nachfolgenden Turbulenzen waren für viele anscheinend nicht absehbar. Nach der Wahl 2019, die eine eindeutige Mehrheit für die Brexit-Befürworter der Konservativen Partei erbrachte, ist UKIP denn auch völlig bedeutungslos geworden. Ihre zentralen Anliegen befinden sich nun in den Händen der Konservativen. In Griechenland verlor die Partei Goldene Morgenröte, die man sogar als rechtsextrem bezeichnen kann, mit der Stabilisierung des Landes bei den Wahlen 2019 fast jeglichen Rückhalt. Dass wirtschaftliche Stabilisierung dies alleine aber noch nicht zu bewirken vermag, zeigt das Beispiel Spanien, wo die rechtsradikale Vox bei den Wahlen 2019 durchaus erfolgreich war.

Die Entstehung und Entwicklung rechtspopulistischer Parteien ist je nach Land durchaus sehr unterschiedlich verlaufen. In einer Reihe westeuropäischer Staaten gaben sich schon länger bestehende, in der Regel eher kleinere Parteien eine rechtspopulistische Ausrichtung, in anderen wurden neue Parteien gegründet, die einen solchen Kurs von Anfang an beschritten. Zu ersteren gehören die Niederlande mit der Partei der Freiheit (PVV) und Österreich mit der FPÖ; beide Parteien waren zuvor eher rechtsliberal. Zu letzteren gehören die skandinavischen Staaten und Deutschland mit der AfD, wobei auch diese Partei in ihren Anfängen unter dem Vorsitzenden Lucke tendenziell rechtsliberal war. Mit dessen Abgang wurde aber rasch ein rechtspopulistischer Kurs eingeschlagen. Ähnliches gilt für die italienische Lega, die aber auf eine längere Vorgeschichte als separatistische Lega Nord zurückblicken kann.

Etwas anders verlief der Aufstieg des Rechtspopulismus in Frankreich. Bereits 1972 wurde der rechtsnationalistische Front National (FN) gegründet, der anfänglich zwar kaum Erfolg hatte, unter seinem Vorsitzenden Jean-Marie Le Pen aber seit den 1980er Jahren meist zweistellige Wahlergebnisse erzielte, bevor er 2007, kurz vor Ausbruch der Finanzkrise, auf 4,3 Prozent abstürzte. Le Pens Tochter Marine übernahm 2011 den Parteivorsitz, drängte vor allem antisemitische Vorstellungen in den Hintergrund und schlug einen vergleichsweise moderateren Kurs ein. Die 2018 in Rassemblement National (RN) umbenannte Partei liegt derzeit bei gut 13 Prozent, was angesichts der fundamentalen Umwälzungen im französischen Parteiensystem, die fast alle althergebrachten Parteien verzwergt haben, bemerkenswert ist.

Von diesen eher auf Westeuropa beschränkten Entwicklungen sind jene in Mittel- und Osteuropa zu unterscheiden. Hier nahmen Parteien, die teilweise seit der Auflösung des Ostblocks bestehen, im Laufe der Zeit eine autoritär-nationalradikalistische Ausrichtung im Sinne Heitmeyers an. Die maßgeblichen Beispiele dafür sind die ungarische Fidesz und die polnische PiS, die beide die Regierungen ihrer Länder stellen und mittlerweile Wahlergebnisse von rund 50 Prozent (Ungarn) und 40 Prozent (Polen) aufzuweisen haben. Damit sind sie die stärksten politischen Kräfte in ihren Ländern und dienen vielen westeuropäischen rechtspopulistischen Parteien als Vorbild. Über ihre Regierungstätigkeit sind sie bereits jetzt in der Lage, auf EU-Ebene Entscheidungen zu beeinflussen. Schon deshalb gibt es in der EU keine gemeinsame Haltung mehr im Umgang mit Migration.

So verschieden all diese Parteien von ihrer Geschichte und aktuellen Verfassung her sind: Sie bilden eine neue politische Strömung, die die liberale Demokratie, wie wir sie kennen, grundsätzlich in Frage stellt. Ihr gemeinsamer Anspruch, die wahre Vertretung eines homogenen und gebeutelten Volkes zu sein, und die daraus abgeleitete Rechtfertigung, dessen behauptete Interessen ohne Rücksicht auf konkurrierende Vorstellungen durchzusetzen, markiert eine Abkehr von den bislang anerkannten Regeln der politischen Kultur und der politischen Auseinandersetzung.

Die Themen der Rechtspopulisten

Immer wieder rechtfertigen Rechtspopulisten ihr Vorgehen damit, eine ständig bedrohlicher werdende moderne Welt wieder in den Griff bekommen zu müssen. Dass etwas außer Kontrolle geraten ist, versuchen sie mit ihrer Sichtweise auf aktuelle Themen zu untermauern. Das markanteste Beispiel ist das Thema Migration, das bei allen rechtspopulistischen Bewegungen weit oben auf der Liste furchterregender Gegebenheiten steht. Dabei geht es immer um den Zustrom von Menschen von außerhalb des Nationalstaates.

Nicht zu unterschätzen ist in diesem Zusammenhang die Wirkung medialer Vermittlung. Mit Bildern von Flüchtlingsströmen, die teilweise drastischer als »Flüchtlingsschwemme« bezeichnet werden, lässt sich trefflich die Angst erzeugen, der Nationalstaat habe bereits die Kontrolle über die Zuwanderung verloren oder befinde sich zumindest in einem Zustand fortgesetzter Belagerung, der nicht mehr lange durchhaltbar sei. Ikonographisch für Deutschland waren zum Beispiel die Bilder davon, wie überwiegend syrische Flüchtlinge die Grenze zwischen Ungarn und Österreich überschritten.

Die Bilder wirken zudem umso eindrücklicher, je fremder die Migranten aus dem Blickwinkel der Einheimischen aussehen. Insofern ist es gar nicht einmal Zuwanderung generell, gegen die Ängste geweckt werden, sondern zumeist die Zuwanderung aus relativ armen oder von Unruhen geplagten Regionen und aus Kulturen, die als fremd wahrgenommen werden. So sind in den USA nicht Immigranten aus Kanada Gegenstand von Befürchtungen, sondern jene aus Mittel- und Südamerika. Im Großbritannien des Brexit-Referendums waren es nicht deutsche EU-Binnenmigranten, die Furcht auslösten, sondern jene aus Polen, die im Zuge der innereuropäischen Niederlassungsfreiheit ins Land gezogen waren. Sie waren dort im Übrigen anfänglich – anders als in Deutschland – sehr wohl willkommen. In Deutschland wiederum sorgen nicht die durchaus zahlreichen Einwanderer aus Spanien, Frankreich oder Großbritannien für Unruhe. Vielmehr sind es jene aus außereuropäischen Staaten und teilweise die aus Osteuropa.

Die Eindämmung primär dieser Migration ist denn auch eine Kernforderung aller rechtspopulistischen Bewegungen. Begründet wird sie häufig mit der Furcht vor einer kulturellen »Überfremdung«, die sich teilweise generell gegen kulturelle Vielfalt richtet. In Deutschland stand am Beginn der politisch organisierten Anti-Migrationsbewegung der enorme Erfolg von Thilo Sarrazins Streitschrift *Deutschland schafft sich ab.* Darin wird behauptet, die Migranten zwängen der einheimischen Bevölkerung ihren Lebensstil auf. Dazu komme es schon allein deshalb, weil die Geburtenrate der Migranten wesentlich höher liege als die der einheimischen Bevölkerung. Außerdem behauptet Sarrazin, dass das Leistungsniveau der Volkswirtschaft durch die kulturelle Veränderung sinken werde. So umstritten und methodisch zweifelhaft seine Publikation auch war, ist ihr Einfluss auf die politische Landschaft in Deutschland doch unbestreitbar. Endlich, so die Meinung vieler, sprach jemand aus, was ohnehin alle dachten. Das Buch wurde als ein längst überfälliger Tabubruch angesehen. »Das wird man doch wohl noch sagen dürfen« ist in der Folge nahezu zu einem geflügelten Wort geworden.

Vor allem wird mit dem Zustrom von Flüchtlingen die Furcht vor einem Anstieg der Kriminalität geschürt. Da junge Männer einen hohen Anteil an den Migranten und – wie unter Deutschen – an der Kriminalität haben, hat die Angst trotz allgemein abnehmender Kriminalität einen realen Kern. Sie verbindet sich mit einer allgemein gestiegenen Furcht in Zeiten grundlegenden Wandels und erhöht die Zustimmung für strengere Sicherheitsmaßnahmen insbesondere gegenüber Ausländern. Einzelne Gewaltvorfälle und jeder kriminelle Akt mit einem Flüchtling oder einem Menschen mit migrantischem Hintergrund als Täter werden als Beleg für diese Gefahr gesehen. Meist folgt unmittelbar nach Bekanntwerden einer Tat eine sehr rasche, von den näheren Umständen und Ursachen absehende öffentliche Vorverurteilung der Täter. Dies geschieht in der Regel über die sozialen Medien. Damit wird sie lawinenartig der eigenen Anhängerschaft und den beobachtenden Nutzern bekannt. In der Regel gelingt es, auf diese Weise eine gesellschaftliche Debatte auszulösen, bei der die tatsächliche oder vermutete kriminelle Neigung von Zuwanderern im Mittelpunkt steht. Das Ziel einer negativeren Wahrnehmung von Migration wird in der Regel erreicht.

Eng verbunden mit der Furcht vor Migration im Allgemeinen ist die Islamfurcht und die Furcht vor einem islamistischen Terroranschlag im Besonderen. Schließlich sind viele der Migranten Muslime. Und die neigen in den Augen der Rechtspopulisten und ihrer Anhänger letztlich alle zum gewalttätigen Islamismus. Folglich müssen Muslime, auch jene, die in westlichen Gesellschaften tief verwurzelt sind, mit Vorsicht und Skepsis und letztlich als Fremde betrachtet werden.

Das gilt erst recht, wenn Muslime sich erdreisten, in gesellschaftlichen Debatten Position gegen Rechtspopulisten zu beziehen. Hierzu sind sie in den Augen von Rechtspopulisten schlicht nicht legitimiert. Das *»Send them back«* des Publikums bei einer Wahlkampfveranstaltung des amerikanischen Präsidenten Trump im August 2019, wo dieser sich über die Kritik muslimischer Kongressabgeordneter beklagte, spricht Bände. Es besagt nichts anderes als: Ihr gehört nicht zum amerikanischen Volk. Ähnliche Ausbrüche gehören in Deutschland zum Repertoire der AfD, deren Vertreter Muslime teilweise als Kameltreiber bezeichnen und ihnen analogerweise die Zugehörigkeit zum deutschen Volk absprechen. Intellektuelle Vorarbeit hat auch in diesem Fall Thilo Sarrazin mit seiner abschätzigen Rhetorik über »Kopftuchmädchen« geleistet.

Mittlerweile hat sich das Themenspektrum der Rechtspopulisten merklich erweitert. So bestreiten sie, oder säen Zweifel daran, dass der Klimawandel von Menschen bewirkt wurde. In dieser Hinsicht engagieren sich besonders der amerikanische und der brasilianische Präsident. Auch dieses Thema ist hervorragend geeignet, Ressentiments gegen vermeintliche internationale Verschwörungen zu schüren, die den Klimawandel als Argument nutzen, um Völker wirtschaftlich zu schwächen. Die AfD hat diese Position mittlerweile ebenfalls eingenommen. Letztere kann mit ihrem Kampf gegen das Eindringen von Wölfen nach Deutschland und deren Ausbreitung besondere Originalität beim Agenda-setting beanspruchen. Aber letztlich ist dies auch eine Form von Migration. Ganz generell steht jede Ausprägung der Globalisierung in der Kritik der Rechtspopulisten. Dazu gehören multilaterale Organisationen wie die WTO, IWF und OECD – und vor allem in Europa die EU. In solchen Institutionen sehen sie lediglich Instrumente der Unterdrückung des eigenen Volkes.

All diesen Themen gemeinsam ist, dass sie angstbesetzt sind und den Boden für Ressentiments bereiten. Zwar würde man erwarten und sich auch wünschen, dass Parteien oder einzelne Politiker solche Ängste aufgreifen. Dies sollte jedoch mit dem Ziel geschehen, sie zu mindern: durch glaubwürdige Argumente, dass die Ängste unbegründet oder überzogen sind, oder durch glaubwürdige Vorschläge und Maßnahmen, die ihre Ursachen beseitigen. Das ist aber nicht das Ziel der Rechtspopulisten. Sie wollen die Ängste verschärfen, um das politische System und seine Repräsentanten als nicht willens oder unfähig zur Lösung von Problemen darzustellen, die für *das* Volk existenziell sind.

Ein markantes Beispiel für diese Art von Destabilisierungsstrategie zeigte sich im Februar 2020 bei der Ministerpräsidentenwahl in Thüringen. Die AfD wählte geschlossen nicht den eigenen Kandidaten, sondern den der FDP, der aber auch über keine eigene Mehrheit verfügte. Sie stürzte damit das Bundesland, CDU und FDP in eine politische Krise, die den gewünschten Eindruck von Inkompetenz der »etablierten« Parteien hervorrief.

Darüber hinaus verknüpfen die Rechtspopulisten sämtliche Anliegen mit der Abwertung und Diskreditierung Andersdenkender. So soll Angst in Zorn überführt werden. In den letzten Jahren ist ihnen dies zunehmend gelungen. Wie der indische Schriftsteller und Gesellschaftsbeobachter Pankaj Mishra in seinem Buch *Zeitalter des Zorns* beschreibt, verfolgen populistische Bewegungen auf der ganzen Welt diese Strategie, von Rechtspopulisten und Nationalisten über Separatisten bis hin zu Islamisten. Der Zorn hat in diesen Kreisen den Verstand als Treiber der Politik abgelöst. Der amerikanische Präsident verkörpert diese Strategie sowohl durch seine politischen Maßnahmen als auch im Habitus in exemplarischer Weise. Die verheerenden Konsequenzen sind in vielen Ländern zu beobachten: zahlreiche hasserfüllte Auseinandersetzungen über politische Themen bis hin zu Gewalttaten und eine schroffe politische Polarisierung der Gesellschaft. Politik ist in Teilen unkalkulierbar und zutiefst verunsichernd geworden.

Das hat Konsequenzen für ein Gegensteuern. An den Verstand zu appellieren und rational bessere Politikkonzepte vorzuschlagen, reicht nicht. Es gilt, den Zorn und dessen Auslöser auch emotional anzusprechen. Es gilt, den zornigen Menschen das Gefühl zu vermitteln, ihre Anliegen werden zumindest ernst genommen. Es gilt zudem, ihnen den Respekt zu geben, den sie anderen verweigern. Dies heißt mitnichten, dass man ihnen in allem zustimmen muss. Im Gegenteil, ernst nehmen kann auch heißen, Anliegen klar abzulehnen. Gleichzeitig kann man ihnen aber das Gefühl vermitteln, sie werden wenigstens wahrgenommen.

Soziale Medien als Kanäle des Zorns

Wie sich bei der Ausschlachtung von Straftaten mit Beteiligung von Migranten zeigt, hat die Digitalisierung günstige Voraussetzungen für rechtspopulistische Bewegungen geschaffen. Und sie verstehen es insbesondere, soziale Medien wie WhatsApp, Facebook und Twitter für ihre Zwecke zu nutzen. Während ersteres der internen Kommunikation dient, werden über Facebook und Twitter die eigenen Anhänger mobilisiert und die politischen Gegner verunglimpft.

Dabei kommt die Funktionsweise sozialer Medien den Rechtspopulisten sehr entgegen. Zunächst einmal können sie sich mit Postings und Tweets ungefiltert äußern. Keine Redaktion, kein Lektor hemmt sie in ihren Formulierungen oder prüft gar den Wahrheitsgehalt ihrer Äußerungen. Ihr eigenes Narrativ über diese Tätigkeit immunisiert sie gleichzeitig gegenüber Kritik. Denn sie behaupten, es seien die sogenannten Mainstream-Medien, die ständig die Unwahrheit verbreiten oder, um es mit einem durch den amerikanischen Präsidenten populär gewordenen Ausdruck zu umschreiben: Fake News (gefälschte Nachrichten). Als Mainstream-Medien werden dabei alle journalistischen Medien verstanden, die sich nicht auf rechtspopulistischer Linie befinden. Aus dieser Sichtweise erscheint es nicht nur gerechtfertigt, sondern sogar geboten, dem Volk den eigenen und einzig wahren Standpunkt unmittelbar mitzuteilen und alle traditionellen Filterinstanzen zu umgehen. Zwischen wahren und falschen Informationen wird dabei prinzipiell nicht mehr unterschieden. Alles, was dazu dient, den eigenen Standpunkt zu verbreiten und Angst zu erzeugen, ist genehm. Lüge wird zum strategischen Instrument politischer Auseinandersetzung.

Rechtspopulisten machen sich zudem die Tendenz der sozialen Medien zunutze, Inhalte in emotionaler Form darzustellen. Sie ergibt sich aus dem Impuls bei Nutzern, auf emotionale, insbesondere konfliktträchtige Inhalte stärker zu reagieren als auf nüchtern rationale Darstellungen. Deshalb erzielen emotionale Aussagen höhere Zugriffs- und Interaktionszahlen. Dies macht sie nicht nur für ihre Autoren wertvoller, weil diese so mehr Menschen erreichen, sondern auch für die Plattformbetreiber, die ihre Werbung an mehr Nutzer verbreiten können und zugleich mehr Daten für ihre kommerziellen Auswertungen erhalten. Aus diesem Grund neigen die Algorithmen der Betreiber dazu, diesen Botschaften eine höhere Relevanz beizumessen – schließlich lässt sich durch sie mehr Geld verdienen. Aus dieser gemeinsamen Interessenlage kommt ein sich selbst verstärkender Verbreitungsprozess in Gang, der im für Autoren wie Plattformbetreiber »günstigsten« Fall aus einer Botschaft mit Konfliktgehalt einen Shitstorm werden lässt. Dies ist laut Duden: »Ein Sturm der Entrüstung in einem Kommunikationsmedium des Internets, der zum Teil mit beleidigenden Äußerungen einhergeht.«[4]

Da Ängste, Aggressionen und Konflikte der Treibstoff der Rechtspopulisten sind und die Wahrheit für sie keine Rolle spielt, bieten Facebook, Twitter und andere soziale Medien günstigste Bedingungen, um die eigenen Botschaften zu verbreiten und die Anhängerzahl zu erhöhen. Dieser Kommunikationsstil ist relativ naheliegend, wenn man sich in der Rolle einer Opposition befindet oder sieht, die immer wieder Konflikte mit der Regierung oder der Mehrheit oder ganz generell mit einem als solchem definierten Establishment vom Zaun brechen kann. Wie der US-Präsident zeigt, geht es aber auch aus einer Regierungsposition heraus. Denn selbst als Inhaber des vielleicht mächtigsten Amtes der Welt definiert er sich noch durch die Opposition gegenüber angeblich dominierenden Kräften im Parlament, in den Medien oder der Finanzwelt. Damit nicht genug, kann er jederzeit behaupten, außenpolitisch allein gegen den Rest der Welt zu stehen. Die Auseinandersetzungen über die Handelspolitik sind aus Social-Media-Sicht geradezu ideal. Auch die italienische, ungarische oder polnische Regierung, in denen ebenfalls rechtspopulistische Parteien vertreten sind oder waren, nehmen sich gern ein Establishment zum Gegner, hier das europäische, namentlich Deutschland.

Es wäre naiv zu übersehen, dass die von den Rechtspopulisten so gescholtenen »Mainstreammedien« zu dieser konfrontativen Art der Auseinandersetzung durchaus einen Beitrag leisten. Bereits vor dem Aufkommen rechtspopulistischer Bewegungen neigten sie in ihrer politischen Berichterstattung und in ihren Analysen vielfach zu grundlosen Überspitzungen. Da wurden und werden kleinere Fehler, deren Bedeutung auf den Tag beschränkt ist, zu Skandalen aufgewertet, die Staatskrisen nahezukommen scheinen. Die Themen verschwinden zumeist rasch, zurück bleibt ein Gefühl allgemeinen politischen Versagens, das die Grundbotschaft der Rechtspopulisten plausibel zu machen scheint. Auch die Auswahl und Benennung von Themen und die Besetzung der Talkshows, insbesondere bei privaten Anbietern, folgt bis heute weniger der Logik einer sachlichen, wenn auch vielleicht kontroversen Analyse als dem Bestreben, einen möglichst heftigen Streit oder überhaupt Emotionen auszulösen. Selbst absurdeste Meinungen, die keinerlei Überprüfung standhalten oder ethisch grenzwertig sind, kommen dort zu Wort, sofern ihre Vertreter einigermaßen rhetorisch begabt sind. In dieser Redaktionspolitik spiegelt sich die verschärfte Konkurrenz der traditionellen Medien untereinander sowie gegenüber den digitalen Medien wider, die die Auflagen oder die Einschaltquoten drückt.

In Deutschland wie in vielen anderen Ländern waren Talkshows das Einfallstor rechtspopulistischer Parteien in die Mainstreammedien, versprachen Besetzungen beispielsweise mit AfD-Vertretern doch maximalen Krawall. Aus dem gleichen Grund wurden in Printmedien, TV und Hörfunk Debatten aus den sozialen Medien aufgegriffen, was einerseits zur Popularisierung von AfD-Positionen beigetragen und andererseits die Bedeutung der sozialen Medien erhöht hat. Versteht man es, seine Position dort nur »laut« genug zu artikulieren, erhält man noch eine verstärkende Wirkung über die traditionellen Medien.

Das Ergebnis dieser veränderten Kommunikationsformen ist eine Emotionalisierung und Polarisierung der politischen Positionen. Dies erklärt nicht nur die Schärfe mancher öffentlichen politischen Auseinandersetzung insbesondere bei Demonstrationen wie jenen von Pegida, die bis zur Gewaltandrohung gegenüber Andersdenkenden reichen. Es erschwert auch den Dialog oder gar das Erreichen eines Kompromisses. Damit sind die traditionellen Konsensfindungsmechanismen liberaler Demokratien häufig lahmgelegt.

Auf dem Weg in eine digitale Wirtschaft

Wie konnte es soweit kommen? Das ist eine der Fragen, die dieses Buch leiten sollen. Es wäre oberflächlich, sie mit Verweis auf die Relevanz der Themen zu beantworten, an denen sich die Rechtspopulisten abarbeiten. Gäbe es ohne Migration, ohne Islamismus, ohne Klimawandel und ohne Wölfe keine Rechtspopulisten? Manche Politiker scheinen in der Tat so zu denken. Sie versuchen, den Rechtspopulisten das Wasser abzugraben, indem sie deren Angstthemen gezielt adressieren. Dies schlägt sich insbesondere in einer ausgeprägten Härte gegenüber Migranten und im Kampf gegen Islamismus nieder. Dennoch ist es bislang nicht gelungen, die Zustimmung, die rechtspopulistische Bewegungen erfahren, nachhaltig zu mindern. Es muss also tiefere Gründe dafür geben, warum so viele Menschen weltweit aus in Wut umgeschlagener Angst Parteien und Menschen wählen, die vieles von dem in Frage stellen, was zum politischen Konsens liberaler Demokratien der vergangenen Jahrzehnte gehörte.

In der Literatur finden sich dazu zwei grundlegende Sichtweisen.[5] Die eine führt dieses Wahlverhalten primär auf kulturelle Veränderungen zurück. Damit sind etwa die Erfolge der verschiedenen Emanzipationsbewegungen in den letzten Jahrzehnten gemeint. Die Emanzipation der Frauen, das gleichberechtigte Ausleben verschiedener sexueller Orientierungen oder vor allem in den USA das Streben nicht-weißer Gruppen nach Gleichberechtigung lösen insbesondere bei vielen weißen heterosexuellen Männern die Befürchtung aus, sie könnten ihren bislang höheren sozialen Status einbüßen. Genau sie bilden den Kern rechtspopulistischer Wählerschaft. In Deutschland hat nicht zuletzt der Zustrom von Flüchtlingen deutlich gemacht, dass die Entwicklung zur multikulturellen Gesellschaft unumkehrbar ist, was wiederum ähnliche Ängste auslöst. Analoges gilt schon seit Längerem für Frankreich, Belgien und die Niederlande sowie die skandinavischen Staaten. In manchen osteuropäischen Ländern, wo sich die Zusammensetzung der Gesellschaft und die rechtliche Benachteiligung bestimmter Gruppen erst rudimentär geändert hat, fürchtet man eher ein Übergreifen der westeuropäischen Entwicklungen.

Rechtspopulisten sehen in solchen gesellschaftlichen Veränderungen den Untergang einer von ihnen so wahrgenommenen nationalen Kultur. Konservative beklagen in Deutschland ohnehin seit Langem das Verblassen einer deutschen »Leitkultur« oder fordern deren Einhaltung von

Migranten. Beides richtet sich gegen die Koexistenz einer Vielfalt von Kulturen im eigenen Land – »Multikulti ist tot« lautet nicht zufällig ein Slogan von Konservativen wie Rechtspopulisten.

Die Schärfe und Emotionalität der Auseinandersetzungen um all diese Umbrüche erklärt sich auch dadurch, dass sie in den Augen der rechtspopulistischen Anhängerschaft von einer tonangebenden urbanen Schicht vorangetrieben werden, von der man sich in der eigenen eher ländlichen oder kleinstädtischen Lebenswelt verachtet und geringgeschätzt fühlt. Während man selbst sich als heimatverbunden und zumindest im eigenen Umfeld als sozial engagiert ansieht, denunziert man die Weltoffenheit der Großstädter als Wurzellosigkeit und Verantwortungslosigkeit gegenüber den eigenen Mitbürgern. Als Paradebeispiel dafür dient in Deutschland die vermeintliche Vorzugsbehandlung von Flüchtlingen.

Hinter dieser Wahrnehmung stecken nicht nur Stadt-Land-Gegensätze, sondern auch solche zwischen Regionen oder zwischen Peripherie und Zentrum. In den USA ist dies der kulturelle Gegensatz zwischen den Küstenbewohnern auf der einen und dem Mittleren Westen beziehungsweise dem Süden auf der anderen Seite. In Großbritannien ist es der Norden gegen den Süden, insbesondere die Metropole London, in Frankreich der vormals industrielle Norden und Osten gegen die Region um Paris. In Deutschland stehen auch dreißig Jahre nach der Vereinigung die Gegensätze zwischen ost- und westdeutschen Regionen für diese kulturelle Spaltung. Der tiefste Graben besteht zwischen westdeutschen Metropolenbewohnern und ostdeutscher Landbevölkerung. In ostdeutschen Städten unterscheiden sich die Sichtweisen hingegen nicht so sehr von jenen in westdeutschen. Umgekehrt findet man auch in westdeutschen Bundesländern Landstriche, in denen ähnlich gedacht wird wie in ostdeutschen.

Der Zorn und teilweise der Hass entstehen wohl insbesondere aus dem Gefühl, dass der politische Prozess von den urbanen und weltoffenen Schichten zu Lasten der »normalen Menschen« dominiert wird. In den USA wurden vor allem die Demokraten unter Hillary Clinton als die politische Verkörperung dieser Schichten und ihrer Kultur gesehen. Dabei spielt auch eine Rolle, dass den Metropolen besonders in den USA und Großbritannien eine Affinität zu unseriösen Finanzmärkten nachgesagt wird, während die Wähler der Rechtspopulisten sich selbst als in soliden Produktionsaktivitäten verankert ansehen. Tatsächlich gab und gibt es eine enge Verbindung der Demokraten zum Finanzsektor. Sie werden auch überwiegend in den Städten gewählt. Indem Donald Trump diese Merkmale der Demokraten herausstellte, konnte er die Präsidentschaftswahl gewinnen.

In Europa richtet sich der Zorn in der Regel gegen das gesamte etablierte Parteiensystem, das sich dadurch vor allem in Frankreich und Italien bereits massiv verändert hat. Auch in Deutschland werden die »Altparteien« von den Rechtspopulisten pauschal als Verantwortliche für die angebliche politische Dominanz urbanen Denkens gesehen. Besonders trifft dies die Volksparteien CDU und SPD, da gerade ihr Anspruch, die Interessen der gesamten Bevölkerung zu vertreten, von Rechtspopulisten aggressiv und zunehmend erfolgreich in Frage gestellt wird.

In diese sehr allgemeinen Sichtweisen der Rechtspopulisten schleichen sich im Konkreten vielfach Widersprüche ein. So wird auf der einen Seite die gleichberechtigte Vielfalt einer multikulturellen Gesellschaft beklagt. Auf der anderen Seite wird gerade muslimischen Migranten vorgeworfen, sie würden etwa Frauen, Homosexuelle oder Juden nicht als gleichberechtigte Mitglieder der Gesellschaft anerkennen. Das mag mitunter zutreffen, gilt aber nicht weniger für Teile der rechtspopulistischen Bewegungen. Man lehnt also sowohl gesellschaftliche Vielfalt als auch den mangelnden Respekt vor ihr ab.

Offenbar geht es um etwas anderes. Das wird deutlich, wenn man sich den zweiten Erklärungsansatz für das Aufkeimen des Rechtspopulismus vor Augen führt. Demnach sind es vor allem wirtschaftliche Gründe, die Menschen dazu treiben, rechtspopulistische Bewegungen zu unterstützen.[6] Als deren Anhänger werden also vornehmlich die sogenannten Abgehängten identifiziert. Darunter versteht man Menschen, die nicht vom wirtschaftlichen Fortschritt des vergangenen Jahrzehnts profitiert haben, weil ihre Fähigkeiten bei neueren Produktionsverfahren nicht mehr gefragt waren oder ihre Branchen dem Strukturwandel zum Opfer fielen.

Ersteres trifft auf Tätigkeitsbereiche zu, in denen zunehmend die Anwendung digitaler Verfahren gefragt ist. Entsprechen die Kompetenzen von Beschäftigten nicht diesen Anforderungen, bleiben sie in der Hierarchie und in der Entlohnung zurück. Manche verlieren sogar ihre Beschäftigung. Verwaltungen und Teile der Industrie sind Beispiele hierfür. Für den Niedergang oder sogar Wegfall ganzer Branchen wiederum gibt es ikonenhafte Beispiele wie die Kohle- und Stahlindustrie. Letztere diente Donald Trump im Wahlkampf als Vorlage für die Beschreibung des wirtschaftlichen Niedergangs der USA – nicht zuletzt deshalb dürfte er im sogenannten Rust Belt viele Wähler für sich gewonnen haben. Ebenso stimmten in Großbritannien vor allem jene Regionen für den Brexit, in denen zuvor ganze Industriezweige wie Kohle und Stahl verschwunden waren.

Auch beim ökonomischen Erklärungsansatz spielen also regionale Disparitäten eine Rolle, insofern sich vom Niedergang betroffene Branchen häufig in bestimmten Gegenden konzentrieren. Dazu gehört aber auch, dass sich die Bevölkerung in den Industrieländern gerade wieder einmal auf eine Wanderung weg vom Land in Richtung Städte aufgemacht hat. Dort sind bekanntlich Wohnungsknappheit und hohe Mieten die Folge, während in den verlassenen Regionen die Bevölkerung altert und die Wirtschaftskraft schwindet. Dies ist in Deutschland insbesondere im ohnehin dünner besiedelten ländlichen Osten ein gravierendes Problem. Dass bei der zurückbleibenden Bevölkerung ein Gefühl der Verlassenheit und des Im-Stich-gelassen-Werdens entsteht, ist leicht nachzuvollziehen.

Vor diesem Hintergrund ist ersichtlich, dass es keinen stabilen Zusammenhang zwischen Arbeitslosigkeit und geringem Einkommen auf der einen Seite und der Neigung, rechtspopulistische Parteien oder Bewegungen zu wählen, auf der anderen gibt. Denn auch unter gutverdienenden und sozial abgesicherten Beschäftigten finden diese Gruppierungen spürbare Unterstützung, weil das beschriebene Gefühl auch dort verbreitet ist.

Diese wirtschaftlich heterogene Zusammensetzung der rechtspopulistischen Anhängerschaft führt wiederum zu Widersprüchen in Selbstverständnis und Programmatik der Parteien. So passt deren Anspruch, Anwalt der Benachteiligten zu sein, weder zum wohlsituierten Teil der eigenen Wählerschaft noch zu den wirtschaftspolitischen Forderungen, die zumeist aus dem Instrumentenkasten des wirtschaftlichen Establishments entlehnt sind. In Deutschland wird dies noch dadurch unterstrichen, dass zur AfD auch eine Fraktion eher neoliberaler Gegner des Euro gehört. Aus ihren Kreisen stammen sogar die Gründerväter der Partei, auch wenn diese mittlerweile an den Rand oder gleich ganz hinausgedrängt sind, wie der erste Vorsitzende Bernd Lucke, ein Ökonomieprofessor aus Hamburg.

Zwischen den heute die AfD beherrschenden Rechtspopulisten und ihren neoliberalen Vorgängern gibt es einen gewaltigen Unterschied. Rechtspopulisten erhoffen sich wirtschaftliche Rettung allein durch den Nationalstaat. Wirtschaftlicher Multilateralismus hingegen, dessen Notwendigkeit Neoliberale durchaus sehen, gilt ihnen als Ursache der eigenen Benachteiligung, da immer nur andere Staaten davon profitierten. Da die Rechtspopulisten das in allen Ländern behaupten, stellt sich logischerweise die Frage, wer denn nun wirklich vom Multilateralismus profitiert. Aber dieses Problem wird von ihnen in der Regel nicht adressiert. Es bleibt der Eindruck einer allgemeinen wirtschaftlichen Benachteiligung, den sie erfolgreich erwecken. In Deutschland machen sie sich dabei überdies die immer noch unvollständige wirtschaftliche Angleichung zwischen Ost und West zunutze. »Der Osten« ist in den Augen der AfD grundsätzlich wirtschaftlich benachteiligt, und die Partei beansprucht, dessen wirtschaftspolitische Interessensvertretung zu sein.

Die wissenschaftliche Debatte darüber, welcher dieser Gründe die Wurzeln des Rechtspopulismus am besten beschreibt, wogt hin und her. Sie soll in diesem Kapitel nicht vertieft werden. Vielmehr geht es darum, das Gemeinsame dieser Erklärungsversuche herauszufinden, um zu verstehen, was die gesellschaftliche Unrast hervorgerufen hat.

Die Angst im Wandel

Sowohl die kulturellen als auch die wirtschaftlichen Umbrüche entspringen Trends der Moderne: Globalisierung, Digitalisierung und Individualisierung. Alle drei sind miteinander verknüpft, verstärken sich derzeit wechselseitig und führen zu einem beschleunigten gesellschaftlichen Wandel, dessen Tempo und Richtung von vielen als Belastung empfunden wird.

Die Globalisierung hat dazu geführt, dass immer mehr Unternehmen auf dem Weltmarkt präsent sind und weitreichende globale Wertschöpfungsketten aufgebaut haben. Das hat weit mehr als nur eine handelspolitische Bedeutung. Lieferbeziehungen bestimmen, wieviel aus einem Land exportiert wird oder es an Importen bezieht. Zusammen mit anderen Finanztransfers bildet dies die sogenannte Leistungsbilanz einer Volkswirtschaft, an der sich ablesen lässt, ob durch die außenwirtschaftlichen Verknüpfungen mehr Geld hinein- oder herausfließt. Je nachdem zeigen sich Überschüsse oder Defizite. Deren seriöse ökonomische Interpretation ist komplex und soll an dieser Stelle nicht ausgebreitet werden. Die Leistungsbilanz lädt jedoch zu Vereinfachungen ein, die sich gerade Rechtspopulisten zu Nutze machen.

Dies ist vor allem dann der Fall, wenn die Leistungsbilanz ein Defizit aufweist. Das wird von ihnen als Beleg für eine Ausbeutung der eigenen Wirtschaft durch das Ausland aufgefasst: Das eigene, gute Geld fließe dorthin ab und stehe deshalb nicht für sinnvolle Projekte im Inland zur Verfügung. Diese Sichtweise wird besonders nachdrücklich vom amerikanischen Präsidenten vertreten; ähnlich argumentieren die Politiker des Rassemblement National in Frankreich. Beide führen die Leistungsbilanzdefizite ihrer Volkswirtschaften als »Beleg« für die schädlichen Wirkungen der Globalisierung an.

Dieser Weg steht den Rechtspopulisten in Deutschland und den Niederlanden nicht offen. Beide Länder haben seit Jahren markante Überschüsse in ihren Leistungsbilanzen. Dennoch sehen auch die rechtspopulistischen Parteien hier die Globalisierung nicht als vorteilhaft an. Sie begründen das mit deren Auswirkungen auf den Arbeitsmarkt. In der Tat verändern die globale Wertschöpfung und der globale Handel selbstverständlich immer wieder die Verteilung der Arbeitsnachfrage zwischen den einzelnen Volkswirtschaften. Damit setzen sie das Arbeitsangebot, also die Beschäftigten und Arbeitsuchenden, in globalem Maßstab unter Konkurrenzdruck. Dieser Konkurrenzdruck belastet die Menschen, und die Unternehmen zögern häufig nicht, ihn gegen Forderungen nach verbesserten Arbeitsbedingungen und höheren Löhnen auszuspielen. Dies lässt sich politisch als Druck aus einem übelwollenden Ausland interpretieren, und davon machen Rechtspopulisten Gebrauch.

Das Ausmaß der modernen Globalisierung wäre ohne die Digitalisierung undenkbar. Nur mit schnellem Datentransfer und ortsungebundener Arbeit lassen sich viele der heutigen Angebote auf den verschiedenen Märkten erstellen. Ein prominentes Beispiel sind die Finanzmärkte. Viele der teilweise komplexen Transaktionen wären ohne digitale Technologien unmöglich. Vor allem wären sie nicht einmal annähernd so schnell abzuwickeln, den Hochfrequenzhandel gäbe es gar nicht. Aber auch traditionellere Industrien wie die Automobilbranche sind in ihrer heutigen Form ohne Digitalisierung nicht mehr denkbar. Vom Design über die arbeitsteilige Produktion im globalen Maßstab bis zu Logistik und Vertrieb – alles hängt von dem Einsatz digitaler Technologie ab. Dies hat Folgen. Digitale Technologien weisen in der Regel niedrige Grenzkosten auf. Jede zusätzlich produzierte Einheit verursacht nur geringe zusätzliche Kosten. Das führt zu höheren Marktanteilen, relativ billigeren Produkten, aber auch zu verschärfter Konkurrenz nicht nur auf dem Produkt-, sondern auch auf dem dadurch global enger verflochtenen Arbeitsmarkt.

Die verschärfte Konkurrenz auf den Arbeitsmärkten ist also anders als von vielen Rechtspopulisten behauptet nicht auf Zuwanderung zurückzuführen. Dies hat auch jüngst der Migrationsforscher Giovanni Perri in einem Interview mit der *Zeit* klargestellt.[7] Er weist darauf hin, dass Einwanderer sowohl das Angebot an Arbeit und damit letztlich auch an Gütern und Dienstleistungen steigern. Dies verstärkt für sich genommen zwar den Konkurrenzdruck. Aber mit ihren Einkommen erhöhen sie auch die Nachfrage nach Gütern. Das vermindert ihn, da man durch den höheren Absatz an Gütern mehr Arbeitskräfte benötigt. Es ist deshalb wenig überraschend, wenn es keinen Nachweis gibt, dass Migration die Löhne deutlich nach unten oder die Mieten erheblich nach oben drücken würde, gleichwohl fühlen sich viele Menschen durch Migration auch wirtschaftlich bedroht.

Konkurrenz verstärkend wirkt hingegen die Individualisierung. Die westlichen Gesellschaften haben in den vergangenen Jahrzehnten einen Zuwachs an Wohlstand und Entfaltungsmöglichkeiten erlebt, der zugleich einst festgefügte traditionelle gesellschaftliche Milieus aufweichen ließ. Der Einzelne identifiziert sich immer weniger mit ihnen und schließt sich auch immer seltener den ihnen zugehörigen Organisationen an. In der Tendenz sinkende Mitgliederzahlen bei Parteien, Gewerkschaften und Kirchen zeigen dies deutlich. Das schafft einerseits individuelle Freiräume, nimmt andererseits aber den Schutz, den die Milieus und ihre Organisationen bei aller Enge gleichwohl versprachen.

Und dies hat Konsequenzen für die ökonomische Machtverteilung in einer Gesellschaft. Denn vor dem Hintergrund der drei Großtrends verschieben sich die Kräfteverhältnisse auf den Märkten. Schließlich hat der Einzelne auf sich gestellt in der Regel keine Chance, seine Interessen unter den Bedingungen globalisierter Arbeitsmärkte nennenswert zur Geltung zu bringen. Schließlich gibt es keine machtvollen globalen Gewerkschaften, da sie noch immer weitgehend national organisiert sind. Ausnahmen sind jene Arbeitskräfte, deren Fähigkeiten durch die Globalisierung und Digitalisierung stärker nachgefragt werden. Sie können ihre wirtschaftliche Situation sogar spürbar verbessern. Es gibt also deutlich erkennbare Gewinner und Verlierer. Und das gilt auch für die Unternehmen.

Die Machtverschiebung

Der französische Ökonom Jean Pisani-Ferry, der lange Zeit Berater von Präsident Emmanuel Macron war, hat unsere Gegenwart treffend mit den Worten beschrieben, die Welt sei nicht länger flach.[8] Seiner Meinung nach sahen gegen Ende des 20. Jahrhunderts viele Ökonomen eine ganze Reihe von Anhaltspunkten dafür, dass sich die Weltwirtschaft zunehmend egalisiere. Treiber dieses Prozesses sollte die weitgehende Liberalisierung des Wirtschaftsgeschehens sein. Die fortschreitende Deregulierung von Handel und Arbeitsmärkten, die gestiegenen Möglichkeiten, Produktionsstätten weltweit anzusiedeln, und der immer freiere Fluss von Wissen und Fertigkeiten würden mittelfristig zu einer Angleichung von Wohlstand sowohl im globalen als auch im nationalen Maßstab führen. Kurzfristige Divergenzen sollten durch freie Wechselkursbewegungen aufgefangen werden: Blieb eine Volkswirtschaft zurück, würde sich ihre Währung rasch abwerten und so dafür sorgen, dass sich ihre Produkte auf den Weltmärkten verbilligten und sie damit wieder an Konkurrenzfähigkeit gewönne. Durch den folgenden relativ starken Anstieg der Exporte würde sich die Wohlstandslücke zu anderen Volkswirtschaften zügig wieder verringern. Liberalität erzeugte demnach auf Dauer Egalität.

Ein Merkmal dieser Welt ist ihr hohes Ausmaß an Dezentralität. Es gibt keine weltbeherrschenden ökonomischen Mächte mehr. Zwar mögen noch temporäre Vorsprünge und Rückstände vorhanden sein, doch würden diese sich in einem freien ökonomischen Wettbewerb auf Augenhöhe irgendwann auflösen. *Die Welt ist flach* lautete daher der Bestseller des *New-York-Times*-Kolumnisten Thomas L. Friedman zum Thema.

Diese optimistische Sichtweise ist nach Pisani-Ferry spätestens mit der Finanzmarktkrise zusammengebrochen. Den entscheidenden Grund hierfür sieht er in den veränderten Produktionsweisen der Digitalwirtschaft. Zentral hierfür sind die bereits erwähnten geringen Grenzkosten – manche Ökonomen sprechen sogar von Grenzkosten nahe Null. Damit erzeugt eine höhere Produktion eine immer höhere Rendite. Große Firmen werden also immer stärker und lassen kleinere immer weiter hinter sich zurück.

Das lässt sich am Beispiel Facebook eindringlich zeigen. Jeder zusätzliche Nutzer dieser Kommunikationsplattform verursacht nur minimale Mehrkosten, bringt aber jede Menge zusätzlichen Rohstoff in Gestalt seiner Daten, die sich durch Vernetzung mit anderen Nutzern noch potenzieren.

Je größer das Netzwerk wird, desto größer wird dieser Effekt und desto attraktiver wird es zudem für die Nutzer, da sie sich mit immer mehr anderen Nutzern verknüpfen können. Am Ende einer solchen Entwicklung steht die monopolistische Marktmacht eines großen Unternehmens – und nicht etwa der Aufholprozess kleinerer Unternehmen.

Facebook benötigt für neue Nutzer auf den verschiedenen Kontinenten auch keine neuen Produktionsstätten im Ausland, da man die zusätzlichen Kunden alle mit dem heimischen Server bedienen kann. Es bedarf also auch keiner Auslandsinvestitionen. Generell fließen Investitionen der Digitalwirtschaft in der Regel ohnehin nicht in Maschinen, sondern in Software. Dabei aber handelt es sich um immaterielle Güter, die nur im virtuellen Raum existieren und keinen festen Ort außer dem zentralen Rechner benötigen. Die Produktion geschieht daher zentral an einem Ort der Welt und verteilt sich – anders als bei konventionellen Produkten – nicht über die ganze Welt.

Ähnliches lässt sich für viele Branchen beschreiben. Mit der Digitalisierung können sich auch die Finanzmärkte auf wenige entscheidende Knotenpunkte konzentrieren, von denen aus die weltweiten Finanzströme kontrolliert werden. Das erwies sich während der Finanzmarktkrise als hohes Risiko, da diese sich von der Wall Street aus blitzartig auf den ganzen Globus ausweitete.

Somit hat sich eine digitale Struktur herausgebildet, bei der Naben über Speichen mit dem Rand verbunden sind *(Hub-and-spoke-structure)*. Mithin gibt es klare Zentren. Das ist weit entfernt von der idealistischen Vorstellung einer digitalen Welt mit gleichberechtigten Punkt-zu-Punkt-Verbindungen. Aus ökonomischer Sicht ist die Welt somit hierarchischer geworden. Die Machtverteilung auf den Märkten ist einseitiger, oder wie Pisani-Ferry schreibt, asymmetrischer geworden.

Das wirkt sich übrigens auch auf die soziale Mobilität in vielen westlichen Gesellschaften aus. Wer heute in Deutschland oder den USA zu den unteren Einkommensschichten gehört, hat weniger Chancen, in die oberen aufzusteigen als noch vor 20 Jahren. Umgekehrt gilt, dass die Abstiegswahrscheinlichkeit aus den oberen Einkommensschichten abgenommen hat. Die Gesellschaften verfestigen sich sozial, wobei eine Einkommenselite, die bei erfolgreichen Unternehmen arbeitet, im Wesentlichen unter sich bleibt.

Diese Empirie ist Gift für die politische Erzählung, dass man sich nur genügend anstrengen müsse, um aufzusteigen. Die Messlatte dafür, was »sich genügend anstrengen« bedeutet, ist in den vergangenen Jahren für viele in unerreichbare Höhen gelegt worden. Es ist daher nicht verwunderlich, wenn viele Menschen die Aufstiegserzählung für ein Ammenmärchen halten. Da es sich hierbei nicht zuletzt um eine Erzählung der Sozialdemokratie handelt, überrascht es wenig, dass ihre Parteien am meisten an Zustimmung unter den Wählern eingebüßt haben. Letztlich trifft der Vorwurf aber alle etablierten Parteien mehr oder minder stark.

Verschärft wird dieser beunruhigende Befund durch die mittlerweile an vielen Stellen, vor allem auch von internationalen Organisationen, intensiv diskutierte Ungleichheit von Einkommen und Vermögen, die in fast allen westlichen Gesellschaften zugenommen hat. Zwar liegt der Anstieg in Deutschland und einigen anderen Volkswirtschaften bereits einige Zeit zurück: Im Kern vollzog er sich zwischen 1998 und 2005. Während der Finanzmarktkrise, unter der höhere Einkommen und größere Vermögen finanziell besonders gelitten haben, ging die Ungleichheit sogar leicht zurück –

was allerdings eine eher pathologische Form der Umverteilung durch Krisen ist. Doch erstaunlicherweise hat der nachfolgende und in Deutschland bis zur Coronakrise andauernde Aufschwung die Ungleichheit nicht wieder korrigiert. Üblicherweise sorgen nämlich eine gute Beschäftigungslage mit abnehmender Arbeitslosigkeit und starken Lohnzuwächsen dafür, dass die Einkommen der mittleren und unteren Einkommensschichten im späten Verlauf eines Aufschwungs überproportional steigen. Dies scheint unter den neuen wirtschaftlichen Gegebenheiten nicht mehr zu gelten.

Auch dies kann als Widerspruch zu gängigen Aufstiegserzählungen aufgefasst werden. Schließlich nimmt der allgemeine gesellschaftliche Wohlstand im Verlauf eines Aufschwungs spürbar zu – der Kuchen wird größer. Am Ende sollten dann zwar alle Einkommensschichten davon profitiert haben, aber besonders jene, die zuvor eher am unteren Ende der Einkommensverteilung angesiedelt waren. Ihr Kuchenstück wäre üblicherweise auch im Vergleich zu anderen größer geworden. Technisch formuliert, die Einkommensverteilung wäre am Ende des Aufschwungs gleicher geworden. Nimmt man die Gerechtigkeitskriterien des amerikanischen Philosophen John Rawls als Maßstab, wäre das gerecht. Doch davon kann im jüngsten Aufschwung keine Rede sein.

Die Machtverlagerung durch die veränderten Produktionsweisen hat somit gravierende Folgen. Sie begründet zudem eine Tendenz, die in vielen wirtschaftspolitischen Maßnahmen zum Ausdruck gekommen ist: die Verlagerung von wirtschaftlichen Risiken. Allgemein gesagt geht es um den Umgang mit ökonomischer Unsicherheit. Welche bedeutsame Rolle diese im Wirtschaftsgeschehen spielt, ist spätestens seit der Finanzmarktkrise wieder bewusst geworden.

Mit Unsicherheit sind dabei nicht die alltäglichen Risiken gemeint, die man aufgrund von Alltagswissen oder Erfahrungen aus der Vergangenheit gut einschätzen kann. Es geht vielmehr um fundamentales Nicht-Wissen über ökonomische Entwicklungen. Das verhindert, belastbare ökonomische Voraussagen zu machen. Der britische Ökonom John Kay hat dies jüngst in einem Interview »fundamentale Unsicherheit« genannt.[9]

Eine der entscheidenden ökonomischen und politischen Fragen lautet, wer die Risiken oder Kosten dieser Art von Unsicherheit zu tragen hat. Dies hat viel mit ökonomischer Macht zu tun. Denn selbstverständlich versucht jeder, diese Kosten von sich selbst weg- und anderen zuzuschieben. Wie dieser Konflikt unter den gegebenen Bedingungen ausgeht, hat die Finanzkrise exemplarisch gezeigt: Ausgelöst durch risikoreiches Verhalten im Finanzsektor, wurden die Kosten am Ende von den Steuerzahlern zumindest mitgetragen.

Aber es geht nicht nur um dramatische Krisensituationen, sondern auch um den ökonomischen Alltag. Wer trägt die Kosten, wenn ein Unternehmen ein neues Produkt einführt, das bei den Kunden scheitert? Die Antwort: allein das Unternehmen oder dessen Manager oder Eigentümer, liegt zwar nahe, greift aber zu kurz. Ein spürbarer Produktionsrückgang führt schließlich in der Regel auch dazu, dass die Beschäftigten Gehaltseinbußen hinnehmen müssen. In schlimmeren Fällen verlieren sie sogar ihren Arbeitsplatz. Auch sie tragen also einen Teil der Kosten derartiger Fehlentscheidungen. Steigen diese Risiken, steigt auch ihr Risiko.

In welchem Ausmaß solche verschobenen Risiken auf Beschäftigte durchschlagen, hängt jedoch von den institutionellen Gegebenheiten ab. Wie flexibel sind zum Beispiel die Gehälter mit Blick auf die wirtschaftliche Lage eines

Unternehmens? Gibt es einen Kündigungsschutz? Die entsprechenden Regelungen sind Ausdruck von Verhandlungsmacht auf den Märkten und in der Politik.

In der jüngeren Vergangenheit haben sich die Risiken vor allem durch die liberalisierten Arbeits- und Kapitalmärkte eindeutig in Richtung der abhängig Beschäftigten und der Steuerzahler verlagert. Mithin sind nicht nur die Unsicherheiten selbst größer geworden, sie werden auch noch durch Markt- und Politikentscheidungen stärker auf die breite Masse der Bevölkerung abgewälzt. Das erzeugt ein Gefühl des Ausgeliefertseins.

Die wirtschaftlichen Verschiebungen haben im Laufe der Zeit zu einer veränderten politischen Machtbalance geführt. Untersuchungen zeigen, dass sich bei kontroversen Themen jene durchsetzen, die in der Einkommensverteilung weiter oben stehen. Über die USA schreibt der Princeton-Politologe Martin Gilens: *»Richer citizens find a close link between their preferences and political decisions while this is not the case for the less affluent.«*[10] Reiche können ihre Themen also im politischen Prozess des Landes leichter durchsetzen als Menschen mit geringerem Einkommen und Vermögen.

Dies kann angesichts der Rolle, die privates Geld bei der Finanzierung amerikanischer Wahlkämpfe spielt, nur wenige überraschen. Erstaunlicher ist vielleicht, dass der Befund auch für Deutschland gilt.[11] Obwohl hier die Wahlkampfaufwendungen der Parteien zu einem großen Teil mit öffentlichen Geldern finanziert werden, zeigen Befragungen, dass die politischen Entscheidungen eine größere Nähe zu den Präferenzen und Überzeugungen von Wohlhabenderen aufweisen als zu denen von Ärmeren. Wirtschaftliches Zurückbleiben wird also von politischer Einflusslosigkeit begleitet – eine doppelte Misere.

Vor diesem Hintergrund ist es schon weniger überraschend, dass die Wahlbeteiligung dieser Bevölkerungsgruppen zum Teil deutlich unter dem Durchschnitt lag. Sie haben schlicht resigniert. Sie spüren, dass der gesellschaftliche und wirtschaftliche Wandel zu ihren Lasten geht, und sie spüren auch, dass die Politik nicht dagegenhält, sondern auf der Seite der Gewinner steht. Das Gefühl, zurückgelassen zu werden, ist real und realistisch.

Die rechtspopulistischen Parteien verstehen sich als das politische Sprachrohr dieses Gefühls. Das fällt nicht nur bei jenen auf fruchtbaren Boden, die Verlierer in diesem Prozess sind, sondern auch bei jenen, die fürchten zu Verlierern zu werden. Rechtspopulisten werden als Gegenmacht wahrgenommen, akzeptiert und gewählt. Sie schwingen sich dabei zum Anwalt der Opfer der Moderne auf, deren Probleme sie als einzige zur Sprache brächten. Ansonsten werde im öffentlichen Diskurs darüber geschwiegen. Insofern verteidigten sie sogar die Demokratie. In den Landtagswahlkämpfen von Brandenburg, Sachsen und Thüringen 2019 präsentierte sich die AfD denn ja auch als wahre Erbin der DDR-Bürgerbewegung. Diese Strategie erwies sich als bemerkenswert erfolgreich. Es gelang der AfD, viele bis dato Nicht-Wähler davon zu überzeugen, an der Wahl teilzunehmen und sie zu wählen. Zusätzlich verstand sie es, enttäuschte Wähler von den anderen Parteien, vor allem von den Volksparteien, direkt abzuziehen.

Das ist am Ende nicht überraschend. Denn wie wir gesehen haben, verschiebt der rasante kulturelle und wirtschaftliche Wandel die gesellschaftlichen und ökonomischen Machtverhältnisse und wertet bisherige Verhältnisse ab. Das verletzt das Lebensgefühl vieler Menschen und lässt sie in Frustration, Angst und Zorn zurück. Sie fühlen sich ständig zurückgesetzt und benachteiligt.

Dies kann sich bereits an objektiven Kleinigkeiten festmachen. Da ist die Landstraße, die seit Jahren nicht repariert wird. Da ist die Bahn- oder Busverbindung, deren Qualität sich seit Jahren verschlechtert, und da sind die Wege zu Ärzten oder Krankenhäusern, die immer länger werden. Es geht aber eben nicht nur um Kleinigkeiten. Da ist auch noch die Alterssicherung, die nach zahlreichen Kürzungen von Ansprüchen und niedriger Verzinsung möglicherweise nicht mehr ausreicht, um den Lebensstandard zu halten. Oder der Arbeitsplatz, der im Zuge der Digitalisierung oder als Folge höherer Importe möglicherweise wegfällt.

Über all dem schwebt das Damoklesschwert des Klimawandels, der die bisherigen Lebensgrundlagen fundamental in Frage stellt. Und dann strömen noch Flüchtlinge ins Land, deren Versorgung und Integration weitere Finanzmittel erfordern. Diese nahezu undurchdringliche Gemengelage von individuellen und allgemeinen Problemen wird zu allem Überfluss noch emotionalisiert und zugespitzt medial vermittelt.

Wir befinden uns mitten in einer Modernisierungskrise. Gleichzeitig hat das politische System an Fähigkeit verloren, mit kollektiven Ängsten umzugehen, sie angemessen zur Sprache zu bringen, die Betroffenen in einen demokratischen Diskurs zu integrieren und Lösungsoptionen zu entwickeln. Die digitale, globalisierte und individualisierte Welt liberaler Demokratien ist nur noch begrenzt konsensfähig. Eine polarisierte Gesellschaft ist entstanden, deren Fundament an Gemeinsamkeiten allmählich aufweicht.

Da liegt es nahe, den großen Befreiungsschlag zu fordern und herbeizusehnen. Dies kann selbstverständlich nur von starken Männern und Frauen geleistet werden, die den Konflikt mit den als etabliert wahrgenommenen Mächten nicht scheuen und zu keinerlei Zugeständnissen bereit sind. Willkommen im Reich des Populismus. Das ist nicht mehr die Insel des liberalen Rabbis, der in kultiviertem Konflikt immer wieder auslotet, was ihm wichtig ist und was er ablehnt. Es ist vielmehr der Anspruch auf die totale Herrschaft mit dem Ziel, alle Konflikte im eigenen Sinne zu lösen und kompromisslos zu überwinden.

Es begann mit dem Neoliberalismus

Die Wende zur neoliberalen Wirtschaftspolitik

Es fragt sich allerdings, ob die Welle des Rechtspopulismus mit dem kulturellen und wirtschaftlichen Wandel allein hinreichend erklärt ist. Solche Veränderungsprozesse hat es schließlich schon immer gegeben. So bedeutete die Mechanisierung nicht weniger eine Epochenwende als die Digitalisierung, und auch in ihrem Verlauf kam es zu massiven politischen, gesellschaftlichen und ökonomischen Verwerfungen. Außerdem hat der digitale Wandel nicht erst im vergangenen Jahrzehnt begonnen. Selbst die heute in Rente gehende Generation verfügt in der Regel durch ihre berufliche Tätigkeit zumindest über minimale Erfahrungen mit digitalen Anwendungen. Deren privater Gebrauch wird von den allermeisten sogar als Bereicherung ihrer Möglichkeiten empfunden. Und Arbeitsplatzverluste, die direkt auf Digitalisierung zurückführt werden können, sind selten, konnten bislang zumindest zumeist durch andere Tätigkeiten ausgeglichen werden.

Auch kultureller Wandel ist natürlich kein exklusives Phänomen des letzten Jahrzehnts. Ende der 1960er Jahre fanden in vielen westlichen Gesellschaften gravierende Umwälzungen statt, die heftige gesellschaftliche Konflikte zur Folge hatten. Sie mündeten jedoch nicht im Aufkommen rechtspopulistischer Parteien. Im Gegenteil, in der Folge wurden häufig konservative Strömungen zurückgedrängt, liberale oder, wie es damals hieß, fortschrittlich-progressive Kräfte übernahmen das Ruder. Von einem Erstarken des Nationalismus konnte keine Rede sein, vielmehr war es ein Markenzeichen dieses kulturellen Wandels, dass er als ein länderübergreifend gemeinsamer erfahren wurde. Der Protest gegen das Bestehende wurde zumeist von Studentenbewegungen getragen, die sich aufeinander bezogen, global ausgerichtet waren und mehr das Zusammenführende als das Abgrenzende betonten.

Das alles ist heute anders. Selbst wenn sich die rechtspopulistischen Parteien aufeinander beziehen, sogar gemeinsame Treffen abhalten und sich wechselseitig beraten, geschieht dies in der Absicht, die allseitige nationale Abgrenzung zu fördern und sich insbesondere in der Abwehr des Zustroms von Migranten gegenseitig zu unterstützen. Aber warum ist es heute so anders? Wenn die fundamentalen kulturellen und wirtschaftlichen Veränderungsprozesse als Erklärung nicht ausreichen, hilft vielleicht der Blick auf die Wirtschaftspolitik der jüngeren Vergangenheit weiter.

In den vergangenen Jahrzehnten durchlief die Wirtschaftspolitik der Industrieländer mehrere Paradigmenwechsel. Vorangegangen waren jeweils entsprechende akademische Diskussionen, den Anstoß gaben jedoch in der Regel singuläre Ereignisse, die erst viel später eintraten. Zwei davon stechen ins Auge: die Ölpreiskrise in den 1970er Jahren und die Finanzmarktkrise 2007/2008. An der ersten Wegmarke schwenkte die Wirtschaftspolitik in vielen Ländern sukzessive auf einen neoliberalen Kurs ein; an der letzten geriet dieser in Verruf, auch wenn der Prozess der Neuorientierung bei weitem noch nicht abgeschlossen ist. Hier soll zunächst der Wechsel zum Neoliberalismus geschildert werden, denn seine Konsequenzen sind bis heute spürbar. Will man das vorherrschende Grundgefühl verstehen, kann man nicht über sie hinwegsehen.

Die Bedeutung des Neoliberalismus erschöpft sich nicht in einzelnen politischen Maßnahmen, wie der Verabschiedung der Agenda 2010 in Deutschland, auch wenn diese in vielen politischen Debatten eine prominente Rolle spielt. Zwar hat die Agenda, insbesondere Hartz IV, zu spektakulären politischen Verwerfungen in der Parteienlandschaft Deutschlands geführt. Dennoch erscheint es überzeugender, den Neoliberalismus in einem weiteren Kontext zu sehen. Schließlich gab es nicht in jedem Land, in dem heute rechtspopulistische Parteien einflussreich sind, etwas Vergleichbares wie die Hartz-IV-Reform, beispielsweise in Österreich nicht.

Es geht also nicht um einzelne Maßnahmen, sondern, wie es der österreichische Ökonom Stephan Schulmeister nennt, um eine veränderte »Spielanordnung«.[12] Das Spiel ist das Wirtschaftsgeschehen, das in einem von der Politik definierten institutionellen Rahmen unter bestimmten Regeln stattfindet. Beides zusammen, institutioneller Rahmen und Regeln, definieren die Spielanordnung. Diese festzulegen, ist also eine eminent politische Aufgabe. Schließlich wird innerhalb dieser Anordnung nicht zuletzt die Balance zwischen Marktkräften und gesellschaftlichen Zielen austariert. Es ist offenkundig, dass hierin ein enormes Konfliktpotenzial liegt.

Man kann sich die Bedeutung der Spielanordnung anhand der zwei möglichen Extremfälle klarmachen. Der erste ist, dass die Marktkräfte den gesellschaftlichen Zielen völlig zuwiderlaufen. In diesem Fall wäre das Unterbinden von

Marktprozessen oder zumindest deren nachträgliche und möglichst vollständige Korrektur anzustreben. Also müsste eine Spielanordnung geschaffen werden, in der die Marktkräfte möglichst wenig zur Geltung kommen. In einer solchen würde man auf zahlreiche strikte Regulierungen und im Zweifel hohe Steuern treffen. Es bedürfte zudem eines mächtigen und aktiven Staates, der dies alles durchsetzt.

Der andere Extremfall wäre, wenn Marktgeschehen und gesellschaftliche Ziele weitgehend übereinstimmen. In diesem Fall sollte die Spielanordnung den Marktkräften möglichst freien Lauf lassen. Hier wird man einen Staat finden, der sich kaum in das Marktgeschehen einmischt. Seine Rolle ist eher passiv und beschränkt sich darauf zu garantieren, dass sich die Marktkräfte ungehindert entfalten können. Die Prämisse ist hierbei, dass der Markt an sich stabil ist und der Staat deshalb nur aktiv werden muss, falls es zu selbstzerstörerischen Fehlentwicklungen kommt. In dieser Umgebung dürfte man auf sparsame Regulierung und niedrige Steuern treffen.

Die beiden Extrembeispiele umgrenzen die in der Realität anzutreffenden Gegebenheiten, und diese sind nicht statisch. Veränderungen im gesellschaftlichen Diskurs können immer wieder zu veränderten Spielanordnungen führen – je nachdem, wer sich in diesem Diskurs durchsetzt.

So haben sich die Spielanordnungen in den westlichen Industriegesellschaften von Mitte der 1970er Jahre bis zum Beginn der Finanzkrise teilweise massiv geändert. Gesellschaftliche Zielsetzungen wurden immer stärker im Einklang mit dem Markt gesehen. Treibende Kräfte waren zum einen Ökonomen, die – wie Friedrich von Hayek oder Milton Friedman – aus primär akademischen Überlegungen von der positiven Kraft des Marktes überzeugt waren. Zum anderen machten sich Vertreter von Unternehmensverbänden sowie wirtschaftsliberale Politiker diese Überlegungen wirtschaftspolitisch zu Nutze, um zu einer ihren Interessen stärker dienlichen Gesellschaft zu gelangen. Damit waren sie erfolgreich. Die Balance verschob sich zugunsten von Marktkräften und zu Lasten von Regulierungen. Und auch die Steuern für Unternehmen und Vermögende wurde immer wieder gesenkt. Zwar wurde nirgends eine marktwirtschaftliche Extremlösung etabliert, und Wirtschaft und Gesellschaft veränderten sich in den einzelnen Ländern durchaus in unterschiedlichem Ausmaß und in unterschiedlicher Geschwindigkeit. Aber das Pendel schwang allerorts in die gleiche Richtung. Deutschland gehörte dabei eher zu den Nachzüglern, insbesondere im Vergleich zu den USA und Großbritannien.

Für diese veränderte Spielanordnung wurden in den öffentlichen Debatten im Kern drei miteinander verschränkte Argumente ins Feld geführt: mehr Freiheit, mehr Wachstum, weniger Staat. Das erste Argument, das vor allem von liberal-konservativen Politikern und Ökonomen gepflegt wurde, besagte, dass eine Entfesselung der Marktkräfte nicht nur den Handlungsspielraum der Unternehmen, sondern auch den jedes Einzelnen erweitern werde, so dass alle ein besseres Leben führen könnten. Dies basierte auf der insbesondere von dem österreichischen Ökonomen Friedrich von Hayek propagierten Sichtweise, dass die größte Bedrohung der Freiheit vom Staat ausgehe. Ihn zurückzudrängen, indem man seine Möglichkeiten durch die Wegnahme von Regulierungskompetenzen und geringere Steuereinnahmen beschränkt, werde zwangsläufig zu mehr und gesicherterer Freiheit führen.

Das zweite Argument, das stärker von liberalen Ökonomen vertreten wurde, lautete, dass deregulierte Märkte bessere wirtschaftliche Ergebnisse hervorbringen würden.

Das war Mitte der 1970er Jahre insofern ein Argument von hoher Durchschlagskraft, als die wirtschaftliche Lage alles andere als befriedigend war. Nach der allgemeinen Prosperität in der Nachkriegszeit hatte sich durch monopolistische Absprachen der Erdölproduzenten (OPEC) der Preis für den Treibstoff der westlichen Industrie drastisch verteuert. Die Unternehmen wälzten die Mehrkosten auf ihre Kunden ab und lösten so allseits einen markanten Inflationsschub aus. Die Zentralbanken wussten sich keinen anderen Rat, als die Zinsen deutlich anzuheben, was die Investitionen zum Erliegen brachte und in einer ausgeprägten Rezession mündete. Besonders schmerzhaft war der steile Anstieg der Arbeitslosigkeit.

Doch nicht nur deshalb war das Wachstumsversprechen der Deregulierungsanhänger so verführerisch. Konkurrierende ökonomische Ansätze wie der seinerzeit vorherrschende Keynesianismus hatten zudem Schwierigkeiten, die aktuelle Misere zu erklären, geschweige denn zu bewältigen. Denn das gleichzeitige Auftauchen von Inflation und Arbeitslosigkeit war im damals gängigen keynesianischen Modell nicht vorgesehen. Akut spürbare Phänomene nicht oder nur mühsam erklären zu können, ist aber in der Regel ein tödliches Gift für ein dominantes Paradigma. Das Hinscheiden des Keynesianismus als wirtschaftspolitisches Leitbild bedeutete das Ende einer Politik, die versuchte, eine stabile und dynamische Wirtschaftsentwicklung über eine Steuerung der gesamtwirtschaftlichen Nachfrage zu erzeugen. Dabei spielte die konjunkturell angemessene Abstimmung von Finanz- und Geldpolitik sowie die Koordination mit der Lohnpolitik eine entscheidende Rolle. Dieses Konzept verlor nun an Bedeutung und geriet teilweise in Vergessenheit.

Stattdessen wurde von den relevanten wirtschaftspolitischen Instanzen, angefangen beim Internationalen Währungsfonds (IWF) über die Organisation für wirtschaftliche Zusammenarbeit der westlichen Industrieländer (OECD) bis hin zu nationalen Instituten wie dem amerikanischen Council of Economic Advisers (CEA) oder dem deutschen Sachverständigenrat zur Begutachtung der gesamtwirtschaftlichen Entwicklung (SVR), den »Fünf Weisen«, Angebotspolitik als das Mittel der Wahl propagiert. Im Unterschied zur Nachfragepolitik setzt diese primär darauf, die Angebotsbedingungen für Unternehmen zu fördern. Man kann das auch als Standortpolitik bezeichnen. Denn in dieser Sichtweise gilt es, im globalen Wettbewerb den Standort der eigenen Volkswirtschaft konkurrenzfähig zu halten. Das impliziert niedrige Steuern, niedrige Löhne und möglichst deregulierte Märkte, auf denen sich die Marktkräfte ungehindert entfalten können. Das wurde als langfristig tragfähigeres Konzept als die eher kurzfristig konjunkturell orientierte Nachfragepolitik angesehen.

Hinter dem dritten Argument, weniger Staat, steckt ein ökonomischer Frontalangriff gegen die Wirtschaftskompetenz des Staates. Er ging vor allem von liberal-konservativen Ökonomen aus und stützte sich auf eine einzelwirtschaftliche Analyse des Staates. Wissenschaftliche Basis war die sogenannte Neue Politische Ökonomie (NPÖ). Sie betrachtet den Staat nicht mehr aus einer Perspektive seiner gesamtwirtschaftlichen Funktionen, sondern als aus Individuen mit ihren jeweiligen Eigeninteressen zusammengesetzte Organisation. Während Keynesianer den Staat als eine homogene Einheit wahrnehmen und sich darauf fokussieren, seine Aufgaben zu analysieren und ihre Ausführung zu beurteilen, nähern sich die Vertreter der NPÖ dem Staat über seine handelnden Akteure und ihre rationalen Zielsetzungen.

Wie sollen diese bei Politikern, Beamten oder Wählern jeweils aussehen? Ersteren wird vor allem ein Interesse an ihrer Wiederwahl zugeschrieben, Beamten das Bestreben, ihr Einkommen und ihren Status maximieren. Den Wählern geht es demnach ebenfalls primär um ihr Einkommen. Aus diesem Geflecht individueller Zielsetzungen ergeben sich Handlungsmuster des Staates, die mit den Funktionen, die ihm die Keynesianer zuschreiben, nur noch lose verbunden sind. Durch die Brille der NPÖ gesehen, ändert sich das Bild staatlichen wirtschaftlichen Handelns grundlegend.

Ein besonders prominentes Beispiel dafür ist die Konjunkturpolitik. Betreibt der Staat in keynesianischen Vorstellungen zumindest dem Grundsatz nach eine antizyklische Konjunkturpolitik, indem er ein zu den Privaten gegenläufiges Ausgabenverhalten verfolgt, um wirtschaftliche Schwankungen in einem engen Rahmen zu halten und dadurch Arbeitslosigkeit und Inflation zu vermeiden, so erzeugt er in den Augen der NPÖ-Vertreter einen eigenen politisch determinierten Konjunkturzyklus. Demnach wird der Staat ungeachtet der Konjunkturlage besonders viele Ausgaben unmittelbar vor Wahlen tätigen. Damit erhöht er zumindest kurzfristig die Einkommen der Wähler, die dann die Politiker, denen sie das verdanken, wiederwählen, während diese wiederum die zuständigen Beamten befördern. Ganz generell weitet der Staat in diesem Modellrahmen ständig seine Aufgaben aus, weil dies den Status der zuständigen Beamten erhöht und den Politikern mehr Möglichkeiten gibt, das Einkommen der Bürger zu erhöhen.

Im Ergebnis führen solche Verhaltensweisen tendenziell zu Inflation und hoher Staatsverschuldung, da es für die individuellen Akteure nicht vorteilhaft ist, Ausgaben zu beschränken oder durch höhere Steuern zu finanzieren. All das ließ sich während der 1970er Jahre beobachten und hat die Zustimmung zur NPÖ und ihren wirtschaftspolitischen Folgerungen ohne Zweifel gefördert. Wenn der Staat aufgrund der individuellen Rationalität der politischen Akteure, einschließlich der Wähler, in ökonomischer Hinsicht nur begrenzt rational handlungsfähig ist, ist es geradezu ein Gebot gesamtwirtschaftlicher Rationalität, seinen Handlungsspielraum einzuschränken.

Dieses Argumentationsmuster hat sich mit vielfachen Verfeinerungen bis auf den heutigen Tag erhalten. Es kann auch immer wieder eindrückliche Einzelbeispiele vom wirtschaftlichen Versagen der öffentlichen Hand (Berliner Flughafen!) anführen. Allerdings zeigt die Empirie keinesfalls eine generelle Tendenz des Staates zu solch einem Verhalten auf.[13] Wirtschaftspolitisch hatten die NPÖ und die von ihr inspirierten Vorstellungen gleichwohl signifikante Konsequenzen.

Dazu trug auch bei, dass diese Sichtweise beginnend in den 1970er Jahren und dann bis Mitte des vorigen Jahrzehnts steigend in Deutschland von immer mehr Ökonomen propagiert wurde, die in Wirtschaftsforschungsinstituten, dem Sachverständigenrat oder in ökonomischen Vereinigungen in herausgehobener Verantwortung standen. Das kulminierte im Hamburger Appell von 2005,[14] der von über 200 teilweise prominenten Ökonomen kurz vor den Bundestagswahlen veröffentlicht wurde. Initiiert hatten ihn die Hamburger Professoren Michael Funke, Thomas Straubhaar und Bernd Lucke; letzterer wurde später als Mitbegründer der AfD auffällig. Einer der bekanntesten Unterzeichner war Hans-Werner Sinn.

Die Unterzeichner versuchten mit diesem Appell, den ohnehin schon einsetzenden Kurswechsel zu einer dezidiert neoliberalen Wirtschaftspolitik zu beschleunigen. Ob sie damit die Mehrheit aller Ökonomen repräsentierten, ist zumindest zweifelhaft. So ergaben Umfragen unter den Mitgliedern der größten akademischen Vereinigung von Ökonomen, dem Verein für Socialpolitik, keine eindeutige Mehrheit für die radikalen neoliberalen Forderungen des Hamburger Appells.[15] Gleichwohl war dieser prägend für die wirtschaftspolitische Debatte der Folgejahre.

Mit seinem Grundanliegen, dem Rückzug des Staates aus der Wirtschaftspolitik, lag der Appell ganz auf der Linie international gängiger neoliberaler Vorstellungen, die in verschiedenen Ländern bereits seit geraumer Zeit politisch umgesetzt wurden. Der Rückzug verlief dabei durchaus nicht überall auf die gleiche Weise und schon gar nicht geradlinig. Aber einige Gemeinsamkeiten sind feststellbar.

Finanzmärkte als Kontrollinstanz der Demokratie

Ein maßgebliches gemeinsames Merkmal neoliberaler Politik ist die Deregulierung der Finanzmärkte. Anfänglich war sie für die meisten Menschen sehr abstrakt und besaß keinerlei Bezug zu ihrem täglichen Leben. Das sollte sich jedoch fundamental ändern. Zunächst einmal zog sich der Staat durch die Abschaffung vieler Regulierungsvorschriften aus der Gestaltung der Finanzmärkte zurück. Damit endete eine Politik scharfer Kontrolle, die in den dreißiger Jahren im Gefolge der wirtschaftlichen Depression mit ihren vielen Bankenzusammenbrüchen begonnen hatte und in der Nachkriegszeit fortgesetzt wurde. Mit zunehmendem zeitlichen Abstand sank die Furcht vor den Risiken lasch kontrollierter Finanzmärkte. Stattdessen sah man die vielen profitablen Möglichkeiten, die Finanzmärkte zu bieten schienen, und die wegen einengender Vorschriften nicht genutzt werden konnten.

Von deren Abschaffung versprach man sich nichts weniger als einen Big Bang der wirtschaftlichen Entwicklung. Indem sich Kapital möglichst frei über Sektoren und Grenzen hinweg bewegen konnte, sollte es nicht nur für alle Investoren leichter verfügbar sein, sondern durch die global verschärfte Konkurrenz der Anbieter auch billiger und durch die breitflächige Streuung von Risiken sicherer. Ein Zeitalter hoher und stabiler Investitionen versprach die Folge zu sein.

Tatsächlich war die Deregulierung der Finanzmärkte wirtschaftlich erfolgreich, wenn auch auf unerwartete Weise. Es gab einen Big Bang, es gab ihn sogar zweimal. Der erste ereignete sich relativ rasch nach dem Beginn der Deregulierung. In den USA und Großbritannien, die diese Politik als erste umsetzten, startete der Finanzsektor in einen nahezu explosionsartigen Boom. Umsatz, Gewinn und Beschäftigung in dieser Branche schossen steil in die Höhe.

Bemerkenswert ist allerdings, dass dies nicht ganz der Boom war, den man sich vorgestellt hatte. Denn eigentlich sollte der Finanzsektor ja nur der Katalysator einer verstärkten gesamtwirtschaftlichen Dynamik sein, deren investive Initialzündung er durch seine Finanzdienste bewirken sollte. Stattdessen ergriff die Dynamik nur ihn selbst, während der Rest der Wirtschaft allenfalls vom extensiven Konsumverhalten der im Finanzsektor Beschäftigten profitierte. In der Summe führte dies dennoch dazu, dass Volkswirtschaften mit einem deregulierten Finanzsektor vergleichsweise höhere Wachstumsraten und eine bessere Beschäftigung aufwiesen als Volkswirtschaften, die weiter auf Regulierung setzten. London und New York galten als die Leuchttürme der boomenden Finanzindustrie.

Das blieb nicht ohne Folgen. Denn nach und nach erweiterten immer mehr Volkswirtschaften die Möglichkeiten des Finanzsektors und verknüpften sich zunehmend enger mit dem globalen Finanzmarktsystem. Deutschland war in dieser Hinsicht sogar ein Nachzügler. Erst mit dem Beginn des neuen Jahrhunderts setzte die damalige Bundesregierung, die von SPD und Grünen gestellt wurde, zahlreiche Deregulierungsmaßnahmen um. Durch einen dynamischen Finanzsektor glaubte man das schwache Wachstum im eigenen Land beleben zu können. Man versprach sich nichts weniger als den Schritt von einer veralteten Industriegesellschaft hin zu einer modernen Dienstleistungsgesellschaft.

Insbesondere ermöglichte die Bundesregierung Finanzinvestoren einen leichteren Zugang zum einheimischen Markt. Diese übernahmen fortan Unternehmen und strukturierten sie entsprechend ihrer Finanzmarktlogik um, die häufig auf den kurzfristigen Gewinn gerichtet war. Um diesen zu erzielen, wurden teilweise die Vermögensreserven von Unternehmen abgezogen. In die gleiche Richtung wirkte eine Gesetzesänderung, die Erlöse aus dem Verkauf von Finanzvermögen von Unternehmen steuerfrei stellte. Dies veranlasste viele größere Unternehmen zur Auflösung ihrer Rücklagen.

Diese Aushöhlung von Unternehmen durch die finanzielle Mobilisierung von Rücklagen erhöhte die Liquidität auf den Finanzmärkten, was als Vorteil gesehen wurde. Für die Finanzmärkte stimmte das auch, denn es erhöhte den Umsatz. Für die geplünderten Unternehmen stimmte es häufig nicht, denn es machte sie in Schwächephasen angreifbarer und verletzlicher. Aber das war den Finanzinvestoren, die ihr Investment dann häufig schon beendet hatten, egal. In diesem Zusammenhang prägte der damalige SPD-Vorsitzende Franz Müntefering das Wort von den »Heuschrecken«, die über die Unternehmen herfielen. Was er zu erwähnen vergaß, war, dass seine Partei dieses Verhalten durch ihre Deregulierungspolitik mit provoziert hatte.

Die betroffenen Unternehmen spürten rasch den Druck der Finanzmarkteigentümer, kurzfristig wirtschaftliche Erfolge zu erzielen. In der Regel wurde er an die Beschäftigten weitergegeben. Die Machtverhältnisse hatten sich zu ihren Lasten verschoben, konnte das Management doch mit Verweis auf die ehrgeizigen Erwartungen der Anleger seine Ziele unternehmensintern besser durchsetzen. Jetzt erfuhren viele Beschäftigte ganz unmittelbar die Wirkung deregulierter Finanzmärkte.

Auch gesamtwirtschaftlich veränderte sich etwas in den Volkswirtschaften mit einem deregulierten Finanzsektor. Eigentlich hätte schon der unerwartete Verlauf der wirtschaftlichen Entwicklung nach der Deregulierung in den angelsächsischen Ländern zu denken geben können. Denn offensichtlich beschäftigte sich der Finanzsektor dort im Wesentlichen mit sich selbst. Umsatz und Gewinn seiner Unternehmen dort stiegen nämlich vor allem deshalb, weil die Geschäfte primär innerhalb des Finanzsektors mit immer neuen Finanzprodukten massiv ausgedehnt wurden. Diese Art von »Wertschöpfung« ist aber riskant, wenn sie nicht realwirtschaftlich fundiert ist, weil die erwarteten Renditen, selbst wenn kurzfristig die Gewinne steigen, auf Dauer nicht erreicht werden können. Und genau dies war geschehen, weil die Deregulierung der Finanzmärkte eben nicht zu einem Investitionsprozess mit höherer Dynamik und allgemein höheren Renditen geführt hatte. Deshalb standen die Gewinne in der Finanzbranche zunächst einmal nur mehr auf dem Papier. Im Lauf der Zeit wurde zunehmend deutlich, dass sie in diesem Ausmaß nie realisiert werden konnten. Und diese Einsicht griff erst langsam und dann immer schneller an den Märkten um sich.

Das war der zweite, nicht erwünschte Big Bang: die Finanzmarktkrise. Nicht zufällig begann sie im US-Immobiliensektor, denn dort wurde zuerst erkennbar, dass die Renditeerwartungen überzogen waren. Mit anderen Worten: Die zu Finanzierung von Immobilienkäufen vergebenen Kredite würden früher oder später platzen. Das führte zu einer Verkaufswelle von Wertpapieren teils komplexer Struktur, die mit der Kreditfinanzierung von Immobilien im Zusammenhang standen. In einer Kettenreaktion über die globalen finanziellen Verknüpfungen drückte diese Welle das globale Finanzsystem unter Wasser und die Weltwirtschaft in eine tiefe, teilweise dramatische Rezession. So erlebte auch die deutsche Wirtschaft ihren mit Abstand tiefsten Einbruch der Nachkriegszeit. Spätestens jetzt berührte die Deregulierung der Finanzmärkte das Alltagsleben der meisten Menschen. Viele wurden arbeitslos oder mussten zumindest um ihren Arbeitsplatz bangen. Was für sie als abstrakte wirtschaftspolitische Maßnahme begonnen hatte, gefährdete auf einmal ihre wirtschaftliche Existenz.

Dies war aber nicht alles. Denn die Deregulierer erhofften sich anfänglich sogar über den engen Bereich der Wirtschaft hinaus eine segensreiche Wirkung der Finanzmärkte. Sie sollten als wirtschaftliche Kontrollinstanz der Demokratie mit dem Ziel einer soliden Finanzpolitik dienen.[16] Schließlich finanzieren Staaten ihre Schulden über die Finanzmärkte, indem sie dort Anleihen begeben. Über den Börsenkurs dieser Anleihen findet nicht zuletzt eine Bewertung der Bonität von Staaten statt. Das zeigte sich exemplarisch bei der Krise des Euroraums, als die griechische Regierung ihre Anleihen wegen der hohen Verschuldung nur mit erheblichen Kursabschlägen am Markt unterbringen konnte. Ein niedriger Kurs für eine Anleihe bedeutet, dass die Zinsbelastung des Staates entsprechend höher ist. Griechenland musste zeitweise über 40 Prozent Zinsen zahlen, was sich niemand auf Dauer leisten kann. Umgekehrt stiegen die Kurse für Staatsanleihen aus Deutschland in der Phase des Schuldenabbaus nach der Eurokrise so stark, dass sich sogar eine negative Verzinsung ergab. Das bedeutet, dass der aufgenommene Kredit nicht einmal vollständig zurückgezahlt werden muss.

Diese beiden Extremfälle zeigen lediglich, dass die Finanzmärkte die Bonität der Schuldner unterschiedlich einschätzen. Aber die Öffentlichkeit interpretiert die Kurse für Staatsanleihen in der Regel nicht nur auf diese ökonomische Weise: Sie werden vielmehr als Urteil der Finanzmärkte über die Solidität der Wirtschaftspolitik einer Regierung aufgefasst. Ganz explizit wird dieser Zusammenhang, wenn entsprechend spezialisierte Agenturen die Bonität von Staatsanleihen in ihre Bewertungsklassen einstufen, das vielbeachtete Rating. Abstufungen werden als schlechtes Zeugnis für die Wirtschaftspolitik eines Landes verstanden. Umgekehrt schmücken sich Regierungen gern mit einem verbesserten Rating, weil es sich als Ausdruck einer guten Wirtschaftspolitik verstehen lässt. Damit kommt den Finanzmärkten und den für sie tätigen Ratingagenturen ein Richteramt darüber zu, was gut oder schlecht ist. Sie erhalten politische Macht, ohne über eine demokratische Legitimation zu verfügen oder Verantwortung zu tragen. Die Ratingagenturen selbst weisen in der Öffentlichkeit und auch in ihren Geschäftsbedingungen immer darauf hin, dass sie ihre Urteile ohne Gewähr fällen.

Dennoch hat die neoliberale Wirtschaftspolitik ihnen die Kompetenz zu weitreichenden Urteilen sogar in Regulierungsvorschriften zugebilligt. So ist die Ausgabe von Anleihen in der Regel an ein entsprechendes Rating gebunden. Damit sind Ratingagenturen Teil der offiziellen Wirtschaftspolitik. Und genau das ist gewollt, denn es entspricht der Logik der NPÖ: Wenn demokratische Institutionen aus ihrer eigenen einzelwirtschaftlichen Rationalität heraus gesamtwirtschaftlich zweifelhafte Ergebnisse liefern, bedarf es einer dem demokratischen Prozess entzogenen Instanz, um zu besseren Ergebnissen zu kommen. Und das sind in den Augen neoliberaler Wirtschaftspolitiker die Finanzmärkte, weil deren Urteil auf Marktentscheidungen beruht.

In dieser Sichtweise sind Märkte der Politik als Instrument der Entscheidungsfindung deutlich überlegen, weil man ihnen eine höhere wirtschaftliche Rationalität zubilligt als Politikern. Dafür spricht generell, dass Entscheidungen von Marktakteuren für diese unmittelbare Konsequenzen haben. Kauft man Anleihen eines Staates, der diese unter Umständen nicht bedienen kann, erleidet man eventuell herbe Verluste. Um dies zu vermeiden, wird ein Anleger vor dem Kauf Informationen einholen, um dieses Risiko zu vermeiden. Möglicherweise greift er dabei auf die Kategorisierung der Ratingagenturen zurück. Diese sollten sich ihrerseits um der Reputation willen um verlässliche Informationen bemühen. Im Ergebnis sollte der Anleger eine fundierte Entscheidung fällen, die auf einem mehr oder minder korrekten Urteil über die finanzielle Solidität des betreffenden Staates beruht.

Gegen diese Sichtweise spricht jedoch, dass auf Finanzmärkten höchst unsichere Informationen zum Tragen kommen. Viele Untersuchungen zeigen, dass das Geschehen auf diesen Märkten keinen stabilen Mustern folgt, so dass man nicht ohne weiteres aus Tendenzen, die in der Vergangenheit zu beobachten waren, auf künftige Verläufe schließen kann.

Die Entwicklung verläuft immer wieder anders. Das erzeugt fundamentale Unsicherheit, von der im vorigen Kapitel bereits die Rede war.

Das ist insbesondere in Phasen von Bedeutung, wenn die Entwicklung außerhalb ruhiger Bahnen verläuft. Die Akteure wissen dann schlicht und ergreifend nicht, wie es weitergeht, und schließen sich einfach anderen an, von denen sie glauben, sie wüssten es besser. Das führt zu Herdenverhalten mit übersteigerten Ausschlägen nach oben wie unten. In der Euphorie einer allgemein als positiv eingeschätzten Entwicklung steigen die Kurse von Wertpapieren in höchste Höhen, in der Depression einer Schwächephase fallen sie in den tiefsten Keller.

Einem derart instabil reagierenden Markt solide Urteilsfähigkeit über Staatsfinanzen zuzubilligen, fällt schwer. Es ist darüber hinaus bedenklich, denn die Konsequenzen eines Fehlurteils bekommen nicht nur die Anleger zu spüren, sondern auch breite Bevölkerungsschichten. Wird ein negatives Urteil des Marktes über die Lage der Staatsfinanzen akzeptiert, muss die Politik einen harten Sparkurs einschlagen, der die wirtschaftliche Lage von vielen Menschen, die mit den Finanzmärkten ansonsten in keiner Weise zu tun haben, negativ beeinflusst. Wenn in einer solchen Situation Ausgaben zum Beispiel im Sozialbereich gekürzt werden, fehlen diese als Einnahmen bei den Haushalten, die sie zuvor empfangen haben. Da es sich hier in der Regel um ohnehin einkommensschwache Haushalte handelt, ist das Ergebnis häufig blanke Not. Eigentlich ist es auch aus einem neoliberalen Ordnungsdenken heraus skandalös, dass die Verantwortung für riskantes Verhalten derart weitergeschoben werden kann.

Dass dies keine rein theoretischen Spekulationen sind, zeigt der Verlauf der Eurokrise im Nachklang der Finanzmarktkrise. Die überaus harten Sparmaßnahmen, die der griechischen Regierung auferlegt wurden, begründete man mit dem Ziel, das Vertrauen der Finanzmärkte wiederzugewinnen. Es ging wohlgemerkt um das Vertrauen jener Märkte, die in den Jahren zuvor bereit gewesen waren, der griechischen Regierung zu Zinssätzen, die fast so niedrig wie in Deutschland lagen, Geld zu leihen. Dass dabei die griechische Verschuldung unterschätzt wurde, haben dann im Übrigen nicht die Märkte oder Ratingagenturen aufgedeckt, sondern die griechische Regierung selbst. Das Urteil der Finanzmärkte vor der Krise beruhte also auf einer Fehleinschätzung.

Die ökonomischen Konsequenzen der Austeritätspolitik für die Masse der Bevölkerung waren brutal. Viele Menschen verloren Arbeitsplatz, Einkommen und soziale Sicherheit. Es herrschte Not. Auch in den anderen Krisenländern des Euroraums wurde ein Sparkurs verfolgt, wenngleich in zumeist merklich milderer Form. In jedem Fall endete es mit Einkommensverlusten für das Gros der Bevölkerung.

Das Beispiel Griechenland macht in sehr klarer Form die Absurdität und die wirtschaftliche und politische Gefährlichkeit des neoliberalen Ansatzes deutlich. Absurd ist, dass man die Kontrolle demokratischer finanzpolitischer Entscheidungen einer Institution wie dem Finanzmarkt anvertraut, die in schwierigen Zeiten zur Hysterie neigt. Sie ist also unter Druck sehr fehleranfällig und liefert damit ausgerechnet in Zeiten, in denen Orientierung besonders gefragt ist, keine verlässlichen Hinweise.

Das ist auch der Grund, warum es ökonomisch gefährlich ist, den Signalen der Finanzmärkte zu folgen. Denn es kann zu falschen wirtschaftspolitischen Entscheidungen führen, die im Übrigen in beide Richtungen gehen können.

In Schwächezeiten wird die Lage der Staatsfinanzen auf den Finanzmärkten zu pessimistisch gesehen – die Folge sind überharte Sparprogramme. In Boomzeiten sehen sie durch die Brille von Finanzinvestoren hingegen schnell zu rosig aus. Die Konsequenzen sind übersteigerte Ausgaben und am Ende zerrüttete Staatsfinanzen, die dann wieder zu überharten Sparprogrammen führen. Ironischerweise sind das genau jene Fehler, die man von neoliberaler Seite demokratischen gewählten Politikerinnen und Politikern immer unterstellt. Ökonomisch gesehen hat man also eine fehleranfällige Institution durch die andere ersetzt.

Dies ist aber noch der harmlosere Einwand. Politisch hebelt der neoliberale Ansatz schließlich die wirtschaftspolitische Entscheidungskompetenz demokratischer Institutionen aus oder schränkt sie zumindest ein. Wenn Parlamentsvoten wie während der Krise des Euroraums immer wieder damit begründet werden, es gelte das Vertrauen der Finanzmärkte zurückzugewinnen, gerät die Autorität demokratisch legitimierter Entscheidungsprozesse ins Wanken. Das gilt umso mehr, als die Finanzmärkte in solchen Krisensituationen sprunghaft agieren und schnelles Handeln erforderlich ist. Die Parlamentarier stehen somit unter hohem zeitlichen und inhaltlichen Druck. Offene Debatten und freie Beschlüsse sind dann illusionär. Das spricht einer parlamentarischen Autonomie Hohn. Es ist der Weg in eine marktkonforme Demokratie, in der der Markt die Richtung vorgibt.

Dieser Begriff, der der Bundeskanzlerin zugeschrieben wird, hat sich zum Kampfbegriff in politischen Debatten entwickelt. Mit ihm wird gleichsam die Kapitulation der Demokratie vor dem Markt verbunden. Doch das war bei Angela Merkel gar nicht gemeint. Anlässlich eines Besuchs des portugiesischen Ministerpräsidenten, also dem Regierungschef eines Krisenlandes, hatte sie gesagt: »Wir leben ja in einer Demokratie und sind auch froh darüber. Das ist eine parlamentarische Demokratie. Deshalb ist das Budgetrecht ein Kernrecht des Parlaments. Insofern werden wir Wege finden, die parlamentarische Mitbestimmung so zu gestalten, dass sie trotzdem auch marktkonform ist, also dass sich auf den Märkten die entsprechenden Signale ergeben.«[17] Merkel wollte also deutlich machen, dass der Bundestag seine Entscheidungen so treffen müsse, dass die von ihm gewünschten Signale auf den Märkten auch tatsächlich ankämen.

In der damaligen Situation war das jedoch missverständlich. Unter hohem Zeitdruck wurden Rettungspakete und Schuldenumschichtungen beschlossen, deren Ursache letztlich in der Finanzmarktkrise lag. Da musste zwangsläufig der Eindruck entstehen, hier übernimmt der Steuerzahler die Kosten, die deregulierte Finanzmärkte verursacht haben. Und in der Tat wurden Gewinne privatisiert und Verluste sozialisiert. Und all dies geschah mit behaupteter Unausweichlichkeit. Da ist es verständlich, wenn ein Gefühl des Ausgeliefertseins aufkam und sich der Begriff der marktkonformen Demokratie zu einem Schreckgespenst verselbständigte. Diese Seite neoliberaler Politik erzeugte am Ende Angst statt Wohlstand, und dies in fast allen fortentwickelten Volkswirtschaften.

Die Eingrenzung des Staates durch Fiskalregeln

Eine zweite wichtige – in fast allen westlichen Volkswirtschaften zu beobachtende – Seite neoliberaler Politik besteht darin, die Spielräume von Fiskalpolitik zu begrenzen. Damit werden zwei Ziele erreicht. Zum einen beschränkt man die

Möglichkeiten des Staates, aktive Konjunkturpolitik zu betreiben. Dies ist erwünscht, weil – wie erwähnt – die individuellen Interessen der Politiker und Beamten einer vernünftigen Konjunkturpolitik angeblich ohnehin entgegenstehen. Wesentlicher ist zum zweiten, dass auf diese Weise der wirtschaftliche Einfluss des Staates ganz generell beschränkt werden kann. Auch dies ist aus neoliberaler Perspektive erwünscht, da man eine umfassende wirtschaftliche Aktivität des Staates nicht nur als ineffizient ansieht, sondern auch als einengend für private wirtschaftliche Tätigkeit. Insofern ist dieses Vorgehen konsequent.

Praktisch werden diese Ziele durch die Etablierung von Fiskalregeln angestrebt. Diese beziehen sich in der Regel auf die Höhe der Staatsverschuldung oder, damit verbunden, auf die Höhe des staatlichen Haushaltsdefizits. Die Wahl beider Kennziffern als Orientierungsgröße verfolgt den gleichen Zweck: die Schuldenaufnahme des Staates zu erschweren. An der Staatsverschuldung zeigt sich schließlich aus neoliberaler Sicht die strukturelle Unfähigkeit der Wirtschaftspolitik, vernünftig zu handeln.

Darüber hinaus werden staatliche Institutionen auf derselben Hierarchieebene einem Wettbewerb ausgesetzt, und zwar nicht mit privaten Unternehmen, sondern untereinander. Ein markantes Beispiel hierfür ist die Forcierung des föderalen Wettbewerbs zwischen den Bundesländern in Deutschland. Gleiches gibt es auf kommunaler Ebene und zwischen EU-Staaten. Nun ist gegen einen Vergleich verschiedener staatlicher Institutionen nichts einzuwenden. Maßgeblich ist jedoch, anhand welcher Kriterien dieser geschieht und welche Handlungsmöglichkeiten bestehen. An dieser Stelle fängt in der Regel das neoliberale Framing an. Häufig sind es von privaten Stiftungen finanzierte Vergleiche, die den Wettbewerbsrahmen vorgeben. Auf der globalen Ebene ist das Weltwirtschaftsforum von Davos mit seinen Länderrankings ein prominentes Beispiel hierfür. Verglichen werden zumeist die Haushaltslage und die Höhe der Steuern und Abgaben, schon, weil diese Größen leicht messbar sind. In den Hintergrund treten dagegen Kriterien wie die Qualität der Infrastruktur. Damit geht der Wettbewerbsdruck hauptsächlich in Richtung niedriger Defizite und Steuern. Das entspricht exakt dem neoliberalen Credo und verstärkt die Wirkung von Fiskalregeln.

Dies alles könnte man nur sportlich sehen, wenn sich dieses Wettbewerbsdenken nicht auch auf staatliche Institutionen selbst ausgebreitet hätte. Nimmt man die Handlungsmöglichkeiten mit ins Bild, wird der Rückzugseffekt vor allem bei nachgeordneten öffentlichen Institutionen nochmals verstärkt. In Deutschland können zum Beispiel die Bundesländer in der Regel keine eigenen Steuern erheben und müssen deshalb ihre Defizite über Kürzungen auf der Ausgabenseite ansetzen. Das kann unter bestimmten Umständen vernünftig sein, geht aber in der Tendenz zu Lasten staatlicher Aufgaben und entspricht damit ebenfalls neoliberalem Gedankengut. Dies betrifft besonders die Kommunen, die unter diesen Umständen teilweise zu herben Ausgabenkürzungen gezwungen sind und kaum noch Investitionen durchführen können.

Anders als beim Wettbewerb zwischen Unternehmen scheiden hier zudem die Verlierer nicht aus und werden durch eine bessere Konkurrenz ersetzt. Das Marktergebnis verbessert sich also nicht. Vielmehr bleibt eine staatliche Institution zurück, die auf Jahre hinaus ihre Handlungsfähigkeit und ihr Ansehen bei den Bürgern verloren haben dürfte. Bei jedem Vorhaben wird der Geldmangel evident. Genau dieses Phänomen hat die Ethnologin Juliane Stückrad in der *FAZ* als »Krise des Lokalen« beschrieben. Denn den Ausfall staatlichen Handelns, dem häufig auch noch finanziell unhaltbare Versprechen von Politikern vorangehen, spüren die Menschen vor Ort unmittelbar, und er verstärkt ihre Frustration.

Maßgeblich für die Begründung von Fiskalregeln ist wiederum die Prämisse, dass Politiker und Beamte materielle wie immaterielle Vorteile durch hohe Staatsausgaben erlangen können. Zugleich sind hohe Steuern, mit denen sie diese Ausgaben decken könnten, eher schädlich für sie. Daher liegt es nahe zu unterstellen, dass die Ausgaben statt durch Einnahmen durch vermeintlich unschädliche Schuldenaufnahme finanziert werden. Folglich besteht eine inhärente Tendenz zu immer höheren Staatsschulden. Die dafür fälligen Zins- und Tilgungszahlungen erfordern jedoch einen immer höheren Anteil am Staatshaushalt. Steigen die Schulden weiter, werden irgendwann auch diese Ausgaben durch neue Schulden finanziert. Es entsteht eine Schuldenspirale, an deren Ende die Staatspleite oder massive Steuererhöhungen drohen.

Um dem vorzubeugen, sollen Fiskalregeln die Schuldenaufnahme begrenzen. Damit sie auch wirken, reichen neoliberaler Logik zufolge bloße politische Absichtserklärungen nicht aus, können diese doch leicht vergessen oder von anderen politischen Mehrheiten widerrufen werden, sondern sie müssen mindestens gesetzlich verankert sein. Da jedoch auch Gesetze durch einfache Mehrheitsbeschlüsse verändert oder abgeschafft werden können, ist sogar eine verfassungsrechtliche Verankerung vorzuziehen. Damit sind die Hürden für ausufernde Defizite hoch gelegt.

Dieser Weg, staatliche Schulden zu begrenzen, wurde in vielen Ländern beschritten. Deutschland spielt dabei eine überaus prominente Rolle. Hier wurde 2009 die Schuldenbremse in das Grundgesetz geschrieben. Dies geschah mitten in der Krise des Euroraums, nachdem die Banken durch üppige Rettungspakete und die Konjunktur durch voluminöse Konjunkturpakete stabilisiert worden waren – alles auf Schuldenbasis. Entsprechend hoch war seinerzeit der Schuldenstand, was die vermeintliche Dringlichkeit des Vorhabens zu untermauern schien. Darüber hinaus wurde 2011 der Europäische Fiskalpakt beschlossen. In ihm verpflichteten sich die Mitgliedsstaaten der EU und insbesondere des Euroraums, ebenfalls Verschuldungsgrenzen einzuhalten. Diese mussten entweder Teil der nationalen Gesetzgebung oder der Verfassungen werden.

Dieser verengte finanzpolitische Rahmen hat die Chancen steigen lassen, die wirtschaftspolitische Aktivität des Staates in der Tendenz zurückzudrängen. Schon bei den Haushaltsplanungen muss die Politik genau bedenken, ob die vorgesehenen Ausgaben durch erwartete Einnahmen gedeckt sind. Sind sie es nicht, stehen prinzipiell zwei Handlungsoptionen zur Verfügung. Erstens, man verzichtet auf die zusätzlichen Ausgaben und beschränkt sich auf Umschichtungen im Haushalt. Zweitens, man erhöht die Steuern, um die Defizite bzw. die Schuldenquote nicht zu erhöhen.

Es ist offenkundig, dass die politisch einfachste Option in der Regel der Ausgabenverzicht ist. Schon damit ist ein Ziel der Neoliberalen erreicht. Sind darüber hinaus Kampagnen erfolgreich, eine vermeintlich zu hohe Steuerlast zu senken, was nicht nur in Wahlkampfzeiten immer wieder gefordert wird, so muss der Staat seine Ausgaben bei sonst gleichbleibenden Verhältnissen immer weiter kürzen und seine wirtschaftliche Aktivität zurückfahren. Für Steuersenkungskampagnen werden gerade konjunkturell gute Zeiten ausgenutzt, wenn die Verschuldungsgrenzen wegen hoher Steuereinnahmen und Haushaltsüberschüssen möglicherweise nicht greifen. Damit wird aber der Ausgabenspielraum nicht nur für die aktuell gute Lage, wo dies leicht verkraftbar erscheint, verengt, sondern auch für künftige schlechtere Konjunkturphasen. Dann werden die Staatshaushalte schnell ins Defizit gleiten und die gesetzlichen Verschuldungsgrenzen schneller wirksam, weitere Ausgabenkürzungen sind unumgänglich. Der neoliberal ersehnte Verdrängungsprozess des Staates gewinnt an Dynamik.

Hat die Etablierung von Fiskalregeln nun zu erhöhten Freiheitsspielräumen für die private wirtschaftliche Tätigkeit geführt, was ja ein wesentliches Ziel der neoliberalen Agenda war? Für ein wissenschaftlich abgesichertes Urteil ist es noch zu früh, viele der Regeln sind hierzu noch nicht lange genug in Kraft. Man braucht viele Daten, um eine fiktive Entwicklung ohne etablierte Schuldenbremse mit der Realität von Schuldenbremsen tragfähig vergleichen zu können. Allerdings sind im Laufe der Jahre bereits einige Nachteile dieser Regelungen spürbar geworden, die den Ruf nach einer Revision immer lauter werden lassen.

So zeigt sich, dass Kürzungen vor allem an Ausgaben vorgenommen werden, zu denen es keine gesetzliche Verpflichtung gibt und deren Ausbleiben sich erst in der Zukunft negativ auswirkt. Das trifft in besonderem Maße auf Investitionen zu. Insofern drohen Schuldenbremsen das Niveau der öffentlichen Investitionen dauerhaft zu senken. Der Effekt bestünde im Gegenteil dessen, was von Neoliberalen angestrebt wird. Öffentliche Investitionen sind ein wesentlicher Treiber des technologischen Fortschritts und sorgen für eine leistungsfähige Infrastruktur. Bleiben sie aus, wird das früher oder später auch die Wirtschaft immens belasten.

In Deutschland sind beispielsweise seit über zehn Jahren die Nettoinvestitionen, die die Abschreibungen, also den Verschleiß, berücksichtigen, mit Ausnahme der kurzen Unterbrechung durch die Konjunkturpakete während der Finanzmarktkrise negativ. Im Klartext: Die Infrastruktur zerfällt, und dies ist an vielen Stellen spürbar. Der häufig marode Zustand von Straßen, Brücken, Schienen und Schulen spricht eine beredte Sprache.

Die Sorge, dass sich dieser Zustand mit der Einführung rigider Regeln verfestigt, ist nicht von der Hand zu weisen. Der Hinweis, der Sparkurs der öffentlichen Hand sei bereits vor Einführung der Schuldenbremse eingeschlagen worden, verfängt dagegen nicht. Zum einen gab es seinerzeit schon eine Art Schuldenbremse auf europäischer Ebene mit Defizitgrenzen von drei Prozent des Bruttoinlandsprodukts (BIP) und einem maximal zulässigen Verschuldungsgrad von 60 Prozent des BIP, die im Vertrag von Maastricht festgelegt worden waren. Diese wurden zwar zeitweise verletzt, aber gerade neoliberale Politiker haben das auch heftig kritisiert. Zum zweiten wurde der Sparkurs damals genau mit jenen Argumenten begründet, die auch der Schuldenbremse zugrunde liegen. Es handelt sich also im Kern um das gleiche Vorgehen, das seinerzeit zwar nur aus Einzelentscheidungen bestand, in Zukunft aber in ähnlichen Situationen die Regel sein soll.

Es geht jedoch nicht nur um die Dynamik öffentlichen Investierens. Es geht auch um die Fähigkeit des Staates, konjunkturelle Schwankungen einzudämmen. Nach neoliberaler Auffassung ist das zwar überflüssig, da der Staat hierzu ohnehin nicht in der Lage ist, aber die meisten Ökonomen halten es durchaus für erforderlich. Aber wie ist dies mit den Fiskalregeln vereinbar? Schließlich sind gerade in konjunkturell schwachen Phasen mit einbrechenden Steuereinnahmen und gleichzeitig stark steigenden Ausgaben für die soziale Sicherung hohe Haushaltsdefizite und damit ein Anstieg der Verschuldung zu erwarten.

Hier greifen die üblichen Fiskalregeln auf das Konzept eines strukturellen Defizits zurück. Das ist ein Fehlbetrag im öffentlichen Haushalt, bei dem konjunkturelle Schwankungen herausgerechnet sind. Dazu werden sogenannte Output-Lücken *(output gaps)* berechnet, die die Differenz zwischen aktueller Auslastung der Produktionskapazitäten und ihrer normalen oder durchschnittlichen Auslastung abbilden. Die Regeln besagen nun, dass ein so berechnetes strukturelles Defizit zwar nicht hoch, aber auch nicht null sein sollte. Eine maßvolle Verschuldung ist somit erlaubt, sogar unabhängig von der Konjunktur und aus konjunkturellen Gründen.

Das Problem ist nur, dass ein strukturelles Defizit nicht unmittelbar beobachtbar ist. Es bedarf komplizierter statistischer Verfahren, mit deren Hilfe die Konjunktureffekte herausgefiltert werden, um aus dem Defizit, das man aus den Haushaltszahlen ablesen kann, dessen strukturelle Höhe zu ermitteln. Hinzu kommt, dass diese Verfahren eine relativ genaue Kenntnis über den üblichen Verlauf eines Konjunkturzyklus voraussetzen, die Verläufe aber sehr verschieden sind. Noch gravierender ist, dass diese Verfahren unterstellen, die Konjunktur kehre stets relativ rasch zu ihrem Normalzustand zurück. Das bedeutet für die öffentlichen Haushalte, dass sie sehr bald wieder nahezu ausgeglichen sein müssen.

Dies schränkt die Möglichkeiten für eine aktive Konjunkturpolitik erheblich ein. Schließlich dürfen die Defizite, die sich in einem Abschwung ergeben, nur für kurze Zeit hingenommen werden und müssen bald durch vermehrte Sparanstrengungen ausgeglichen werden. Unter diesen Umständen ist im Grunde nur eine passive und kurzfristige Reaktion des Staates auf Konjunkturschwankungen möglich. Die Fiskalpolitik kann allenfalls kleine Dellen im Konjunkturverlauf ausbügeln, aber keine handfesten Rezessionen. Damit ist der Politik ganz im Sinne neoliberaler Vorstellungen ein wichtiges Handwerkszeug für eine Wirtschaftspolitik genommen, die den Menschen eine gewisse Sicherheit vor allem mit Blick auf Beschäftigung im unstetigen Auf und Ab der Konjunktur vermitteln soll.

Das hat im Übrigen auch Konsequenzen für andere Politikbereiche, insbesondere die Geldpolitik. Denn sie trägt nun die hauptsächliche Verantwortung, die Konjunktur zu stabilisieren. In den Augen der meisten Ökonomen ist dies auch hinreichend. Doch wie gerade die Finanzmarktkrise zeigt, kann dies leicht in einer Überforderung der Geldpolitik münden. Die Preise steigen in vielen Volkswirtschaften auch mehr als zehn Jahre nach Ausbruch der Krise noch viel zu langsam, um die Gefahr einer Deflation zu bannen.

Dies enthüllt noch eine andere grundlegende Schwäche von Schuldenbremsen: Sie stammen aus einer Konjunkturära, die untergegangen ist. Es ist die Zeit, in der die Volkswirtschaften noch relativ unabhängig waren und der Konjunkturzyklus weitgehend von realwirtschaftlich bestimmten Inflationstendenzen geprägt wurde. Waren die Kapazitäten der Unternehmen hoch ausgelastet, erhöhten diese ihre Preise, suchten neue Mitarbeiter, und die Gewerkschaften konnten wegen der somit niedrigen Arbeitslosigkeit immer höhere Löhne durchsetzen. Beides führte zu Inflation. Geriet dabei das Inflationsziel der Zentralbank in Gefahr, erhöhte diese wiederum die Zinsen, was die Investitionsdynamik bremste, in der Folge die Konjunktur dämpfte und wieder freie Kapazitäten entstehen ließ. Das verlangsamte den Preisauftrieb auf ein für die Geldpolitik erträgliches Niveau. Umgekehrt mussten die Unternehmen bei merklich unterausgelasteten Kapazitäten Preiszugeständnisse machen, entließen teilweise Mitarbeiter und die Gewerkschaften konnten wegen der nun hohen Arbeitslosigkeit kaum Lohnsteigerungen durchsetzen. Dann war die Inflationsrate in den Augen der Zentralbank zu niedrig, und sie trieb die Konjunktur mit Zinssenkungen an.

In einer solchen Wirkungskonstellation ist es zumindest logisch, strukturelle Defizite zu berechnen, die auf Output-Lücken beruhen. Aber mittlerweile ist es der deregulierte Finanzsektor, der die Rolle des Konjunkturtreibers übernommen hat, nicht mehr die Realwirtschaft. Der Anfang war das Platzen der Dotcom-Blase 1999–2001, der bisherige Höhepunkt die große Finanzmarktkrise 2007 bis 2009. In beiden Fällen brachten Verwerfungen auf den Finanzmärkten die Investitionsdynamik zum Erliegen und lösten weltweite Rezessionen aus.

Dieser Regimewechsel ist nicht überraschend in einer Welt, in der auf der einen Seite der Finanzsektor eine solche überragende Bedeutung erlangt hat, und auf der anderen Seite eine eng verflochtene Weltwirtschaft inflationstreibende Kapazitätsengpässe nur noch als theoretische Möglichkeit erscheinen lässt. Irgendwo auf der Welt sind immer Kapazitäten frei, und gewünschte Güter lassen sich relativ leicht an den gewünschten Ort transportieren. Deshalb ist das gesamte Konzept der Berechnung struktureller Haushaltsdefizite aus der Zeit gefallen – und damit die Grundlage für die Anwendung von Schuldenbremsen.

Deregulierte Finanzmärkte, eine globalisierte Realwirtschaft und Schuldenbremsen sind logisch nicht miteinander zu vereinbaren. Eines dieser drei Phänomene müsste verschwinden, um wieder eine ökonomisch logische Konstellation zu erreichen. Das gilt vor allem für Europa, das zusätzlich noch durch die Krise des Euroraums und durch den Brexit gebeutelt ist. Die von vielen in Deutschland beklagten Nullzinsen sind Ausdruck einer Geldpolitik, die überfordert ist, weil Schuldenbremsen die Fiskalpolitik weitgehend lahmgelegt haben. Es ist eben eine falsche ökonomische Logik am Platz.

Das führt zu dem grundsätzlichen ökonomischen Problem der derzeit praktizierten Schuldenregelungen. Sie basieren auf der Annahme, dass die Märkte normalerweise aus sich heraus innerhalb relativ kurzer Zeit wieder zu einem Gleichgewichtszustand finden, in dem alle zufrieden sind. Wenn das wahr wäre, bestünde kaum eine Notwendigkeit für die Politik einzugreifen. Für ökonomisch ruhige Zeiträume mag es durchaus der Fall sein. Aber das ist trivial.

Spätestens seit der Finanzmarktkrise sollte sich herumgesprochen haben, dass das Eis marktwirtschaftlicher Stabilität dünn ist. Es kann jederzeit und vor allem unvorhergesehen brechen. Daher wäre es höchste Zeit, eine Erkenntnis aus der Großen Depression in den dreißiger Jahren wiederzubeleben: Die Wirtschaftspolitik muss mit Instrumenten ausgestattet sein, die ihr jederzeit erlauben, solche Stabilitätskrisen zu bekämpfen. Schon das Wissen um das Vorhandensein derartiger Instrumente stabilisiert.

Dies steht aber in krassem Gegensatz zur neoliberalen Forderung einer wirtschaftspolitischen Askese des Staates. Obwohl die Unterstützung dafür seit der Finanzmarktkrise in der Wirtschaftswissenschaft merklich bröckelt, ist fiskalpolitische Zurückhaltung immer noch das herrschende Credo vieler Politiker. Das hat weit mehr als ökonomisch-technokratische Bedeutung. Die ständige Finanznot der öffentlichen Hand betrifft seit langem viele Menschen. Sie ist zudem keineswegs regional gleich verteilt. Prosperierende Regionen leiden darunter, wenn überhaupt, deutlich weniger als solche, die wirtschaftlich zurückbleiben.

Öffentliche Finanznot heißt, dass Ausgaben für die Infrastruktur, für Soziales und für eine funktionierende Verwaltung mit ihren Dienstleistungen unterbleiben oder nur unzureichend getätigt werden. Schulen, Straßen, Schienen, öffentliche Schwimmbäder zerfallen. Auf Ämtern bilden sich lange Schlangen und die sozialen Dienstleistungen sind von minderer Qualität. Auf gesamtwirtschaftlicher Ebene wird nicht nur der soziale Schutz löchriger, sondern auch der Schutz vor wirtschaftlichen Einbrüchen, was ja auch Unternehmer oder Unternehmen trifft, die nicht mit üppigen Finanzrücklagen dienen können.

Unter alledem haben vor allem Menschen zu leiden, die materiell nicht so gesichert sind, dass sie vieles durch eigenes Geld und Beziehungen ausgleichen können. Staatliche Finanznot trifft die breite Masse der Gesellschaft. Damit wirken die Regeln, die die Schulden begrenzen sollen, in ähnlicher Weise wie der deregulierte Finanzmarkt. Sie gehen zu Lasten der ökonomischen Sicherheit in der Gesellschaft. Denn in einer neoliberalen Welt muss man Krisen fürchten.

Der Abbau sozialer Sicherheit

Eines der am meisten umstrittenen Projekte neoliberaler Politik ist die Reform der Sozialsysteme. Dabei geht es nicht nur um die bereits angesprochenen Einsparungen, sondern um ein Gesellschaftsmodell. Neoliberale stellen den ökonomischen Wettbewerb in den Mittelpunkt ihrer Überlegungen. Für sie durchdringt er alle Ebenen, er findet zwischen Unternehmen, Staaten und Individuen statt. Sofern er fair ausgestaltet ist, führt er zu ökonomisch optimalen Ergebnissen, weil sich jeder anstrengt und anstrengen muss. Man nehme das Bild eines 100-Meter-Laufs. In neoliberaler Sicht starten alle auf der gleichen Linie und der oder die Schnellste bekommt den Preis. Da alle den Preis wollen, strengen sich alle an und versuchen, möglichst schnell zu sein. Im Ergebnis wird es das schnellstmögliche Rennen, wovon letztlich auch die Allgemeinheit in Gestalt der Zuschauer profitiert, die guten Sport konsumieren wollen.

In dieser Vorstellungswelt ist soziale Sicherheit grundsätzlich ein Fremdkörper. Sie kommt einer Regel gleich, wonach niemand bei dem Rennen allzu weit zurückfallen darf, auch wenn seine Leistung schwach ist. Ist dies doch der Fall, müssen ihn die anderen hinter sich herziehen, so dass der Abstand nicht allzu groß wird. Die Veranstaltung wäre für das zahlende Publikum deutlich unattraktiver.

So ist die Botschaft der Neoliberalen überall die gleiche: Soziale Sicherung hemmt den Wettbewerb und damit den wirtschaftlichen Fortschritt. Deshalb muss sie eingeschränkt werden. Bundeskanzlerin Merkel wurde vor dem Brexit nicht müde, auf europäischer Ebene die Höhe der Sozialausgaben zu beklagen und dies als mangelnde Fortschrittsfähigkeit zu geißeln. In den USA stehen der allgemeine Zugang zu einer Krankenversicherung sowie dessen Beschränkung immer wieder im Mittelpunkt hitziger politischer Debatten. In anderen Ländern fanden und finden ähnliche Konflikte unter anderen institutionellen Gegebenheiten statt.

In Deutschland lässt sich die neoliberale Logik vor allem in der Debatte um die Agenda 2010 der damaligen Bundesregierung aus SPD und Grünen aufzeigen. Sie gewann 2002 an Fahrt und hielt zunächst bis 2005 an, als die Maßnahmen vollständig in Kraft getreten waren. Zuerst wurden das schwache Wachstum, die hohe Arbeitslosigkeit und die immensen öffentlichen Haushaltsdefizite beklagt. Teile der Presse pflegten das Bild von Deutschland als dem kranken Mann Europas, der den Anschluss an die globale wirtschaftliche Dynamik in den angelsächsischen Ländern und vor allem in China verloren habe. So wurde Handlungsdruck aufgebaut, der in dieser schwierigen wirtschaftlichen Lage ja auch tatsächlich bestand.

Doch welche wirtschaftspolitischen Entscheidungen waren jetzt angemessen? Ein unverstellter Blick in andere Volkswirtschaften hätte helfen können. Fast alle litten zu Beginn des neuen Jahrtausends unter den Nachwirkungen der geplatzten Dotcom-Blase – ein Menetekel der späteren Finanzmarktkrise – und der hohen Unsicherheit im Gefolge der Anschläge am 11. September 2001. Die Weltwirtschaft befand sich in einer Rezession. In den USA und Großbritannien wurde jedoch mit konjunkturpolitischen Maßnahmen nicht gegeizt, die Fiskalpolitik setzte durch Ausgabenprogramme und Steuersenkungen expansive Impulse. Die erwarteten Wirkungen blieben nicht aus, beide Länder bewegten sich relativ rasch aus ihrer Schwächephase heraus.

Nicht so in Deutschland. Hier wurden nicht zuletzt wegen des Korsetts der europäischen Schuldenregelungen, gegen die man nicht mit zu hohen Defiziten verstoßen wollte, keine Impulse gesetzt. Stattdessen interpretierte man die anhaltende Stagnation als Folge eines maroden, die Wirtschaft hemmenden Sozialsystems und eines mit zu rigiden sozialen Schutzmaßnahmen behafteten Arbeitsmarktes. Folglich setzte man grundlegende Reformen des Arbeitsmarktes und des Sozialsystems an die Spitze der wirtschaftspolitischen Agenda, während man auf konjunkturpolitische Stimulanz verzichtete, sie sogar für schädlich hielt, weil sie den Willen zu den vermeintlich unverzichtbaren Sozial- und Arbeitsmarktreformen schwächen würde.

An dieser Stelle kommt ein typisch neoliberales Denkmuster zum Tragen: die Härten des Sozialabbaus als Katharsis von der Bequemlichkeit und als Bußweg zu einem wirtschaftlich besseren Leben zu verstehen. So wurde es politisch und medial vielfach beschrieben – mit weitreichenden Folgen für spätere Entscheidungen. Bei alldem wurde übersehen, dass die anderen Volkswirtschaften sich inzwischen ohne soziale Bußleistungen wieder erholt hatten, und die Haushaltsdefizite in Deutschland trotz der Sparpolitik die europäischen Schuldenregeln verletzten. Das schwache Wachstum und die hohe Arbeitslosigkeit forderten ihren Preis.

Die Blaupause für die Reformen lieferte der Sachverständigenrat 2002 in seinem Jahresgutachten. Die Mehrheit der Mitglieder forderte eine weitreichende Deregulierung des Arbeitsmarktes und eine grundlegende Reform des Sozialsystems. Den Arbeitsmarkt sollten unter anderem eine Auflockerung des Kündigungsschutzes, spezielle Beschäftigungsverhältnisse, eine verringerte Tarifbindung der Löhne und mehr Leiharbeit ankurbeln. Die bereits vorliegenden Vorschläge der berühmten Hartz-Kommission wurden im Übrigen als unzureichend bewertet. Der gravierendste Eingriff in das Sozialsystem war der Vorschlag, die bis dahin geltende Unterstützung für Langzeitarbeitslose abzuschaffen, die Arbeitslosenhilfe, deren Höhe sich nach dem Verdienst richtete. Stattdessen sollte sie lediglich einem für alle geltenden errechneten Grundbedarf unabhängig vom zuvor erzielten Einkommen genügen.

In ihrer Gesamtheit liefen die Vorschläge des Sachverständigenrates auf einen verminderten Schutz für Beschäftigte und Sozialversicherungspflichtige hinaus. Dabei ging man von der Prämisse aus, dass ein verminderter sozialer Schutz neue wirtschaftliche Chancen eröffnen würde und am Ende sich alle besser stünden.

Die damalige Bundesregierung übernahm nicht jeden der Vorschläge, wohl aber deren ökonomische Logik. So griff sie zwar wegen des Drucks der Gewerkschaften nicht wie gefordert in die Tarifbindung ein, ersetzte aber die Arbeitslosenhilfe durch ein bedarfsorientiertes System mit harten Anrechnungsregeln, das Arbeitslosengeld II (ALG II) Es wurde unter dem Begriff Hartz IV bekannt. Andere Regelungen umfassten die Deregulierung von Beschäftigungsverhältnissen und veränderte Strukturen in der Arbeitsvermittlung, die dem Postulat des Förderns und Forderns besser gerecht werden sollten. Zugleich wurden in diesen Jahren gesetzliche Rentenansprüche gekürzt und, in übergroßem Vertrauen auf die risikoarme Renditefähigkeit der Kapitalmärkte, kapitalmarktgedeckte Rentensysteme (Riester-Rente, Rürup-Rente, Betriebsrenten) stärker gefördert. Um Kosten für die Unternehmen zu senken, wurde zudem die paritätische Finanzierung der gesetzlichen Krankenversicherung aufgehoben.

Mit diesem weitreichenden Bündel an Maßnahmen war auch in Deutschland auf den Arbeitsmärkten und in der sozialen Sicherung im Großen und Ganzen eine neoliberale Spielanordnung durchgesetzt. In den harten Konflikten, die ihre Umsetzung begleiteten, ragte der Streit um Hartz IV hervor. Er prägt bis auf den heutigen Tag viele politische Auseinandersetzungen. Die Maßnahme zielte nicht zuletzt auf Langzeitarbeitslose. In neoliberaler Sichtweise sind sie nicht Opfer eines sozialen Risikos, sondern für ihr Schicksal selbst verantwortlich, weil sie sich nicht genügend anstrengen, eine neue Beschäftigung zu finden, oder weil sie die

Mühe scheuen, sich neue Fähigkeiten anzueignen, die sie wieder in Arbeit vermittelbar machen. Diese Vorstellungen stehen seit ihrem Aufkommen zum Teil massiv in der Kritik.

Bei der Kritik an Hartz IV geht es auf den ersten und nicht unwichtigen Blick selbstverständlich um die Höhe der Unterstützung. Man kann in der Tat berechtigte Zweifel daran haben, ob der für den akzeptablen Bedarf zugrunde gelegte Hartz-IV-Regelbetrag von 424 Euro (2019) im Monat plus angemessene Miete ausreicht. Gravierender erscheint aber noch der Anpassungsmechanismus. Nach der derzeit gültigen Regel wird der Regelsatz jedes Jahr nach zwei Faktoren neu justiert: zum einen mit einer Gewichtung von 70 Prozent anhand der Inflationsrate für niedrige Einkommenshaushalte, so dass die Kaufkraft über die Jahre stabil bleiben soll; zum anderen mit einem deutlich geringeren Gewicht von 30 Prozent anhand der Lohnentwicklung der Beschäftigten. Das hat zur Folge, dass in längeren Phasen steigender Reallöhne die Hartz-IV-Bezieher mit ihrem Einkommen immer weiter hinter den Rest der Bevölkerung zurückfallen. Ihre Kaufkraft wird im Wesentlichen auf das Jahr 2005, den Beginn von Hartz IV eingefroren, während der Rest der Gesellschaft seither an Kaufkraft gewinnt, sich also immer mehr leisten kann. Die Anpassungsregel sorgt damit gleichsam automatisch für einen Anstieg der Ungleichheit. Zugleich erhöht sich die einkommensmäßige Fallhöhe zwischen Beschäftigung und längerer Arbeitslosigkeit.

Warum aber wird die Hartz-IV-Gesetzgebung auch heute noch von vielen Wissenschaftlern und Politikern als ein Meilenstein der Wirtschaftspolitik gefeiert? Unbestreitbar ist, dass die Arbeitslosigkeit seit der Einführung von Hartz IV dramatisch zurückgegangen ist. Strittig ist, ob sie wegen Hartz IV zurückgegangen ist. Dies wissenschaftlich tragfähig festzustellen, ist alles andere als trivial. Denn dazu muss man der tatsächlichen Wirtschaftsentwicklung mit Hartz IV eine fiktive ohne Hartz IV gegenüberstellen. Hierfür gibt es eine Fülle unterschiedlicher Modelle. Anhand eines statistischen Vergleichs lässt sich dann ermitteln, ob in dem einen oder dem anderen Fall die Arbeitslosigkeit signifikant niedriger ausfällt.

Untersuchungen mit rein makroökonomischen Modellen, in denen die gesamtwirtschaftliche Nachfrage eine große Rolle spielt, kommen tendenziell zu dem Schluss, dass die Bedeutung von Hartz IV für den Abbau der Arbeitslosigkeit eher gering war. Denn dazu ist es auch in anderen Ländern gekommen, ohne dass überhaupt Sozialreformen durchgeführt wurden. Wichtiger sind demnach die Ausrichtung der jeweiligen Fiskal- und Geldpolitik sowie andere arbeitsmarktpolitische Maßnahmen. In Deutschland hat zum Beispiel während der Finanzmarktkrise das Kurzarbeitergeld die Beschäftigung hoch gehalten.

Andere Modelle, die stärker auf der Abbildung einzelwirtschaftlichen Verhaltens beruhen, kommen hingegen zu dem Ergebnis, dass Hartz IV sehr wohl eine bedeutsame Rolle gespielt hat. Ihr entscheidendes Argument ist, dass der durch Hartz IV ausgelöste materielle Druck Arbeitslose zu verstärkten Anstrengungen bei der Jobsuche bewegt habe. Gleichzeitig übe der hohe Einkommensverlust bei Arbeitslosigkeit Druck auf Beschäftigte aus, ihre Lohnforderungen zu mäßigen. Beides zusammen, verstärkte Anstrengungen und niedrige Löhne, erhöhen in dieser Art von Modellen die Beschäftigung. Eine viel beachtete jüngere Veröffentlichung[18] kommt jedoch zu dem Schluss, dass vor allem der längere Verbleib in Beschäftigung das deutsche Arbeitsmarktwunder erkläre, nicht aber ein schnellerer Abbau der Arbeitslosigkeit. Die Autoren verweisen dabei selbst auf den gestiegenen Druck auf Beschäftigte in Unternehmen, ihre Ansprüche zurückzuschrauben.

In letzteren Modellen spielen Konjunktur und Konjunkturpolitik als Mittel der Beschäftigungssicherung und -ausweitung keine oder nur eine untergeordnete Rolle. Das hat mit der Prämisse dieser Ansätze zu tun, Konjunktur sei nur ein kurzfristiges Phänomen, von dem ohnehin keine langfristigen Wirkungen ausgehen können. So werden gerade in der zuletzt genannten Untersuchung die beschäftigungssichernden Wirkungen von Kurzarbeit und konjunkturell flexiblen Arbeitszeiten völlig übersehen. Unter anderem deshalb wird der ungewöhnlich geringe Rückgang der Beschäftigung während der Finanzmarktkrise primär den Hartz-IV-Reformen zugeschrieben. Insofern sind die positiven Beurteilungen dieser Reformen nach wie vor mit deutlichen Fragezeichen zu versehen.

Aber selbst, wenn man die Befunde als überzeugend ansieht, ist der von ihnen aufgezeichnete Weg zu mehr Beschäftigung problematisch, denn er ist mit Angst und Druck verbunden. Dass das bei den Betroffenen Spuren hinterlässt, sollte nicht verwundern.

Viel konfliktträchtiger und prägender noch als die materiellen Folgen von Hartz IV und die damit verbundenen Sorgen bei den Betroffenen waren aber die gesellschaftlichen. Den Beziehern von Hartz IV wurde die Anerkennung entzogen. Der Historiker Philipp Ther weist zwar darauf hin, dass es in den westlichen Gesellschaften schon immer soziale Distinktion gegeben habe. Jede gesellschaftliche Gruppe will sich wohltuend von anderen unterscheiden, schaut möglicherweise auf sie herab. Und dass in einer kapitalistischen Gesellschaft Einkommen ein wesentliches Distinktionsmerkmal ist, überrascht nicht. Doch der Diskurs um Hartz IV geht weit darüber hinaus.

Schon in den Debatten um die Einführung des neuen Systems wurde dies deutlich. Die *Bild* berichtete seinerzeit von einem Bezieher von Arbeitslosenhilfe, der sein Leben an den Stränden Floridas verbrachte. Florida-Rolf, wie er daraufhin genannt wurde, repräsentierte alles, was Arbeitslose in den Augen der Neoliberalen so verachtenswert machte: Leistungsschwäche, Faulheit und Schmarotzertum. Die Bilder vom Strandleben auf Rechnung der Gesellschaft erhöhten die Durchsetzungschancen der Hartz-IV-Gesetze und kamen der Regierung daher sehr gelegen. Sie machte sie zum Teil ihrer Kampagne. Der damalige Arbeitsminister Wolfgang Clement ließ 2005 eine Broschüre seines Ministeriums herausgeben, in der die Kostensteigerungen bei Hartz-IV-Maßnahmen dem Verhalten der Erwerbslosen angelastet wurden. Diese Kampagne zeigte politische Wirkung. Schließlich gingen die Reformen vielen Ökonomen und Politikern ohnehin nicht weit genug. Die Hartz-IV-Gesetze wurden denn auch im Gesetzgebungsverfahren auf Betreiben insbesondere von CDU/CSU und FDP verschärft.

So entstand allmählich eine Haltung gegenüber Hartz-IV-Beziehern, die sich mit Wilhelm Heitmeyer als Diskriminierung nach »vermeintlicher ökonomischer Nützlichkeit«[19] bezeichnen ließe. Man kann sogar mit Philipp Ther noch einen Schritt weitergehen und feststellen: »Im Zeitalter des Neoliberalismus wurden die soziale Distinktion und das Treten nach unten (…) systemisch.«[20] Der Umgang mit Transferleistungsbeziehern entspreche »nicht den üblichen gesellschaftlichen Gepflogenheiten«, schreiben Andreas Mayert und Gunther Schendel vom Sozialwissenschaftlichen Institut der EKD.[21]

Die soziale Diskriminierung hat Rückwirkungen in der Gruppe der Betroffenen und darüber hinaus in jenen Gruppen, in denen das Risiko hoch ist, betroffen zu sein. Wie Studien zeigen, ziehen sie sich den Versager-Schuh an. Dies wird noch verstärkt durch die Behandlung, die die Menschen in den Arbeitsagenturen erfahren. Eine geringe Selbstachtung, die die Erfolgsaussichten nicht gerade verbessert, ist die Folge.

In der sozial abgelegenen Nische der Transferempfänger erblüht eine eigene Hartz-Kultur, die von einigen TV-Medien verbreitet und gepflegt wird. Sie besteht im demonstrativen Verzicht auf gesellschaftlich akzeptierte Umgangsformen, Bildungsangebote und Aufstiegsmotivation. »Hartz IV und der Tag gehört dir«, könnte das bissige Leitmotiv dieses Phänomens sein. Man kann dies als Protestkultur gegen den gesellschaftlichen Mainstream verstehen oder auch als Hilfeschrei, der signalisieren soll: Seht, was ihr aus uns macht!

Bemerkenswert ist die Passivität dieser Haltung. Sie ist nicht darauf gerichtet, selbst etwas zu ändern, sondern man erwartet das von anderen, besonders von »der Politik«. Die Kontrolle über das eigene Leben ist damit weitgehend aus der Hand gegeben. Die Angst, ebenfalls in diese Hartz-IV-Kultur abzugleiten, erfasst jene, die zwar kein Hartz IV beziehen, sich aber zu Recht oder Unrecht fürchten, in diese Lage zu kommen. Was als neoliberale Befreiung von staatlicher Bevormundung gedacht war, die einerseits die Leistungsträger von hohen Sozialbeiträgen befreien sollte und auf der anderen Seite die Sozialleistungsbezieher zu mehr eigenständigen Anstrengungen anreizen sollte, endete in ökonomischer Abhängigkeit und gesellschaftlicher Diskriminierung.

Der Druck der Weltmärkte

Der Neoliberalismus hat es gut verstanden, sich Trends zunutze zu machen. Dazu gehört vor allem die Globalisierung, die per se kein neoliberales Projekt ist, sondern auch ohne ihn zum Durchbruch gekommen wäre. Neoliberale Wirtschaftspolitiker haben sie aber zu einem mächtigen Werkzeug ihrer Agenda gemacht.

Ansatzpunkt dafür war der Freihandel. Er ist die Voraussetzung für die Globalisierung des Waren- und Güterverkehrs. Ursprünglich wurde unter Freihandel verstanden, dass es keinerlei Einfuhr- oder Ausfuhrbeschränkungen geben dürfe und Zölle nicht unüberwindbar hoch wären. Beides ist sinnvoll, soll Handel überhaupt zustande und sollen die wechselseitigen Vorteile dieses Handels zum Tragen kommen. Im Laufe der Jahrzehnte wurden daher zumindest zwischen den großen Industrieländern sowohl Handelsbeschränkungen als auch Zölle immer weiter abgebaut. Die Vorteile der Globalisierung waren denn auch immer eindeutiger zu spüren.

Im Laufe der Zeit änderte sich jedoch das Verständnis von Freihandel auf eine Weise, die eindeutig eine neoliberale Handschrift trägt. Zu den genannten Anforderungen gesellte sich nämlich die Abschaffung sogenannter nicht-tarifärer Handelshemmnisse. Darunter versteht man Vorschriften oder Regulierungen für einzelne Produkte, die einzig dem Ziel dienen, die gleichen Produkte aus ausländischer Produktion vom heimischen Markt fernzuhalten. Sie zu beseitigen, erschien eindeutig sinnvoll.

Allerdings werden mittlerweile alle Regulierungen grundsätzlich als nicht-tarifäre Handelshemmnisse verstanden. Wie weit dies reicht, ließ sich in den Verhandlungen um das Freihandelsabkommen zwischen den USA und der EU

(TTIP) erkennen. Zu Beginn standen alle Vorschriften zum Schutz von Konsumenten, Umwelt und Arbeitnehmern auf dem Prüfstand. Überall dort, wo es Divergenzen in den regulativen Rahmenbedingungen gab, sollte entschieden werden, welche Konsequenzen dies für den Zugang zum jeweiligen Markt haben würde.

Schon auf den ersten Blick ist klar, dass damit strengere Vorschriften unter Druck geraten. Ist das oberste Ziel von solchen Verhandlungen, den Handel zu fördern, entsteht ein Konflikt zwischen Freihandel und Regulierungen, der aus neoliberaler Sicht im Zweifel zu Lasten letzterer zu lösen ist. Dies fügt sich bestens in eine Strategie der Dominanz des Marktes über die Politik ein – die Herstellung einer marktkonformen Demokratie. Im Klartext heißt dies, dass Freihandel dazu dient, unliebsame gesellschaftliche, politisch motivierte Schutzmechanismen zu schleifen.

Die Bedeutsamkeit der Verhandlungen über Regulierungsvorschriften kann man an dem öffentlichkeitswirksamen, aber an sich harmlosen Fall des Chlorhähnchens verdeutlichen. Während in den USA aus Furcht vor bakteriellen Verunreinigungen großer Wert darauf gelegt wird, dass die Hähnchen gechlort sind, fürchtet man in Europa eher das Chlor. Wissenschaftlich gibt es keine eindeutigen Belege, welche der beiden Vorschriften besser für die Gesundheit der Konsumenten ist. Damit bestehen zwei Möglichkeiten, falls man sich nicht auf ein Verfahren einigen kann. Entweder verbietet man also den grenzüberschreitenden Handel mit Hähnchen, weil man das jeweils anders regulierte Produkt für gefährlich hält, oder man erlaubt ihn und lässt beide Regulierungsverfahren auf beiden Märkten zu. Somit bleibt den Konsumenten, die natürlich ausreichend informiert sein müssen, die Entscheidung überlassen, ob das Hähnchen gechlort ist oder nicht. Bevorzugen sie eindeutig das jeweils heimische Verfahren, kann dies auf das gleiche Ergebnis hinauslaufen wie ein Verbot des jeweils anderen Verfahrens. Ist dies aber nicht der Fall, existieren entweder beide Verfahren nebeneinander oder, wenn sich die Präferenzen in die eine oder andere Richtung verschieben, es bleibt nur noch eines der beiden übrig. In jedem Fall entscheidet der Markt darüber und nicht die Politik, wie die Regulierungen am Ende aussehen. Das Beispiel zeigt, wie wichtig der Handel und die Vereinbarungen darüber für die Regulierungslandschaft sind.

Die Harmlosigkeit dieses Beispiels verliert sich schnell, wenn man die Überlegungen auf andere Vorschriften ausdehnt. Was soll beispielsweise bei der Produkthaftung gelten – das Vorsorgeprinzip der EU, nach dem grundsätzlich vor Einführung eines Produkts dessen Unbedenklichkeit nachgewiesen sein muss, oder das Haftungsprinzip der USA? Danach müssen die Produzenten nach der Markteinführung für Schäden einstehen, die nachweislich durch ihr Produkt verursacht wurden.

Es soll hier nicht vertieft werden, welches Verfahren besser ist. Wichtig ist, was dann unter marktwirtschaftlichen Bedingungen geschieht, und ob dies politisch erwünscht ist. Was das jeweils für Konsumenten und Produzenten bedeutet, zeigt der Dieselskandal. In den USA können die Konsumenten im Nachhinein Schäden wie den Wertverlust ihres Autos oder auch Gesundheitsschädigungen, die auf Dieselemissionen zurückzuführen sind, gerichtlich machen. In Europa, wo der Staat im Vorhinein dafür hätte sorgen müssen, dass keine Schäden auftreten, ist dies weitaus schwieriger

Ein weiteres, alles andere als harmloses Beispiel ist denn auch der Umweltschutz. Wie viele Emissionen darf ein

Diesel überhaupt ausstoßen? Hier können unterschiedliche Vorstelllungen herrschen – welche setzen sich durch? Dominiert der Freihandelsgedanke, dürfen Fahrzeuge ungeachtet unterschiedlicher Standards importiert werden. Der für die Produktion billigere Standard wird sich auf Dauer durchsetzen, und dies ist in der Regel nicht der für die Umwelt beste. Dann aber führt Handel dazu, Umweltvorschriften zu unterminieren. Genau dies war im ursprünglichen Entwurf zu TTIP angelegt.

Auch bei Arbeitsmarktstandards kann die Dominanz von Handelszielen dazu führen, dass niedrigere Standards höhere verdrängen. Da sich beispielsweise die Handlungsmöglichkeiten von Gewerkschaften über die Lohnbildung auf die Wettbewerbsfähigkeit von Unternehmen auswirken, sind sie sogar außerordentlich relevant. Gleiches gilt für das Ausmaß der sozialen Sicherung. Das alles gilt in besonderem Maße dann, wenn Unterschiede nicht durch Wechselkursbewegungen abgefedert werden können.

Hier kommen die EU und ihre Vorgängerinstitution, die Europäische Wirtschaftsgemeinschaft (EWG), ins Spiel. Sie ist ursprünglich als Freihandelszone gegründet worden. Daher wurden sämtliche strittigen Regulierungen auch sozialer Art vor allem vom Europäischen Gerichtshof immer unter dem Gesichtspunkt geprüft, ob sie dem freien Handel innerhalb der EU dienten. Oft genug fiel das Urteil zu Lasten der sozialen Regelungen aus.

Es war dann insbesondere die Währungsunion, die sich im Laufe der Zeit zu einem neoliberalen Projekt mit fatalen Folgen entwickelte. Solange die einzelnen Mitgliedsstaaten über ihre eigenen Währungen verfügten, waren unterschiedliche Arbeitsmarktstandards kein Problem. Sie blieben in nationaler Souveränität, und die EU fokussierte sich auf die

Förderung des Handels. Mit der Währungsunion wurden jedoch die Wechselkurse faktisch fixiert und durch eine gemeinsame Währung ersetzt.

Zu Beginn war dies wegen der weitgehend wettbewerbsgerechten Umstellung der Währung ebenfalls noch kein nennenswertes Problem. Jedoch hätte allen Beteiligten bewusst sein müssen, dass von diesem Zeitpunkt an andere Bedingungen herrschen würden als vorher. Innerhalb der Währungsunion würde sich jede Veränderung der Arbeitsbedingungen, die auf die Lohnbildung ausstrahlte, ungefiltert durch Wechselkurse auf die Wettbewerbsfähigkeit der Unternehmen eines Standorts auswirken. Das brachte eine wirtschaftspolitische Versuchung mit sich: Wenn man durch eine Verschlechterung der Arbeitsmarktbedingungen Lohndumping betrieb, ließen sich Handelsvorteile zu Lasten der übrigen Mitglieder erreichen. Dass dies negative Konsequenzen für Wachstum, Beschäftigung und Stabilität in der Währungsunion insgesamt haben würde, lag auf der Hand. Somit stellte sich die Frage, wie mit dieser neuen Situation umzugehen sei.

Notwendig wäre gewesen, die Lohn- und Arbeitsmarktbedingungen innerhalb der Währungsunion zu koordinieren, um sowohl Dumpingwettläufe als auch übersteigerte Lohnzuwächse zu verhindern. Doch aus einer Mischung von gedanklicher und politischer Bequemlichkeit, aber eben auch aus einem neoliberalen Impetus, entschied man sich, nichts zu tun. Ersteres hatte damit zu tun, dass man annahm, Lohndifferenzen würden relativ rasch durch den Markt korrigiert. Übersteigerungen würden in eine Rezession führen und Lohndumping einen Boom auslösen. Beides werde zu Trendwenden auf dem Arbeitsmarkt führen. Die Übersteigerungen würden mit zunehmender Arbeitslosigkeit in eine zurückhaltende Lohnentwicklung übergehen, während umgekehrt das Lohndumping mit der steigenden Beschäftigung ein Ende finden werde. Dieser erhoffte Stabilitätsautomatismus hat nicht funktioniert, weil es Gegenkräfte gibt, die ihn blockieren oder zumindest spürbar behindern.

In einer Währungsunion mit nur einer Zentralbank gibt es für das gesamte Währungsgebiet nur einen Zins. Dieser einheitliche Zinssatz steht aber unterschiedlichen Inflationsraten in den einzelnen Volkswirtschaften gegenüber, die sich aus den unterschiedlichen Lohntendenzen ergeben. Damit hat der gleiche Zinssatz aber jeweils eine andere Wirkung. In Ländern mit hohen Inflationsraten hat er eine relativ stimulierende Wirkung, da Kredite dort insbesondere für Unternehmen vergleichsweise billig sind. Sie lassen sich relativ leicht bedienen, da man ja seine Produkte zu hohen Preisen absetzen kann. Das gilt vor allem im Immobiliensektor, weshalb sich die wirtschaftliche Dynamik zumeist in einer sehr hohen Bautätigkeit mit noch stärker steigenden Preisen zeigt. Dies steht einer ausgleichenden rezessiven Entwicklung entgegen.

Umgekehrtes gilt für Länder mit Lohndumping und niedrigen Inflationsraten. Hier sind bei einem einheitlichen Zinssatz Kredite relativ teuer. Dies ist ein schweres Hindernis auf dem Weg zu einem Boom, der sich als Folge der niedrigen Löhne eigentlich einstellen sollte. Auch hier funktioniert der erhoffte Marktanpassungsmechanismus also nicht oder zumindest nicht reibungslos, weil sich Lohnbildung und Zinsentwicklung im Wege stehen. Der von relativ niedrigen Lohnzuwächsen erhoffte Boom bleibt wegen relativ hoher Reallohnzinssätze aus, und umgekehrt kommt es auch nicht zur Rezession, wenn die Lohnzuwächse bei relativ niedrigen Realzinsen relativ hoch sind. Damit kann die gewünschte automatische Anpassung schlicht nicht stattfinden. Das wurde von vielen Ökonomen am Beginn der Währungsunion übersehen. Hinzu kam aber eben auch politische Bequemlichkeit. Arbeitsmarktfragen galten in der EU immer als nationale Angelegenheit, und daran wollte man nicht rühren, um Konflikte zu vermeiden.

Für Neoliberale war der Verzicht auf eine Koordination der Lohn- und Arbeitsmarktbedingungen eine bewusste strategische Entscheidung und kein Ausdruck von Bequemlichkeit. Sie wollten die EU und vor allem die Währungsunion nutzen, um ihre Vorstellungen durchzusetzen. Dazu gehörte, jede Form von Koordination zu vermeiden, also auch Vorkehrungen gegen Lohndumping. Stattdessen sollte Wettbewerb zwischen Wirtschaftsstandorten das vorherrschende Prinzip sein. Ziel war zum einen, auch an dieser Stelle den wirtschaftspolitischen Einfluss des Staates zurückzudrängen, und zum anderen positive wirtschaftliche Effekte zu erreichen, die sich aus dem Standortwettbewerb ergeben würden. Er sollte die Löhne niedrig, die Gewinne und das Wachstum hoch halten. Darüber hinaus würde der Wettbewerb ständig Druck auf die Staaten ausüben, sich den Marktverhältnissen anzupassen.

Diese Rechnung ging zunächst auf, vielleicht sogar besser als gedacht. A priori hätte man erwarten können, dass vor allem kleinere Mitgliedsländer der Währungsunion den Wettbewerb antreiben. Bei ihnen hat der Export wegen des kleinen Binnenmarkts einen hohen Anteil an der Produktion. Sie können daher durch Lohndumping relativ viel gewinnen, insofern sie ihre Wettbewerbsfähigkeit gegenüber den größeren Volkswirtschaften mit einem großen Binnenmarkt steigern. Zugleich wäre dies, eben weil es sich um kleinere Volkswirtschaften handelt, nicht sehr stark spürbar gewesen. Daher wären mit hoher Wahrscheinlichkeit schnelle Gegenreaktionen ausgeblieben. Das wäre eine nur unvollständige Verwirklichung der neoliberalen Vision gewesen.

Doch es kam aus neoliberaler Sicht viel besser. Ausgerechnet die größte Volkswirtschaft der Währungsunion, Deutschland, begann mit ihren Sozialreformen Anfang des Jahrtausends den Wettlauf bei den Löhnen. Sie setzte damit die neoliberale Anpassungsspirale in Gang, die Millionen von Beschäftigten immer wieder zu Zugeständnissen bei der Entlohnung oder der sozialen Absicherung zwang. Dass man in beiden Fragen zurückhaltend sein müsse, um im internationalen Wettbewerb bestehen zu können, ist mittlerweile wirtschaftspolitisches Allgemeingut. Was jedoch vielen Politikern nicht bewusst ist, wenn sie diese Behauptung aufgreifen: Sie machen damit Globalisierung und europäische Integration zu Gegnern eines wirtschaftlichen und sozialen Fortschritts für die breite Masse der Bevölkerung. Dass man damit Rechtspopulisten eine Steilvorlage gibt, war seinerzeit den wenigsten bewusst.

Tatsächlich haben die Politiker auf den ersten Blick ein triftiges ökonomisches Argument für sich. Ist ein Standortwettbewerb erst einmal ausgebrochen, wird Nicht-Anpassen tatsächlich mit Markteinbußen bestraft. Insofern sind arbeitsmarktpolitische Mäßigungsforderungen also berechtigt. Hätte man aber von vornherein Koordinationsprozesse etabliert, wäre der hohe Anpassungsdruck gar nicht nötig gewesen, zumindest nicht in diesem Umfang. Vor allem aber brachte man damit die gesamte Währungsunion auf einen abschüssigen Pfad.

Denn so hoch der Anpassungsdruck auf Löhne auch war, wegen des gegenläufigen Zinsmechanismus konnte er niemals schnell genug wirken, um ein immer weiteres Abdriften von einem stabilitätsgerechten Pfad zu verhindern.

Im Jahre 2009, unmittelbar nach den Wirren und Abstürzen der Finanzmarktkrise, war der Druck zu hoch. Die Währungsunion schlug an ihrer schwächsten Stelle, Griechenland, leck. Und das Leck breitete sich schnell auf andere Länder aus, wo es ebenfalls zu übersteigerten Inflationsraten gekommen war. Das betraf Spanien, Italien, Irland und Portugal. Der offenkundige Teil der Krise des Euroraums begann.

Damit hätte für alle klar erkennbar sein können, dass der neoliberale Weg zur europäischen Integration gescheitert war. Doch dies war mitnichten so. Noch während der Finanzmarktkrise hatten viele Regierungen in ihrer Not Zuflucht in keynesianischer Nachfragepolitik gesucht, um einen ökonomischen Absturz ihrer Volkswirtschaften zu verhindern beziehungsweise deren Erholung einzuleiten. Nun aber hielten sie es für unumgänglich, Ländern wie Griechenland eine angebotsorientierte Rosskur zu verordnen. Nur so könne deren Wettbewerbsfähigkeit wiederhergestellt werden.

Die damalige Bundesregierung, eine Große Koalition, hat sich maßgeblich für diesen Kurs eingesetzt. Teilweise wurde dessen Notwendigkeit nicht nur von Politikern wie Hans-Olaf Henkel, sondern auch Wissenschaftlern wie Hans-Werner Sinn noch mit nationalen Stereotypen untermauert (»Alle Griechen / Italiener / Spanier / Portugiesen sind faul, leben auf unsere Kosten und wollen Inflation.«). Mitunter wurden von Politikern auch die eigenen ökonomischen Opfer während der Sozialreformen in den 2000er Jahren als Legitimation dafür gesehen, dass in anderen Ländern ebenfalls Opfer nötig seien.

Bei den betroffenen Bevölkerungen führte das von außen verordnete Krisenprogramm zu Armut und Not bis in die Mittelschichten hinein. Auch die politischen Konsequenzen waren dramatisch. Erwartbar und gerechtfertigt fühlten sich viele Menschen einem Druck ausgesetzt, als dessen Urheber und somit als wirtschaftspolitischen Gegenspieler sie europäische Institutionen und die wirtschaftlichen starken Länder der EU, allen voran Deutschland, ansahen. Zugleich fühlten sie sich von den eigenen Politikern im Stich gelassen, wenn sie ihnen nicht gar – teilweise zu Recht – die Schuld an der Misere zuschrieben.

Im Ergebnis wandten sich viele von den etablierten Parteien ab; neue Bewegungen, Gruppierungen und Parteien entstanden. Vor allem aber breitete sich Skepsis gegenüber dem Sinn einer fortgesetzten europäischen Integration aus. Was hatten die Menschen in den Krisenländern denn durch einen Austritt zu verlieren, wenn das Angebot der EU in einer immer stärkeren wirtschaftlichen Repression bestand?

Aber auch in den stärkeren Ländern wie Deutschland regte sich Widerstand gegen die Fortführung zumindest dieser Art von Integration. Das Argument lautete, dass die Währungsunion für diese Länder einer Zwangsjacke gleichkomme. Sie zwinge sie zu einem Stabilitätsverhalten mit moderaten Lohn- und Preissteigerungen, das nicht zu ihrer internen Struktur passe, die gerade auf höhere Lohn- und Preissteigerungen ausgerichtet sei. Deshalb sei es besser, wenn diese Länder die Währungsunion verließen und zu einer eigenen Währung zurückkehrten. Diese könnten sie dann gegebenenfalls abwerten, um ihre durch hohe Preissteigerungen verloren gegangene Wettbewerbsfähigkeit wiederherzustellen. Dieses Argument vertraten ausgerechnet zahlreiche neoliberale Ökonomen wie Hans-Werner Sinn oder Bernd Lucke. Aber auch auf der linken Seite des politischen Spektrums, wie bei dem Politikwissenschaftler Wolfgang Streeck, fand diese Sichtweise Rückhalt.

Hier zeigen sich zwei für unsere Zeit markante Phänomene: Der Neoliberalismus zerstört seine eigenen Grundlagen – und Teile der Linken suchen Schutz unter den Fittichen des Nationalstaats. Ersteres ist insofern der Fall, als ein ungehemmter Standortwettbewerb ganz offensichtlich in die Instabilität führt und damit jede europäische Integration über eine gemeinsame Währung unterminiert. Mit einer Rückkehr zu nationalen Währungen entfiele aber eine entscheidende Voraussetzung für das ungehemmte Wirken des Standortwettbewerbs, da sich die Volkswirtschaften nunmehr über Wechselkursbewegungen zumindest theoretisch gegenüber einem solchen Wettbewerbsdruck abschirmen können. Praktisch ist dies deutlich schwieriger, da Wechselkursbewegungen nicht zuletzt von spekulativen Motiven getrieben werden können. Ob dies zu höherer Wettbewerbsfähigkeit führt, muss offen bleiben.

Diese Analyse wird von Streeck und anderen im Wesentlichen geteilt. Folglich ist auch die wirtschaftspolitische Schlussfolgerung die Gleiche: zurück zum vermeintlich starken Nationalstaat. Die Begründung ist selbstverständlich eine andere: Da die skizzierte Form der transnationalen Integration zu Recht als neoliberales Konstrukt angesehen wird, scheint ein Abrücken davon logisch, will man den Neoliberalismus bekämpfen.

Beide Phänomene machen zudem deutlich, worin die Wurzeln des wirtschaftspolitischen Rechtspopulismus liegen: sowohl im Neoliberalismus, der sich als instabiles Modell erweist und massive ökonomische Brüche erzeugt, als auch in einem sozialen Schutzbedürfnis, das in einem neoliberalen Umfeld nicht erfüllt werden kann und nicht erfüllt werden soll. Das muss nicht zum gleichen historischen Zeitpunkt politisch relevant sein, diese verletzten Bedürfnisse können auch zu einem späteren Zeitpunkt politisch zum Ausbruch kommen. Wie Philipp Ther mit Bezug auf den österreichischen Wirtschaftshistoriker Karl Polanyi aufzeigt, wirken einmal erlebte soziale Entbehrungen nach.[22] Sie werden nicht einfach vergessen, sondern befeuern das Bewusstsein des eigenen Opferstatus beim Herannahen neuer Zumutungen.

Beispielhaft für diese Zusammenhänge steht das Großbritannien des Brexits. Hier war es die europäische Binnenmigration, insbesondere aus Polen, die viele bewog, für den Austritt aus der EU zu stimmen. Als Polen der Union beitrat, hatte man dessen Bürger noch relativ großzügig ins Land gelassen – anders als in Deutschland, das sich strikte Übergangsfristen ausbedungen hatte. Die Absicht der britischen Regierung war, rasch billige Arbeitskräfte zu gewinnen. Das erhöhte den Druck auf ohnehin schon prekär Beschäftigte, vor allem in den früheren Kohlebergbaugebieten – ein neoliberaler Standortwettbewerb entspann sich. Wie im Deutschland der Eurokrise wirkten auch hier bei den Betroffenen die Erinnerungen an frühere wirtschaftliche Opfer nach. In diesem Fall ging es um den nie kompensierten Verlust der gut bezahlten Arbeitsplätze im Kohlebergbau. Dies ließ die so wahrgenommene Bedrohung durch Öffnung der Grenzen für Migration aus Europa besonders unfair erscheinen. Die rechtspopulistische Antwort war die gleiche wie in Deutschland: Schutz durch nationalstaatliche Abschottung.

Ähnliche Beobachtungen lassen sich für die USA, Frankreich oder Polen anstellen. Die neoliberale Gestaltung der Integration in die Weltwirtschaft, verbunden mit sozialen Opfern, weckt Schutzbedürfnisse, die scheinbar nur noch der Nationalstaat erfüllen kann. Das zeigte sich erneut zu Beginn der Coronakrise, als die meisten Mitgliedsstaaten der EU nationale Maßnahmen durchsetzten und sich durch Grenzschließungen abschotteten. Diese Konstellation ist die Grundlage rechtspopulistischer Forderungen nach undurchlässigen Grenzen. Sie verspricht Schutz vor dem Verlust von Arbeitsplätzen und Sozialdumping, die vermeintlich durch Migration und billige Importe verursacht werden. Es ist klar, dass in dieser Gedankenwelt weltwirtschaftliche Integration und Multilateralismus keinen Platz haben. Der Kampf dagegen beherrscht die politische Agenda eines Donald Trump und auch vieler rechtspopulistischer Bewegungen. Ausgeblendet werden dabei die wirtschaftlichen Vorteile beider Tendenzen – und damit bezogen auf Deutschland die Frage, wohin die Wohlstand stiftenden Exporte fließen sollen, wenn sich alle abschotten. Handeln also viele Wähler der Rechtspopulisten in Wahrheit gegen ihre eigenen Interessen? Dazu später mehr.

Der doppelte Einbruch

Vom allmählichen Untergang linker Wirtschaftspolitik

So wenig sich das Aufkeimen rechtspopulistischer Strömungen allein mit dem kulturellen und wirtschaftlichen Wandel erklären lässt, so wenig lässt es sich lediglich auf den Siegeszug neoliberaler Ideen in der Wirtschaftspolitik zurückführen. Wie bei einem Fußballspiel ist der Sieg einer Mannschaft nicht nur das Ergebnis einer überlegenen Offensivkraft, sondern es bedarf auch einer geschickt agierenden Defensive, die die Angriffe der Gegner möglichst gar nicht erst zur Entfaltung kommen lässt. Aber nach dem Sieg ist vor der Niederlage. Denn das Schicksal einer linken Wirtschaftspolitik, die nicht auf der Höhe der Zeit war, droht in ähnlicher Weise auch dem Neoliberalismus seit der Finanzmarktkrise.

Die neoliberale Offensive im wirtschaftspolitischen Spiel ist bereits beschrieben worden. Aber wo war die keynesianische Defensive, die sich den Angriffen des Neoliberalismus entgegengestellt hätte? Die ernüchternde Antwort ist: Sie hatte sich im Laufe der Jahrzehnte weitgehend selbst aufgelöst. Vermutet hätte man sie an zwei Orten. Zum einen naheliegenderweise bei sozialdemokratischen und sozialistischen Parteien, die gemäß ihrer Tradition mit dem Anspruch aufgetreten waren, sozialen Schutz vor den Unbillen einer marktwirtschaftlichen Entwicklung anzubieten. Zum anderen aber auch bei konservativen Parteien, insofern es ihnen häufig um die Bewahrung von Besitzständen ging. Tatsächlich fremdelten zumindest einige mit dem Neoliberalismus, der ja auf ständige Veränderung entsprechend dem Marktgeschehen setzt.

Doch all diese Parteien wurden seit den 1970er Jahren eine nach der anderen neoliberal überrollt. Ausgangspunkt waren zunächst die bereits beschriebenen Veränderungen in den akademischen Debatten der Ökonomie. Entscheidend waren am Ende aber die aktuelle Wirtschaftslage und ihre Deutung.

Mitte der 1970er Jahre befand sich die Weltwirtschaft in einer tiefen Rezession mit hoher Arbeitslosigkeit und hoher Inflation. Wirtschaftspolitisch dominierte ein keynesianisches Paradigma, das dem Staat eine herausgehobene Rolle bei der Steuerung der Wirtschaft zuwies. Dabei wurde diese Steuerung vielfach mechanistisch verstanden. Viele Wirtschaftspolitiker, aber auch Wissenschaftler gingen davon aus, dass die Wirtschaft eine Art soziale Maschine sei, die sich über sichere und bekannte Zusammenhänge präzise steuern lasse. Zu dieser Sichtweise hatte zweifellos die sich in jener Zeit ausbreitende Anwendung ökonometrisch-empirischer Verfahren beigetragen, die die Wirtschaft mit Hilfe empirischer Gleichungssysteme zu beschreiben versuchten. Psychologische Faktoren und Unsicherheit spielten eine absolut untergeordnete Rolle. Vor diesem Hintergrund gingen die Keynesianer davon aus, dass sie mit Hilfe entsprechender Konjunkturprogramme jede Krise in den Griff bekommen könnten.

Das war aber gegen Ende der 1970er Jahre offenkundig nicht der Fall. Insofern war es logisch, dass die unbefriedigende Wirtschaftslage diesem Paradigma angekreidet wurde. Als Beleg für das Versagen der Keynesianer wurden insbesondere die Konjunkturprogramme angeführt, die aus neoliberaler Sicht nichts anderes bewirkten als jene zu beobachtende hohe Inflation und darüber hinaus eine hohe Verschuldung des Staates.

Darüber hinaus hatten die Vertreter des Keynesianismus das Problem, dass die zu hohen Inflationsraten auch aus ihrer Sicht schädlich waren. Sie resultierten aus einer Kombination von dramatisch steigenden Ölpreisen, die wegen der hohen Bedeutung von Öl als Rohstoff auf nahezu alle anderen Güter ausstrahlten, und einer sehr expansiven Lohnpolitik der seinerzeit noch relativ starken Gewerkschaften, die die Preissteigerungen mit entsprechenden Lohnzuwächsen zu kompensieren versuchten. Damit setzten sie eine Lohn-Preis-Spirale in Gang, die zu den markant hohen Inflationsraten führte. In den keynesianischen Modellen jener Zeit war dieser gleichzeitige Auftritt von hoher Arbeitslosigkeit und hoher Inflation jedoch schlicht nicht vorgesehen. Entsprechend schwer taten sich ihre Vertreter, Gegenargumente gegen die neoliberale Deutung der Lage zu finden.

Deren Vertreter wiederum leiteten aus ihren theoretischen Vorstellungen sogleich die vermeintlich notwendigen Rezepte ab. Man müsse nur massive öffentliche Sparprogramme auflegen, die Steuern und Abgaben senken und den Arbeitsmarkt grundlegend reformieren, um die schädliche Macht der Gewerkschaften zu brechen. Dann würden die von den Fesseln des Keynesianismus befreiten Marktkräfte mit kräftigem Wachstum wieder für mehr Beschäftigung und vor allem – wegen der niedrigen Steuern – für höhere Einkommen sorgen. Auch die Inflation werde unter Kontrolle sein, da die Gewerkschaften gebändigt wären. Vor dem düsteren wirtschaftlichen Hintergrund jener Zeit überrascht es wenig, dass diese neoliberalen Ideen wirtschaftspolitisch obsiegten.

Im politischen Raum wurden sie anfänglich eher von liberalen Parteien oder so ausgerichteten Strömungen in anderen Parteien aufgegriffen. In Deutschland war es die FDP, die sich dem Neoliberalismus als Erste verschrieb. Sie sah darin eine Möglichkeit, wirtschaftliche Freiheitspielräume zu eröffnen, an denen es den in ihren Augen so verknöcherten Volkswirtschaften jener Zeit mangelte. Ein Meilenstein für den Kurs der Partei war das sogenannte Wendepapier des damaligen Wirtschaftsministers Otto Graf Lambsdorff, das als eine Magna Charta neoliberaler Wirtschaftspolitik in Deutschland verstanden wurde.

Mit diesem Papier endete faktisch die sozialliberale Koalition zwischen SPD und FDP, und eine konservativ-liberale Koalition von CDU/CSU und FDP kam an die Macht. Das war zwar das offizielle Ende einer vor allem durch die SPD (Karl Schiller, Helmut Schmidt) geprägten keynesianischen Wirtschaftspolitik in Deutschland. Es war aber noch nicht der Beginn einer ausgeprägt neoliberalen Wirtschaftspolitik, da die CDU unter Helmut Kohl durchaus noch konservativ-soziale Akzente (Heiner Geißler, Norbert Blüm) zu setzen wusste. Dies trug dazu bei, dass Deutschland in Sachen Neoliberalismus zum Nachzügler wurde.

Viel markanter fiel die Wende zum Neoliberalismus in den USA und Großbritannien aus. Dort wandelten sich die Republikaner (Ronald Reagan) und die Konservativen (Margaret Thatcher) von konservativen zu neoliberalen Parteien. Hier begann das Zeitalter des wirtschaftspolitischen Neoliberalismus.

In all diesen Ländern gab es aber immer noch eine Opposition, die den neoliberalen Konzepten andere, zumeist keynesianische entgegensetzte. In den USA waren dies die Demokraten, in Großbritannien die Labourpartei und in Deutschland die SPD. Insofern ist es nicht überraschend, dass es zu harten wirtschaftspolitischen Auseinandersetzungen kam. Rechtspopulistische Vorstellungen spielten dabei keine Rolle. Bemerkenswert ist allerdings, dass denjenigen, die Widerspruch zum Neoliberalismus erhoben, im öffentlichen Diskurs häufig Modernitätsverweigerung vorgeworfen wurde. Ihre Konzepte galten nicht nur als veraltet, sondern man gab ihnen sogar die Schuld an der zu hohen Staatsverschuldung, der hohen Inflation und vor allem der hohen Arbeitslosigkeit. Dies alles spitzte sich zu dem pauschalen Vorwurf zu, dass linke Parteien nicht mit Geld umgehen könnten und den Staat in die Verschuldung trieben.

Diese Niederlage im Diskurs, der Niederlagen in Wahlen folgten, hinterließ auf Dauer tiefe Spuren bei allen linken Parteien, vor allem aber bei der Sozialdemokratie. Zunächst traten sie wirtschaftspolitisch erheblich defensiver auf, was ihre Überzeugungskratt nicht stärkte. Es gehörte zum politischen Ritual jener Jahre, das in nur leicht abgeschwächter Form bis heute andauert, dass linke Parteien versichern, im Fall eines Wahlsiegs beabsichtigten sie auf keinen Fall, die Staatsverschuldung zu erhöhen. Diese entschuldigende Eilfertigkeit war umso erstaunlicher, als das Schuldenmachen unter neoliberalen Regierungen durchaus kein Ende fand.

Das Musterbeispiel hierfür ist der amerikanische Präsident Ronald Reagan. Unter seiner Regierung wurde die Verschuldung der USA keinesfalls abgebaut. Und dies hatte nichts mit einer schwächelnden Konjunktur zu tun. Vielmehr senkte er getreu neoliberaler Vorstellungen die Steuersätze massiv, erhöhte aber gleichzeitig die Militärausgaben drastisch, um seiner konservativen Wählerklientel zu gefallen. Zwar hatte einer der umstrittensten Ökonomen seiner Zeit, Arthur Laffer, behauptet, dass die Steuersenkungen so starke Wachstumskräfte entfalten würden, dass sie sich durch die bald deutlich höheren Einkommen gleichsam von selbst finanzieren würden. Doch trat dieser wundersame Effekt niemals ein, und die Verschuldung stieg entgegen allen Absichtsbekundungen der Regierung.

Ähnliches lässt sich in Deutschland unter der Regierung Kohl feststellen, in der ja zumindest einer der Koalitionspartner, die FDP, neoliberal war. Sie erhöhte die Staatsschulden ebenfalls beträchtlich, um die deutsche Einheit zu finanzieren. Eine Alternative hätte darin bestanden, die Steuern spürbar zu erhöhen, doch das wäre dem neoliberalen Credo zuwidergelaufen. Die pur neoliberale Vorgehensweise, kein zusätzliches Geld oder nur solches aus Haushaltsüberschüssen für die Finanzierung der deutschen Einheit auszugeben, war allerdings nie eine politische Option.

Offensichtlich sind Staatsschulden in der politischen Praxis selbst bei neoliberal ausgerichteten Regierungen sehr wohl eine zulässige Option – und zwar vor allem, wenn man dadurch Steuersenkungen ermöglicht oder zumindest Steuererhöhungen vermeidet. Nimmt man das neoliberale Argument ernst, dass die Schulden von heute die Steuern von morgen seien, so ist diese Praxis erstaunlich kurzsichtig. Vielleicht hält man aber auch einfach die Wähler für vergesslich, unterstellt man ihnen doch implizit, sie wüssten morgen nicht mehr, wer ihnen die höheren Steuern durch die Schulden von gestern eingebrockt hat. Im Grunde haben sich die neoliberalen Regierungen so verhalten, wie es ihre Theorielieferanten von der NPÖ immer kritisiert hatten.

Diese innere Widersprüchlichkeit neoliberaler Politikpraxis wurde von den linken Parteien aber nicht offensiv aufgegriffen. Schließlich befanden sie sich selbst in einem argumentativen Dilemma. Würden sie auf die widersprüchliche Schuldenpraxis hinweisen, verteufelten sie implizit jede Schuldenmacherei. Das aber widersprach ihren wirtschaftspolitischen Überzeugungen.

Der Verzicht auf offensive Kritik ließ die neoliberalen Regierungen jedoch mit ihrem Verhalten davonkommen. Mehr noch, diese konnten weiterhin auf die teilweise massiven Haushaltsdefizite verweisen, um das wirtschaftspolitische Handeln des Staates und der Politik generell zu diskreditieren. Mit dem altbekannten Generalbass: Politiker, egal welcher Couleur, können einfach nicht mit Geld umgehen; staatlicher und politischer Einfluss auf die Wirtschaft gehören reduziert. Dies geschah ungeachtet der Tatsache, dass es Regierungen mit mindestens teilweise neoliberaler Gesinnung waren, die diese Defizite beispielsweise durch das Dogma von den möglichst niedrigen Steuern bewirkt hatten.

Dieser Diskurs hatte auch in Deutschland weitreichende Folgen. Unmittelbar nach Vollendung der deutschen Einheit wurde offenkundig, dass der Verzicht auf Steuererhöhungen tiefe Löcher nicht nur in den Bundeshaushalt, sondern auch in die Sozialversicherungssysteme gerissen hatte. Das führte aber beileibe nicht dazu, dass nunmehr die zuvor unterlassenen Steuererhöhungen nachgeholt wurden. Vielmehr stellte man grundsätzlich die finanzielle Tragfähigkeit der Sozialsysteme in Frage. Deren Schieflage war in den Augen der Neoliberalen nicht auf die falsche Finanzierung der deutschen Einheit zurückzuführen, sondern auf ein überzogenes Anspruchsdenken der Transferbezieher, also der Arbeitslosen, Kranken und Alten, und auf den demografischen Wandel. Letzterer werde aufgrund der schrumpfenden Erwerbsbevölkerung zu erheblichen finanziellen Belastungen für die nachfolgenden Erwerbsgenerationen führen. Schlimmer noch, die Wettbewerbsfähigkeit der deutschen Unternehmen, die das Sozialsystem ja paritätisch mitfinanzieren, sei durch die hohen Kosten in Gefahr. Damit drohten Wachstumsverluste und ein Abbau von Beschäftigung mit höherer Arbeitslosigkeit als Folge. Um all dies zu verhindern, wurde eine grundlegende Reform des Sozialsystems gefordert, bei der die Ansprüche der Transferbezieher reduziert werden müssten.

Zu diesen Reformen kam es in den neunziger Jahren nicht mehr. Weniger, weil die oppositionelle SPD dagegen war, sondern weil innerhalb der Regierung Kohl die CDU oder zumindest deren linker Flügel ebenfalls Widerstand anmeldete. Unvergessen ist der Spruch des damaligen Arbeitsministers Norbert Blüm: »Die Rente ist sicher.« Mit dieser abwehrenden Haltung aber wurde die Regierung Kohl in Deutschland zunehmend als ein Symbol des Stillstands gesehen. »Reformstau« entwickelte sich zum prägenden Begriff jener Zeit. Gemeint waren damit ausschließlich Reformen im Geiste des Neoliberalismus, die anscheinend drängend der Umsetzung harrten.

Als leuchtendes Vorbild wurde im öffentlichen Diskurs das angelsächsische Ausland gehandelt. Aber nicht nur dort war der Neoliberalismus die dominierende Philosophie der Wirtschaftspolitik, sondern auch in Osteuropa, dessen Volkswirtschaften sich in den neunziger Jahren mit dem Weltmarkt verwoben. Der neue Kurs stand dort in starkem Kontrast zur früheren staatlichen Lenkung der Wirtschaft. Vorreiter waren die baltischen Staaten und Polen. Dabei spielte sicherlich eine Rolle, dass mit dem Ende des Kommunismus sowjetischer Prägung der Kapitalismus der eindeutige Sieger der Geschichte zu sein schien. Wer wollte da nicht mit den Siegern sein? Und der wirtschaftliche Erfolg schien diesen Weg zu rechtfertigen, auch wenn sich massive soziale Probleme aufzutürmen begannen.

Angesichts dieser internationalen Dynamik wirkte Deutschland nach den Turbulenzen der Vereinigung wie gelähmt. Auf der einen Seite war eine Regierung im Stillstand, auf der anderen eine Opposition, die in der Wirtschaftspolitik keinen klaren Kurs mehr erkennen ließ. Wie sollte das weitergehen? Der entscheidende Impuls ging von der Opposition aus, insbesondere der SPD. Sie begann Mitte der neunziger Jahre, auf die neoliberale Herausforderung zu reagieren, und stellte sich strategisch neu auf. Damit begann auch in Deutschland die Hochzeit des neoliberalen Zeitalters.

Die Hochzeit des Neoliberalismus

Um aus ihrer Defensivhaltung herauszukommen, entwickelten viele linke Parteien in Europa und den USA neue wirtschaftspolitische Strategien, die eine Menge neoliberaler Elemente enthielten. In der Summe kann man dies als einen Schwenk von einer keynesianischen Nachfragepolitik zu einer linken Angebotspolitik verstehen. Er sah in den einzelnen Ländern sehr unterschiedlich aus. Im Kern ging es überall darum, den Ruf wirtschaftspolitischer Inkompetenz oder Rückständigkeit zu verlieren und nicht mehr für die wirtschaftspolitischen Fehler der 1970er und 1980er Jahre in Haftung genommen zu werden.

Ein wegweisendes Dokument, das diese Richtungsänderung exemplarisch aufzeigt, ist das sogenannte Schröder-Blair-Papier von 1999. Es entstand unter der Leitung des damaligen britischen Premierministers Tony Blair von der Labourpartei und des damaligen Bundeskanzlers Gerhard

Schröder (SPD), der gerade frisch ins Amt gekommen war. Beide Regierungschefs und beide Parteien wollten sich mit diesem Papier als Vorreiter eines wirtschaftspolitischen Aufbruchs der europäischen Sozialdemokratie profilieren. Gleich zu Beginn heißt es programmatisch: »Wir müssen unsere Politik in einem neuen, auf den heutigen Stand gebrachten wirtschaftlichen Rahmen betreiben, innerhalb dessen der Staat die Wirtschaft nach Kräften fördert, sich aber nie als Ersatz für die Wirtschaft betrachtet. Die Steuerungsfunktion von Märkten muss durch die Politik ergänzt und verbessert, nicht aber behindert werden. Wir unterstützen eine Marktwirtschaft, nicht aber eine Marktgesellschaft!«[23]

Mit diesen Aussagen werden ein Primat der Marktwirtschaft und ein partieller Rückzug des Staates begründet. Die Politik soll nur im Bedarfsfall stützend und verbessernd in die Wirtschaft eingreifen. Ihre Hauptaufgabe besteht darin, für ein leistungsfähiges Bildungssystem und flexible Arbeitsmärkte zu sorgen. Beides zusammen soll ein marktkonformes Angebot an Arbeitskräften hervorbringen, um schließlich einen hohen Beschäftigungsstand und eine niedrige Arbeitslosigkeit zu erreichen. In dem Papier werden darüber hinaus strategische Optionen für höheres Wachstum und Beschäftigung wie Steuersenkungen, Senkung der Kosten für die Sozialsysteme bei gleichzeitigen Investitionen ins Bildungssystem und aktivierende Anreize für Arbeitslose aufgezeigt. All dies wird unter dem Titel »Eine neue angebotsorientierte Agenda für die Linke« zusammengefasst.

Durch diese gemeinsame Erklärung versuchten beide Regierungschefs, auf Augenhöhe mit einem anderen Protagonisten einer neuen linken Wirtschaftspolitik zu gelangen: dem US-Präsidenten Bill Clinton. Der hatte 1992 die Präsidentschaftswahl mit Wirtschaftspolitik als Schwerpunktthema gewonnen. Für die Demokraten war dies nach den langen Jahren republikanischer Herrschaft unter Ronald Reagan und George Bush senior ein überwältigender Erfolg, an dem sich viele europäische Sozialdemokraten orientieren wollten. Bill Clinton zeigte, dass man von linker Seite noch Wahlen mit wirtschaftspolitischen Themen gewinnen konnte. Dafür stand der berühmt gewordene Kampagnenslogan *»It's the economy, stupid!«*.

Schon Clintons Agenda enthielt die Optionen des Schröder-Blair-Papiers für eine neue linke Angebotspolitik. Ein Kernpunkt dieser Politik war die Reform der Sozialsysteme. Hier fand ein weitreichender Paradigmenwechsel statt. Dessen ökonomische und gesellschaftspolitische Elemente wurden im vorigen Kapitel bereits aufgezeigt. Aus sozialdemokratischer Sicht war damit überdies ein veränderter Solidaritätsbegriff verbunden. Vor den Reformen wurde es nicht als Ergebnis individueller Entscheidungen angesehen, wenn jemand arbeitslos, krank oder alt war, sondern als schicksalhaftes Eintreten eines sozialen Risikos. Es ist eine der großen zivilisatorischen Leistungen westlicher Industriegesellschaften, Sicherungssysteme zu entwickeln, die diese Risiken für den Einzelnen durch gesellschaftliche Solidarität abfedern. Mit dem Aufbau dieser Systeme verbindet sich zudem die Integration der Arbeiter in die kapitalistischen Marktsysteme. Dies zu erkämpfen und zu bewahren, war eine der großen Leistungen der Sozialdemokratie in Europa und machte ihre Kernkompetenz aus.

Mit den Reformen wurde dieser Weg verlassen. Der erste Grund dafür war der allgemeine Wechsel in der Wirtschaftspolitik, der zweite ein verändertes Verständnis von Politik überhaupt. Eine zu üppige soziale Sicherung stand ja schon seit den 1970er Jahren im Verdacht, nicht Lösung, sondern

Ursache sozialer Probleme zu sein. Denn aus neoliberaler Sicht belastete sie durch die höheren Steuern oder Sozialabgaben, die zu ihrer Finanzierung nötig waren, die Gewinne der Unternehmen. Das veranlasse diese, weniger zu investieren und damit letztlich weniger Arbeitsplätze zu schaffen oder sogar welche abzubauen. Daher trügen die Kosten der sozialen Sicherung am Ende sogar zu einer höheren Arbeitslosigkeit bei, ja einigen Autoren zufolge waren sie die entscheidende Ursache für die damals hohe Erwerbslosenquote. Soziale Sicherung war demnach eigentlich unsozial.

Diese rein angebotsseitige Sichtweise hatte sich bei vielen Ökonomen durchgesetzt. Die Nachfragewirkungen der sozialen Sicherung gerade in Krisenzeiten wurden hingegen vernachlässigt. Hinzu kam noch ein zweiter Argumentationsstrang, der ganz auf der Linie neoliberaler Logik lag. Demnach setzt eine gute soziale Absicherung für den Einzelnen den Anreiz, soziale Risiken leichtfertig in Kauf zu nehmen oder gar zu suchen. Eine Arbeitslosenversicherung führt also dazu, dass Arbeitslose sich weniger anstrengen, Arbeit zu finden, und Beschäftigte leichter einen Jobverlust in Kauf nehmen. Und wer weiß, dass er im Krankheitsfall finanziell abgesichert ist, geht mit seiner Gesundheit leichtfertiger um. Selbst der demografische Wandel hin zu weniger Kindern wird auf falsche Anreize zurückgeführt, insofern die gesetzliche Altersversorgung einen Kinderwunsch aus Alterssicherungsgründen überflüssig macht. Durch diese Brille gesehen bewirkt soziale Sicherung das Gegenteil von dem, was sie eigentlich soll: Sie erhöht die sozialen Risiken, anstatt sie zu vermindern.

Waren solche Gedankengänge zunächst auf neoliberale Ökonomen beschränkt, so wurden sie gegen Ende des letzten Jahrhunderts immer mehr zum politischen Allgemeingut.

Zuerst war dies in Großbritannien der Fall, wo die Premierministerin Margaret Thatcher ja sogar bestritt, dass es überhaupt so etwas wie Gesellschaft gebe. Folglich sei auch eine soziale Absicherung eine Schimäre. In Deutschland folgte die Debatte – wie schon erwähnt – erst später. Angesichts dessen gerieten die linken Vorstellungen von sozialer Sicherung ebenfalls unter Druck. Die linken Parteien übernahmen die neoliberale Sichtweise zumindest partiell, um den Anschluss an die vermeintlich moderne Politik nicht zu verlieren. Da in der Wirtschaftspolitik ganz generell eine angebotsseitige Position eingenommen wurde, war es logisch, diesen Positionswechsel auch in der Sozialpolitik vorzunehmen.

Der zweite Grund für die Aufgabe des traditionellen Solidaritätsverständnisses der Sozialdemokratie bestand darin, dass sich ein stark individualisiertes Politikverständnis durchsetzte. Dadurch erhielt auch Solidarität eine andere Bedeutung. Sie wird zu einem individuellen Deal mit der Gesellschaft. Soziale Sicherung gibt es nur noch gegen eigene Anstrengung. Mehr Eigenverantwortung war zum Beispiel das Schlüsselwort bei der Vorstellung der Agenda 2010 durch den damaligen Bundeskanzler Gerhard Schröder. Er knüpfte dabei geschickt an die Idee einer linken Leistungsgerechtigkeit an: Nur der bekommt etwas von der Gesellschaft, der ihr etwas zurückgibt. Die Gegenleistung des Einzelnen besteht aber nicht mehr nur – wie vor den Reformen – darin, finanzielle Beiträge zu leisten, wenn man beschäftigt ist, die dann jenen zugutekommen, die unter den sozialen Risiken zu leiden haben. Vielmehr sollen nun noch eigene Anstrengungen hinzukommen, die sozialen Risiken zu vermeiden.

Auf der einen Seite entspricht die Individualisierung von Solidarität einem allgemeinen, nicht nur neoliberalen gesellschaftlichen Trend, dem sich die linken Parteien beugten oder beugen mussten, um endlich wieder politisch erfolgreich zu sein. Auf der anderen Seite war dafür von der Gesellschaft ein Preis zu zahlen, dessen Höhe in der heutigen Zeit immer deutlicher erkennbar wird: Fortan gab es keine machtpolitisch bedeutsame Partei mehr, die den gesellschaftlichen Zusammenhalt verkörperte.

Die Individualisierung erfasste die Politik insgesamt. Es ist üblich geworden, auf individuelle Haltungen und Aktionen zu setzen. So wird in der Umweltpolitik häufig an das Handeln jedes Einzelnen appelliert. Man soll umweltfreundliche Autos kaufen, auch wenn sie teurer sind als andere. Man soll Flugreisen unterlassen, auch wenn sie billiger sind als andere Transportmittel. Damit werden starke soziale Normen propagiert, um politische Ziele durchzusetzen. Dagegen werden allgemeingültige Verbote als autoritär abgelehnt. In einem solchen politischen Umfeld wird erwartet, dass wirtschaftspolitische Maßnahmen ökonomische Anreize enthalten, die das individuelle Einhalten der sozialen Normen unterstützen.

Ein weiterer Schwerpunkt bei der Neuausrichtung linker Parteien war die Finanz- und Haushaltspolitik. Mit Blick auf die Haushaltsdefizite wurden wichtige Positionen geräumt. Staatsschulden galten nunmehr auch bei den Sozialdemokraten als grundsätzlich problematisch. Die Rückführung des aktuellen Schuldenstandes wurde als eine vordringliche wirtschaftspolitische Aufgabe angesehen. Auf dem europäischen Kontinent und besonders in Deutschland und den Niederlanden gingen die sozialdemokratischen Parteien im Laufe der Zeit sogar so weit, gesetzliche oder verfassungsrechtliche Fiskalregeln, die die staatliche Schuldenaufnahme beschränkten, nicht nur zu akzeptieren, sondern sogar zu fordern und durchzusetzen. So wurde die Schuldenbremse 2009 auch auf Betreiben der SPD im Grundgesetz verankert.

Begründet wurde dies freilich nicht mit der systemischen Staatskritik der Neoliberalen, sondern mit verteilungspolitischen Argumenten. Man wolle nicht, dass die von allen Einkommensschichten aufgebrachten Steuereinnahmen zu einem erheblichen Teil für Zinszahlungen an die Gläubiger des Staates verwendet werden. Denn diese gehörten wohl eher zum wohlhabenderen Teil der Bevölkerung. Ob Schulden tatsächlich eine nach oben umverteilende Wirkung haben, ist allerdings keinesfalls ausgemacht. So zahlen gerade Haushalte mit niedrigen Einkommen keine Steuern. Hinzu kommt: Wenn die durch Verschuldung finanzierten Mittel gezielt für untere Einkommensschichten eingesetzt werden, kann sogar eine nach unten umverteilende Wirkung von ihnen ausgehen.

Implizit verabschiedete sich die europäische Sozialdemokratie jedenfalls von ihrem wirtschaftspolitischen Markenzeichen, in Schwächeperioden die gesamtwirtschaftliche Nachfrage zu stabilisieren. Damit gab sie auch ihre Rolle als Schutzpartei der breiten Masse in Krisenzeiten auf. Denn sie war nicht mehr davon überzeugt, dass dieses Schutzversprechen haltbar war. In den USA und Großbritannien gab es diesen stabilitätspolitischen Wechsel allerdings nicht. Weder die Demokraten noch die Labourpartei gingen ähnlich bindende Verpflichtungen ein, die Schulden zu reduzieren. Das hängt allerdings auch damit zusammen, dass es in diesen Ländern nicht opportun ist, den Parlamenten irgendwelche Fesseln anzulegen. Gleichwohl brüsteten sich auch hier linke Regierungen mit den Erfolgen ihrer Konsolidierungspolitik.

Besonders verbreitet war die Neigung zu einer restriktiven Haushaltspolitik bei den linken Parteien Kontinentaleuropas und Skandinaviens. Als seit Beginn der neunziger Jahre auf europäischer Ebene mit dem Vertrag von Maastricht, dem Fiskalpakt oder den Prozeduren für die Überwindung gesamtwirtschaftlicher Ungleichgewichte zahlreiche Mechanismen etabliert wurden, die eine restriktive Finanzpolitik implizierten, gab es denn auch zumindest anfänglich keinen nennenswerten linken Widerstand dagegen. Man wollte einfach nicht in den Ruf geraten, für Schulden zu sein. Ein weiteres Motiv war, dass man Rücksicht auf die in vielen Ländern verbreitete Befürchtung der Bevölkerung nahm, dass man neben den eigenen Staatsschulden auch noch für die Schulden anderer europäischer Staaten werde haften müssen. Stabilitätspolitische Bedenken wurden hierfür hintangestellt.

Dies war die Saat, die in der Krise des Euroraums vollends aufging. Sehr schnell wurde von vielen auf linker Seite die Deutung dieser Krise als Staatschuldenkrise – was sie in weiten Teilen nicht war – übernommen. Diese Deutung diente dann als Rechtfertigung dafür, für die Krisenländer einen überharten Restriktionskurs in der Finanzpolitik zu fordern und auf europäischer Ebene auch durchzusetzen. Im Fall Griechenlands kann man sogar von einer Austeritätspolitik von Brüning'schen Ausmaßen sprechen. Die Effekte waren entsprechend verheerend. Wachstumseinbrüche und hohe Arbeitslosigkeit plagten die Menschen in jenen Volkswirtschaften, besonders in Griechenland, über viele Jahre, teilweise bis heute. All dies geschah mit zumindest stillschweigender Billigung linker Parteien wie der SPD in Deutschland. Gleichzeitig gab es auf der linken Seite aber auch Widerstand gegen eine solche Politik. Europaweit personifiziert wurde dieser von Yanis Varoufakis. Gleichwohl war er in der entscheidenden Anfangsphase erfolglos.

Dass die harte Sparpolitik in der ganzen EU und vor allem in den Krisenländern nicht nur zu wirtschaftlichen, sondern auch zu massiven politischen Verwerfungen geführt hat, kann kaum überraschen. Antieuropäische und antideutsche Ressentiments blühten auf. Die EU wurde wegen der Härte ihrer fiskalpolitischen Auflagen in den Augen vieler plötzlich zur Bedrohung. Das war Wasser auf die Mühlen rechter politischer Gesinnung. Linke Parteien haben von diesem Stimmungsumschwung nur dort profitiert, wo sie sich wie in Portugal erfolgreich den Auflagen entzogen haben oder wie in Griechenland mit der Neuformation Syriza von vornherein, wenn auch wenig erfolgreich, Widerstand gegen diese ausgeübt haben.

Ebenso wie der EU-Kommission war zuvor dem Internationalen Währungsfonds (IWF) – nicht zu Unrecht – unterstellt worden, in Krisenzeiten stets Maßnahmen zu Lasten der breiten Masse der Bevölkerung zu verordnen. Beide waren denn auch zusammen mit der EZB Teil der »Troika«, also jener Arbeitsgruppe, die die Umsetzung der Sparauflagen in den Ländern überwachte. Sie handelte ohne direkte parlamentarische Rückkopplung, da sie als eine intergouvernementale Institution der EU geführt wurde. All dies verstärkte den Eindruck einer kaltherzigen und technokratischen Beherrschungsbehörde.

Im Laufe der Zeit drohte die Troika das gleiche Schicksal zu ereilen wie den IWF zu Beginn des Jahrhunderts. Mit ihm wollte seinerzeit bei einer Krise niemand mehr etwas zu tun haben, weil seine Medizin als gefährlicher eingeschätzt wurde als die Krankheit selbst. In der EU wäre solch eine Abkehr besonders fatal gewesen, weil sie eine Auflösung der Währungsunion eingeleitet hätte. Genau dies wurde von rechts und links mit unterschiedlichen Begründungen gefordert. Für die rechte Seite bewies das Wirken der Troika, wie notwendig der Schutz der Bevölkerung durch den Nationalstaat war. Für die linke Seite zeigte es die Übergriffigkeit neoliberaler transnationaler Organisationen, weshalb der Nationalstaat wieder gestärkt werden müsse. Beides lief also auf den Abbau der transnationalen Integration hinaus. Diese regressive Politikstrategie schlug Kapital daraus, dass die meisten politischen Parteien einschließlich der Sozialdemokratie in den Krisenzeiten nichts anzubieten hatten, was das Gefühl der Schutzlosigkeit und des Ausgeliefertseins bei den betroffenen Bevölkerungen glaubhaft gemildert hätte. Damit war auch der Niedergang des neoliberalen Zeitalters eingeleitet.

Der Pyrrhussieg

Der Sieg neoliberaler Wirtschaftspolitik konnte aufgrund ihrer inhärenten Schwächen nicht von Dauer sein. Seit der Finanzmarktkrise steht sie unter Rechtfertigungsdruck, und die Coronakrise verstärkt dies. Das geschah nicht spontan, sondern mit langem Vorlauf. Das Tempo war nicht konstant, sondern wechselte zwischen zähem Stillstand und atemberaubender Schussfahrt. Der Weg verlief nicht linear, sondern mit vielen Schleifen und Kreisen. Doch eine grobe Richtung ist klar: Man entfernte sich immer ein wenig mehr vom Paradigma des Neoliberalismus, das die Diskurse der vergangenen Jahre beherrscht hatte. Es ist aber auch noch völlig unklar, wo man am Ende landen wird.

Im Grunde trug der Neoliberalismus von Anfang den Keim seines Niedergangs in sich, weil er die Gesellschaft ökonomisch und politisch destabilisiert. Ökonomisch wurde diese inhärente Tendenz in der Finanzmarktkrise 2007 offenbar. Politisch zeigte sie sich in der Breite jedoch erst einige

Jahre später. Für Philipp Ther ist 2016 das »annus horribilis«. Es war das Jahr, in dem eine knappe Mehrheit in Großbritannien für den Brexit stimmte und Donald Trump die Wahl zum US-Präsidenten gewann. Dies hatte sicherlich einen hohen Symbolwert und war vor allem geopolitisch sehr bedeutsam.

Die wirtschaftspolitische Kapitulation ging jedenfalls der politischen voraus, und schon sie machte deutlich, dass neoliberale Konzepte nicht mehr tragfähig waren. Denn spätestens 2008 wurde allseits klar, dass der Zusammenbruch des Finanzsystems und dessen Folgen für die Realwirtschaft nicht von Marktkräften allein und gleichsam automatisch überwunden werden können. Ein deutliches Eingreifen der Wirtschaftspolitik erschien unumgänglich, schließlich hatte eine Panikwelle die Finanzmärkte und den Bankensektor ergriffen. Die Kurse an den Finanzplätzen gingen in den Sturzflug über, hohe Vermögenswerte wurden binnen kurzer Zeit vernichtet. Darunter litten auch die Banken, deren Bonität zunehmend bezweifelt wurde und die daraufhin die Kreditvergabe einschränkten, was die Zweifel an der Stabilität des Finanzsystems erneut verstärkte. Das gesamte Finanzsystem trudelte in eine Abwärtsspirale.

Die Hoffnungen mancher Ökonomen, diese Krise bliebe regional und sektoral begrenzt, zerplatzten mit deren fortschreitender globaler Ausbreitung schnell. Eigentlich war von vorherein weder zu erwarten, dass diese Krise in Zeiten global eng verwobener Finanzmärkte auf die USA beschränkt bleiben würde, noch dass die Realwirtschaft hiervon angesichts des Zusammenbruchs der Kreditvergabe unberührt bleiben würde. Doch das war vielen Ökonomen und Politikern anfänglich nicht bewusst oder sie wollten es nicht wahrhaben. Im Jahre 2008 ging dann die Weltwirtschaft nahezu synchron auf Talfahrt. Vor allem das rasante Tempo des Absturzes versetzte Prognostiker wie Politiker in Panik. Denn Netz und doppelter Boden waren zumindest im Sommer 2008 nicht annähernd erkennbar.

Der Absturz der Wirtschaft riss zumindest für den Moment die herrschende wirtschaftliche Theorie mit sich. Allerdings weigerten sich einige neoliberale Ökonomen – vor allem in Deutschland – noch lange anzuerkennen, dass es sich um eine Krise ohne marktwirtschaftliche Selbstheilung handelte. Sie empfahlen mitten im Einbruch, erst einmal abzuwarten, wie sich das Ganze entwickeln werde. Der damalige Präsident des DIW, einem der bedeutendsten Wirtschaftsforschungsinstitute in Deutschland, schlug vor, vorübergehend die Prognosetätigkeit einzustellen, da der gerade zu beobachtende wirtschaftliche Einbruch in herkömmlichen Modellen nicht erklärbar sei. Etwas weniger naiv oder zynisch warnte der Sachverständigenrat zwar vehement vor dem Aufsetzen von Konjunkturprogrammen, schlug aber gleichzeitig eine konjunkturgerechte Wachstumspolitik vor. Über den Unterschied kann man lange rätseln, schließlich fußt beides auf einer verstärkten öffentlichen Investitionstätigkeit. Geradezu bizarr schließlich mutet ein *Spiegel*-Gespräch von Anfang 2009 an, als die Krise schon in vollem Umfang sichtbar und spürbar war. Der Hannoveraner Ökonom Stefan Homburg versuchte einem fassungslosen Bert Rürup, damals Vorsitzender des Sachverständigenrats, zu erklären, dass es sich bei den aktuellen Entwicklungen um eines der üblichen Auf-und-Abs des Wirtschaftsgeschehens handele, das man einfach vorüberziehen lassen solle. Im Jahr 2009 schrumpfte die deutsche Wirtschaft um gut fünf Prozent – einen Einbruch dieser Größenordnung hatte es seit dem Zweiten Weltkrieg nicht einmal annähernd gegeben. Selbst in der im kollektiven Gedächtnis stark verwurzelten Ölpreiskrise Mitte der 1970er Jahre sank das BIP nur um knapp ein Prozent.

Diese Beispiele zeigen aber vor allem eines: Die neoliberale Ökonomie war in einen hoffnungslosen intellektuellen Abwehrkampf geraten, den sie nicht mehr durch ein konsequentes Ignorieren der Krise gewinnen konnte. Ein solch tiefer und sich selbst verstärkender Einbruch, wie er sich hier abzeichnete, war in ihren Modellen einfach nicht vorgesehen. Insofern war die intellektuelle Duldungsstarre, in die sich viele ihrer Exponenten in jener Zeit zurückzogen, durchaus nachvollziehbar. Der Rückzug wurde befeuert durch teilweise dramatische Appelle für eine Neubesinnung in der Ökonomie oder Schuldbekenntnisse anderer nichtneoliberaler oder vormals neoliberaler Ökonomen. So sprach David Colander, der 2008 ein von vielen Ökonomen unterzeichnetes Schuldbekenntnis veröffentlichte, von einem moralischen Versagen der herrschenden Ökonomie. Gerade in einer Zeit, in der ihr Rat dringend gefordert war, habe sie außer Abwarten nichts anzubieten. Der Begriff »Schönwetter-Ökonomie« (Colander) setzte sich durch für eine Wissenschaft, die zwar für normale Wirtschaftslagen ausgiebige Analysen liefern kann, aber in Notlagen, wenn es wirklich darauf ankomme, versagt.

Abwarten war für die Wirtschaftspolitik angesichts der um sich greifenden Produktionseinbrüche mit ihren verheerenden Folgen für die Beschäftigung selbstverständlich keine Option. Die Politiker mussten handeln oder zumindest Handlungsfähigkeit demonstrieren. Da der Neoliberalismus in dieser Lage nicht mit Handlungsoptionen aufwarten konnte, griff man auf längst für überkommen gehaltene keynesianische Konzepte zurück. Ohne diesen Wandel der wirtschaftspolitischen Einstellung überzeugend zu erklären oder ihn wenigstens zu reflektieren, wurden allseits konjunkturpolitische Maßnahmen eingeleitet, die man noch kurz vor der Krise selbst unter manchen Keynesianern neuerer Prägung für prinzipiell unwirksam oder für höchstens zu einem Strohfeuer fähig gehalten hatte.

Die politische Couleur der jeweiligen Regierung spielte dabei nur eine untergeordnete Rolle. Das zeigte sich deutlich in den USA, wo die Krise in die Übergangszeit von der republikanischen Präsidentschaft George W. Bushs zur demokratischen von Barack Obama fiel. Ersterer ließ ein Konjunkturpaket verabschieden, das primär aus Steuersenkungen bestand und damit noch eine gewisse Verbindung zum Neoliberalismus aufwies. Letzterer ließ ein Programm konzipieren, das vor allem aus öffentlichen Investitionen bestand. Dass der Staat stabilisierend in das Wirtschaftsgeschehen eingreifen musste, war unstrittig. Strittig war nur das Wie. Dies entsprach nicht mehr neoliberalem Denken.

In Deutschland zögerte die damalige Große Koalition etwas länger mit Maßnahmen. Das lag nicht nur an der ideologischen Festigkeit deutscher Ökonomen, sondern auch daran, dass die Krise hier erst mit Verzögerung spürbar wurde. Gleichwohl waren die beiden dann beschlossenen Konjunkturpakete beeindruckend. Sie summierten sich zu einem Schub für die Wirtschaft von über zwei Prozent des BIP und bestanden aus einer Mischung von Steuererleichterungen, öffentlichen Investitionen, Konsumanreizen und Arbeitsmarktmaßnahmen.

Mit dieser Mixtur wurde auch ein sinnvolles Timing von schnell und langsam wirkenden Impulsen erreicht. Während öffentliche Investitionen wegen der komplexen Entscheidungs- und Planungsprozesse erst langsam in Gang kommen können, wirkte vor allem die sogenannte Abwrackprämie für PKWs wie beabsichtigt sehr schnell. Indem das dafür zur Verfügung gestellte Budget begrenzt wurde und Anträge nach Reihenfolge ihres Eingangs bearbeitet wurden, begann ein Windhundrennen um die begehrten Prämien, das der Autoindustrie half, den tiefen Absatzeinbruch in jener Zeit halbwegs zu überbrücken. Gleichzeitig wurde die technisch und ökologisch veraltete Autoflotte des Landes modernisiert.

Innovativ waren auch die beschlossenen Arbeitsmarktmaßnahmen. Die Bundesagentur legte auf Betreiben des damaligen Arbeitsministers Olaf Scholz ein Programm auf, das Kurzarbeit in den Unternehmen subventionierte. Damit konnten sie ihre Beschäftigten mit verkürzter Arbeitszeit halten. Diese wiederum erhielten trotz der teilweise erheblich verringerten Arbeitszeit ein nahezu unverändertes Einkommen. Diese wirtschaftspolitische Maßnahme ergänzte und stützte schon länger bestehende flexible Arbeitszeitregelungen auf Unternehmensebene. In vielen größeren Unternehmen hatten Betriebsräte und Unternehmensleitungen beschlossen, dass während eines Booms die Arbeitszeit ohne Gehaltzuschläge für die Beschäftigten ausgedehnt werden konnte. Allerdings wurde ihnen diese Zeit auf einem Arbeitszeitkonto gutgeschrieben, das in Zeiten einer Absatzflaute ohne Gehaltseinbußen auch wieder abgebaut werden konnte. Somit blieben die Menschen trotz des massiven Produktionseinbruchs beschäftigt und ihre Einkommen stabil. Dies erwies sich als ein wesentlicher stabilisierender Beitrag in der Krise.

Alle diese Maßnahmen widersprachen eklatant neoliberalen Vorstellungen. Sofort erhoben deren Anhänger auch Einwände dagegen. So wurde das hinlänglich bekannte Argument bemüht, dass Konjunkturprogramme prinzipiell unwirksam seien und lediglich die Inflation antrieben. Vor allem trafen die beiden letztgenannten und für Deutschland innovativen Vorschläge auf schroffe Ablehnung vieler Ökonomen. Die Abwrackprämie basierte ihnen zufolge auf reinen Mitnahmeeffekten von Autokäufern, die sich ohnehin früher oder später ein Auto gekauft hätten. In der Summe werde kein Auto mehr abgesetzt.

Der hinter den Maßnahmen steckende Gedanke einer wirtschaftspolitischen Stabilisierung führt in einer neoliberalen Welt in die Irre. Denn in ihr herrscht gefestigtes Vertrauen in die Stabilität der Marktwirtschaft, folglich kann es auch keine aus Verunsicherung geborene Kaufzurückhaltung geben. Daher ist es reine Verschwendung von Steuergeldern, Käufer durch Prämien zum Vorziehen ihrer Käufe zu bewegen. Sie werden es tun, aber gleichzeitig künftige Käufe in gleicher Höhe einschränken, womit nichts gewonnen ist.

Schon dieses Argument zeigt, dass man durch eine neoliberale Brille Konjunkturkrisen nicht versteht, oder besser: nicht verstehen kann. Es kommt in solchen Zeiten ja gerade darauf an, dass Ausgaben zum Beispiel für Autos nicht irgendwann erfolgen, sondern rasch, eben zum Zeitpunkt des Produktionseinbruchs. Nur dann leisten sie einen Beitrag, die hohe Unsicherheit zu bekämpfen. Ansonsten droht diese, sich immer weiter zu steigern und die Produktion in einem Strudel angstvoller Ausgabenzurückhaltung untergehen zu lassen.

Deshalb war es wichtig und auch richtig, zeitlichen Druck auf potenzielle Autokäufer auszuüben. Die Käufe stabilisierten sich und die Verunsicherung wurde eingedämmt. Danach gingen die Käufe zwar kurzfristig zurück, weil der akute Bedarf erst einmal befriedigt war. Aber da die Wirtschaft sich zu diesem Zeitpunkt insgesamt zu stabilisieren begann und neue Nachfrage entstand, war die Abwärtsspirale des Pessimismus durchbrochen. So gesehen war es eben nicht egal, ob ein Auto heute oder erst morgen gekauft wird.

Der im Prinzip gleiche Streit erhob sich bei der Kurzarbeiter-Regelung. Auch sie wurde von neoliberaler Seite heftig kritisiert. Das Argument lautete hier, dass Gelder der Bundesanstalt für Arbeit verschwendet würden, um Beschäftigung zu erhalten, die auf Dauer nicht zu halten sei. Man verhindere sogar eine schnelle Erholung, da man durch die Subventionen für die Lohnkosten dafür sorge, dass Beschäftigte in den Unternehmen bleiben, die beim Strukturwandel keine Chance hätten. Auf Dauer müssten die Unternehmen die Beschäftigten ohnehin entlassen. Aber durch die Subventionen würde die unvermeidliche Anpassung verzögert, und rasche Wachstumsmöglichkeiten blieben ungenutzt.

Auch in dieser Argumentation spielt der Gedanke rascher, aber zeitlich begrenzter und konjunkturell begründeter Maßnahmen zur Stabilisierung keine Rolle. Gerade der steckte aber hinter dem Vorgehen. Durch die Subventionen für den Erhalt der Beschäftigung und die dadurch erreichte Stabilisierung der Einkommen wurde verhindert, dass sich der dramatische Produktionseinbruch ungebremst auf den Arbeitsmarkt übertrug. Wäre dies geschehen, wäre die Arbeitslosigkeit nach damals gängigen Prognosen auf fünf bis sechs Millionen Menschen gestiegen. Das war eine katastrophale Aussicht für Wirtschaft und Politik. Wegen der Hartz-IV-Gesetze wäre zudem damit zu rechnen gewesen, dass viele dieser Arbeitslosen nach einem Jahr ihre an das vorherige Einkommen gekoppelten Ansprüche auf Arbeitslosengeld verloren hätten. Sie wären dann auf das deutlich geringere bedarfsorientierte Hartz IV angewiesen und damit in Armut gefallen.

Das hätte nicht nur einen massiven Anstieg der Armut in Deutschland bedeutet, es hätte auch die Konjunkturkrise weiter verschärft. Denn der Einkommensausfall hätte zu einem Konsumeinbruch geführt, der die Wirtschaft weiter in den Abwärtsstrudel gerissen hätte. Allein die Aussicht auf eine solche Entwicklung musste verheerend auf die Erwartungen der Unternehmen wirken und ihre Investitionsbereitschaft weiter schwächen. Es war völlig klar, dass die Bundesregierung einen solchen Zustand nicht sehenden Auges hinnehmen konnte. Deshalb verabschiedete sie die Kurzarbeiterregelung relativ rasch, vor allen anderen Maßnahmen. Die Regierung musste in dieser kritischen Situation Handlungsfähigkeit demonstrieren, auch wenn sicherlich bei vielen ihrer Mitglieder Skepsis über die Wirksamkeit der Maßnahmen vorherrschte. Aber allen war bewusst, dass sich nur so der Teufelskreis von sich immer weiter verdüsternden Erwartungen durchbrechen ließ.

Schnell zeigte sich, dass die Skepsis unbegründet war. Trotz des massiven Produktionseinbruchs stieg die Arbeitslosigkeit »nur« auf gut dreieinhalb Millionen an. Mehr noch, im Unterschied zu den meisten Industrieländern brach in Deutschland wegen der relativ stabilen Einkommen der Konsum nicht ein, was die Konjunktur schon für sich genommen stabilisierte. Im Nachhinein wurden diese Maßnahmen denn auch als herausragender Erfolg und als Innovation in der Stabilisierungspolitik gefeiert. Das bezog sich nicht nur auf die Subventionen für die Kurzarbeit, sondern auch auf die flexiblen Arbeitszeitkonten. Schließlich waren diese ebenfalls dafür verantwortlich, dass die Beschäftigten trotz Krise ihren Arbeitsplatz behielten. Sie wurden als ein Erfolg der institutionellen Mitbestimmung in den Unternehmen gesehen. Basierte diese doch auf dem Vertrauen in Vereinbarungen zwischen Belegschaftsvertretungen und Unternehmensleitungen. Beide Seiten sorgten auch in diesem konkreten Fall der Beschäftigungsstabilisierung dafür, dass unbezahlte Mehrarbeit während eines Booms tatsächlich durch bezahlte Freizeit in Schwächephasen ausgeglichen wird. Gerade Letzteres widersprach fundamental neoliberalen Vorstellungen. Schließlich wurden die Mitbestimmungsregelungen von Neoliberalen immer als eine Schwäche der deutschen Wirtschaft und nicht als eine ihrer Stärken angesehen.

Insgesamt bleibt die Erkenntnis, dass der – zumindest bis zur Coronakrise – schwerste Produktionseinbruch der Nachkriegszeit auf eine Phase prägnant neoliberaler Wirtschaftspolitik erfolgte, die solche Einbrüche überhaupt nicht vorsah und folglich in ihrem Arsenal über keinerlei Gegenmittel verfügte. Das war ohne Zweifel ein herber Schlag für das herrschende Paradigma. Er wurde allerdings von vielen in der Politik nicht reflektiert. Insofern hatten die keynesianischen Maßnahmenbündel in der Krise einen eher spontanen Charakter als dass sie Ausdruck einer durchdachten Politik gewesen wären.

Das langsame Ende des neoliberalen Europas

Die mangelnde Reflexion zeigte sich insbesondere in Europa, wie sich im Übergang zur Krise des Euroraums im Herbst 2009 erwies. Obwohl die Folgen der Finanzmarktkrise noch evident waren, kam es mit dem Offenbarwerden der Schuldenprobleme in Griechenland, Spanien und den anderen Krisenländern zu einer überraschenden Renaissance neoliberaler Politikkonzepte. Denn diese neue Krise passte scheinbar perfekt ins neoliberale Weltbild: Ihr Ursprung lag vermeintlich in staatlichem Fehlverhalten, das zu einem überhöhten Schuldenstand geführt hatte. Ebenso wurden übersteigerte Lohnforderungen übermächtiger Gewerkschaften als Krisenherd identifiziert.

Im Unterschied zur Finanzmarktkrise waren deshalb auch neoliberale Gegenmaßnahmen zur Hand. Für alle Krisenländer wurde eine Kombination aus Lohnzurückhaltung und harter fiskalischer Sparpolitik, in Griechenland sogar Austeritätspolitik für angemessen gehalten. Zugleich wurde insbesondere von der Bundesregierung betont, dass es allein Sache der einzelnen Mitgliedstaaten sei, ihre Krise zu überwinden. An dieser Stelle kam insbesondere in Deutschland die Ablehnung einer Transferunion zum Tragen. Ebenso spielte das Bild von einem Wettbewerb zwischen den Staaten eine große Rolle. Die Krisenländer hatten dabei eben versagt und mussten nun gerechterweise die harten Konsequenzen tragen. In Deutschland, aber auch in anderen Ländern fand diese Linie anfänglich großen Rückhalt – sie entsprach einfach gängigen Sichtweisen zur Wirtschaftspolitik. Die Irritationen und Zweifel, die die Finanzkrise ausgelöst hatte, traten für den Moment in den Hintergrund.

Und doch zeigte sich bald, dass diese Politik nicht durchzuhalten war. Zu groß waren die Vernetzungen und Interdependenzen zwischen den Mitgliedern der Währungsunion, als dass die Krise lediglich als isoliertes Phänomen in den Krisenländern hätte behandelt werden können. Hinzu kam, dass vor allem der Beitrag Deutschlands und mit Abstand Österreichs zum Entstehen der Krise mehr und mehr in den Fokus rückte. Schließlich hatten sich dort auch auf politischen Druck hin die Löhne jahrelang zum Teil weit unterhalb eines europäischen Stabilitätspfades bewegt. Insofern konnte sich kein Land mehr aus der Verantwortung stehlen.

Es sei denn, man nahm den Zerfall der Währungsunion in Kauf.

So bildete sich allmählich ein Gefühl für eine gemeinsame europäische Verantwortung heraus. Am Ende mussten die Bundesregierung, die EU-Kommission, der IWF und andere Unterstützer neoliberaler Ansätze der Krisenbewältigung wie schon 2008 in der Finanzmarktkrise den Kurs ändern. Nicht, weil sie es wollten, sondern weil dieser nicht funktionierte. Statt die Märkte zu beruhigen, führte ausgerechnet das angeblich marktkonforme neoliberale Paradigma zu deren Beunruhigung. Immer wieder aufflackernde Panikwellen an den Finanzmärkten, die ihren Höhepunkt nicht zufällig beim Schuldenschnitt für Griechenland Anfang 2012 erreichten, machten den europäischen Regierungen auf drastische Weise klar, dass sie sich auf dem falschen Weg befanden.

Folglich änderten sie ihre Haltung und errichteten in gemeinsamer Verantwortung schrittweise europäische Rettungssysteme. Ein Quantensprung war dabei die Erklärung des damaligen EZB-Präsidenten Mario Draghi, per Anleihekäufen alles Erforderliche zu tun *(»Whatever it takes«)*, um weitere spekulative Attacken auf Staatsanleihen der Krisenländer zu verhindern. Da die EZB als Zentralbank über unbegrenzte finanzielle Möglichkeiten in heimischer Währung verfügt, war diese Erklärung absolut glaubwürdig und beruhigte die Märkte sofort. Zu den angekündigten Käufen musste es daher gar nicht erst kommen.

Bemerkenswert war, dass eine solche Erklärung nie explizit von den Regierungen erfolgte. Sie ließen der EZB zwar informell freie Hand, setzen aber teilweise ihre neoliberale Rhetorik fort. Dennoch war mit der Erklärung des EZB-Präsidenten die neoliberale Denkfigur eines ökonomischen Wettbewerbs unter Staaten durchbrochen. Denn die »Verlierer« wurden ja nun von der EZB beschützt. Mehr noch, parallel dazu erlaubten die Regierungen – wenn auch eher zurückhaltend – dem Europäischen Stabilitätsmechanismus (ESM), einem von den Regierungen ausgestatteten Fonds, griechische Staatschulden zu einem im Vergleich zum Markt verbilligten Zinssatz zu refinanzieren. Damit milderten sie den Schuldendienst Griechenlands spürbar und machten auf diese Weise die hohe Schuldenlast tragbarer. Mit neoliberalen Augen gesehen war auch dies eine unzulässige Aktion zugunsten eines Landes und seiner Regierungen, die sich wirtschaftlich falsch verhalten hatten. Sie bedeutete somit, dass eine Transferunion abermals näher gerückt war, deren Zahlmeister im wirtschaftlich soliden Norden und deren leichtfertige Empfänger im Süden der Währungsunion lägen.

Weitere Schritte weg vom neoliberalen Paradigma folgten im Laufe der Zeit. Im Juni 2015 legte der damalige Präsident der EU-Kommission Jean-Claude Juncker gemeinsam mit den Präsidenten von EZB, Europäischem Rat, Europäischem Parlament und Euro-Gipfel einen Bericht vor, der eindeutig die Richtung auf eine verstärkte Integration mit noch zu schaffenden europäischen Institutionen wies. In diesen sollte eine gemeinsame Verantwortung für den Wirtschafts- und Währungsraum der EU zum Ausdruck kommen. Der sogenannte Fünf-Präsidenten-Bericht trägt den programmatischen Titel »Die Wirtschafts- und Währungsunion vertiefen«. Er sollte in drei Stufen bis 2025 umgesetzt sein und umfasste detaillierte Anforderungen an eine Banken-, Finanz-, Fiskal- und Wirtschaftsunion. Bislang ist er nicht umgesetzt worden, aber es wäre ein irreversibler Schritt weg vom Modell eines Wettbewerbs zwischen Staaten und den dazugehörigen begrenzenden Einflüssen gewesen.

Zu diesen politischen Bestrebungen gesellte sich die

wissenschaftliche Aufbereitung der Krise des Euroraums und der in dieser Zeit praktizierten Wirtschaftspolitik. Hier wird gleichfalls ein fundamentaler Wandel erkennbar. Ein markanter Impuls war eine Veröffentlichung von Blanchard und Leigh.[24] Bemerkenswert war dabei nicht nur die Publikation selbst, sondern auch, von wem sie kam. Einer der Verfasser, Olivier Blanchard, war lange Jahre Chefökonom des IWF gewesen. Somit hatte er die Politik einer Institution konzipiert, die auf der ganzen Welt für eine restriktive Finanzpolitik in Krisenzeiten stand. Ausgerechnet er kam nun im Rahmen einer bahnbrechenden ökonometrischen Analyse zu dem Schluss, dass die bremsenden Wirkungen solch einer Politik unterschätzt wurden. Das bedeutete im Umkehrschluss: Die vorgeschlagenen Maßnahmen waren zu hart. Zahlreiche weitere wissenschaftliche Publikationen mit ähnlichen Resultaten folgten. Im Ergebnis war die bisherige Vorgehensweise, darunter insbesondere der harte Kurs gegenüber Griechenland, wissenschaftlich diskreditiert. Das neoliberale Paradigma wankte.

Aber es fiel nicht. Denn auch, wenn nunmehr gewichtige Argumente für einen anderen wirtschaftspolitischen Kurs sprachen, war die Bereitschaft, die notwendigen politischen Konsequenzen zu ziehen, nicht besonders stark ausgeprägt. Das zeigt sich nicht zuletzt am Schicksal des Fünf-Präsidenten-Berichts. Dessen Umsetzung hing davon ab, dass alle Regierungen und Parlamente dazu bereit wären. Dies war erkennbar nicht der Fall. Denn – und das macht den mäandernden Charakter des neoliberalen Rückzuges deutlich – es ergaben sich Widerstände.

Selbst im Gegenwind triftiger Argumente scheuen Regierungen davor zurück, einen einmal eingeschlagenen Kurs zu ändern. Zum einen ist es schon technisch schwer, bereits auf den Weg gebrachte Maßnahmen zu stoppen. Zum zweiten gibt niemand gerne zu, dass er zuvor einem falschen Kurs gefolgt ist. Das gilt besonders in der Politik, wo die politische Konkurrenz einen solchen Schwenk maximal ausnutzen würde, um die Reputation einer Regierung in Zweifel zu ziehen.

Diese unklare Gemengelage hatte gravierende politische Folgen. Denn sie bereitete auch den Boden für den Rechtspopulismus. Dass neoliberale Politikansätze in die Defensive geraten waren, führte nicht einfach dazu, dass das Pendel zurück auf die Seite einer interventionistischen Politik schwang. Dies hätte einen Aufstieg keynesianischer Wirtschaftspolitik und eher sozialdemokratischer Politikvorstellungen zur Folge haben müssen. Davon kann jedoch zumindest als allgemeiner Trend keine Rede sein. Zweifel an einer bislang vorherrschenden Theorie lösen nicht nur eine einfache Gegenbewegung aus, sondern auch Verunsicherung. »Was gilt denn nun?«, fragen sich viele. Im konkreten Fall hatten überdies viele Menschen noch die tatsächlichen oder vermeintlichen Schwächen des Keynesianismus und der Sozialdemokratie oder anderer linker Parteien in Erinnerung.

So entstand ein Glaubwürdigkeitsvakuum. Keine der beiden großen wirtschaftspolitischen Denkschulen stand noch einigermaßen überzeugend da und verlieh dem politischen Handeln Sicherheit. Es drängte sich der Eindruck auf, von den politisch Verantwortlichen sei niemand in der Lage, die hochkomplexe Gegenwart zu verstehen, geschweige denn, sie im Sinne der Wählermehrheit zu gestalten. Auch das trug dazu bei, dass sich das Gefühl eines schleichenden Kontrollverlusts ausbreitete. Es nährte den Humus für den Rechtspopulismus.

Eine doppelte Pendelbewegung setzte ein, wie sie der österreichische Wirtschaftshistoriker Karl Polanyi in seinem

Buch *The Great Transformation* bereits 1944 beschrieben hat. Er stand dabei noch unter dem Eindruck der faschistischen Regime in Europa. Der Ausgangspunkt des von ihm beschriebenen Pendelschwungs ist der übergriffige Markt, der Dinge zu Waren transformiert, die die meisten Menschen nicht als Waren empfinden: Arbeit, Boden, Natur und Geld. Er nennt sie deshalb fiktive Waren. Wenn deren Vermarktlichung sich verselbständigt, sieht Polanyi, der besonders in Österreich derzeit eine große Renaissance erlebt, kulturelle und soziale Verwahrlosung um sich greifen.[25] Es drohen gesellschaftlicher Verfall und der Verlust von Freiheit.

Tatsächlich war die Zeit vor der Finanzmarktkrise eine Zeit, in der Arbeit, Geld und Boden durch die Deregulierung der Arbeits- und Finanzmärkte sowie die stärkere Öffnung der Immobilienmärkte für Finanzinvestoren in eine Phase der Vermarktlichung eintraten. Dies wurde von mehr und mehr Menschen als Verlust von Autonomie und Freiheit verstanden. Polanyi zufolge greift die Gegenbewegung diesen Impuls auf und versucht, die fiktiven Waren wieder dem Markt zu entziehen. Damit ist gemeint, ihre Produktion und Verteilung wieder in ein System politischer Vorgaben, also Regulierungen, einzubetten.

Doch warum ist diese Gegenbewegung aktuell keine linke, sondern im Kern eine rechtsnationalistische? Dafür gibt es zwei Gründe. Der erste Grund besteht darin, dass die Linke in den Augen vieler Menschen gleich doppelt diskreditiert war. Zum einen, weil ihr mit dem Aufkommen des Neoliberalismus vorgeworfen worden war, eine beschäftigungs- und wachstumsfeindliche Politik zu betreiben, die für die hohe Arbeitslosigkeit verantwortlich sei. Zum anderen, weil man ihr vorwarf, dem neoliberalen Zeitgeist dann in der Folge auch noch nachgegeben zu haben. Das mag widersprüchlich klingen und ist es auch zumindest teilweise. Doch der gemeinsame Nenner dieser Vorwürfe ist, dass die Linke es in beiden Situationen nicht vermocht habe, überzeugende Alternativen zu den Neoliberalen zu entwickeln. Insbesondere mit dem Einknicken vor diesen habe sie schließlich demonstriert, Teil des Problems und nicht die Lösung zu sein. Warum sollte man ihr dann jetzt vertrauen?

Der zweite Grund, warum das Pendel in die rechte Richtung treibt, ist das rechtsautoritäre Schutzversprechen. Die Zweifel am Neoliberalismus und dessen Versagen in der Krise hinterließen bei vielen Menschen nicht nur Rat- und Orientierungslosigkeit, sondern auch ein Gefühl der Schutzlosigkeit. Die Wahrnehmung eines gesellschaftlichen Kontrollverlustes, die durch die dramatischen Ereignisse im Umfeld der Krise des Euroraums entstand und durch die ebenso dramatischen Migrationsbewegungen verstärkt wurde, erweckte das Bedürfnis nach einer klaren Deutung der Gegenwart und einer Handlungsmacht, die die angsteinflößenden Ereignisse wieder unter Kontrolle bringen würde. Hier war durch das offenkundige Scheitern des Neoliberalismus und die diskreditierte Linke ein politisches Vakuum entstanden.

In der Politik haben Vakuen keinen Bestand, und die nationalistische Rechte wusste es zu füllen. Sie bot Erklärung und Handlungsmöglichkeit. Die Erklärung war das Versagen der globalen Eliten von links bis neoliberal. Die Handlungsmöglichkeit war die Rückbesinnung auf den schützenden Nationalstaat, der die Interessen der eigenen Bevölkerung wieder an die erste Stelle rücken solle, statt sich auf die globale Integration der Volkswirtschaft zu fokussieren. Dabei verstehen nicht wenige Menschen unter »eigene Bevölkerung« nur jenen Teil der Bevölkerung, der über keinen Migrationshintergrund verfügt. An dieser Stelle verbindet sich in schlimmer historischer Tradition Nationalismus mit Rassismus und Fremdenhass. Aber all dies zusammen verspricht scheinbar Sicherheit, zumindest ein Gefühl davon.

Man kann diese Haltung psychologisch auch als den Versuch sehen, eine kognitive Dissonanz zu überwinden. Alle zuvor dominierenden politischen Paradigma haben zu Krisen geführt und eine tiefe Verunsicherung hinterlassen. In der Rückbesinnung auf den Nationalstaat finden viele neuen Halt. Dies verstärkt sich durch das Auftreten von Politikern, die diesen Halt auch durch ihre vermeintlich starke Persönlichkeit zu geben versuchen.

Das Suchen nach Halt hat die politische Landschaft in jüngster Zeit bereits sichtbar verändert. Das betrifft nicht nur die Verschiebung von Stimmenanteilen, sondern auch die Art und Weise, wie Politik betrieben wird. Politik wird nicht mehr oder zumindest nicht in dem Ausmaß wie im vorigen Jahrzehnt als das Ergebnis des Handelns von Individuen (Basta-Kanzler Schröder) für Individuen (Hartz-IV-Bezieher Florida-Rolf) verstanden, sondern wieder stärker als kollektiver Prozess. Dies ist ein bemerkenswerter Wandel, war doch eine kollektive Sichtweise von Politik stark in Verruf geraten. Schon das Wort »kollektiv« erzeugte und erzeugt teilweise noch eine negative Konnotation. Schließlich ist dessen Missbrauch durch den Sozialismus sowjetischer Prägung nur allzu evident. Darüber hinaus ist dieses System untergegangen.

Kollektive Ansätze gehörten seitdem zu den intellektuellen Ladenhütern der Geschichte. Das mussten auch linke Parteien erkennen, die zwar keinen Kollektivismus propagiert hatten, aber doch immer mit dem Anspruch aufgetreten waren, nicht nur Einzelinteressen, sondern auch einen gesellschaftlichen oder – in der Wirtschaftspolitik – einen gesamtwirtschaftlichen Ansatz zu vertreten. Also verschwanden diese Ansätze zur Hochzeit des Neoliberalismus aus der politischen Landschaft.

Hier hat eine Gegenbewegung eingesetzt, die sich am markantesten eben genau bei den rechtspopulistischen Parteien und Personen zeigt, auch wenn sie das Wort »kollektiv« niemals verwenden würden. Sie beanspruchen, Politik nicht für irgendwelche mehr oder minder berechtigten Einzelinteressen zu machen, sondern für ein von ihnen so definiertes homogenes Volk. Kollektiver geht es eigentlich nicht.

Was aber macht diese simple und sehr bedenkliche Vorstellung von einem Volk, die nichts mit der Realität zu tun hat, politisch so attraktiv? Sie vermittelt ein Bild kollektiver Stärke, die Schutz verspricht, und damit genau das Gegenbild zum Neoliberalismus. Es ist auch ein Bild, das Anerkennung und Respekt verspricht. Schließlich gehört man qua Geburt zum Volk dazu und wird nicht als möglicher Looser im ökonomischen Wettbewerb ausgegrenzt.

Zu diesem Bild gehört aber auch eine merkwürdige Paradoxie. Denn der Schutz des Volkes ist nur vollkommen, wenn es zugleich die starke Persönlichkeit gibt, die dem Volkswillen als Anführer zum Durchbruch verhilft. Es geht also immer um das altbekannte Zusammenspiel von Volk und Führer. Diese paradox erscheinende Kombination aus einem extrem kollektiven und einem extrem individualistischen Bild erfüllt offenbar am glaubwürdigsten die Bedürfnisse von Menschen, die Schutz und Anerkennung suchen. Es gibt denjenigen, der Schutz anbietet, und die Masse, die ihn nachfragt. Das ist das Geschäftsmodell rechtspopulistischer Parteien.

Bemerkenswerterweise besteht darin zumindest ein Anknüpfungspunkt zum Neoliberalismus. Denn auch dieser huldigt der starken Persönlichkeit. Aber im Unterschied zum Rechtpopulismus bedeutet Stärke nicht eine Schutz spendende politische Führung, sondern Behauptungskraft im ökonomischen Wettbewerb unter ökonomisch prinzipiell Gleichen. Dieser Unterschied kann jedoch schnell verschwimmen. Die neoliberale Führungspersönlichkeit eignet sich offenbar auch als Projektionsfläche für jene, die aus rechtspopulistischer Perspektive Schutz und Respekt suchen, obwohl doch dem Neoliberalismus alles Völkische fremd ist.

Das zeigt sich geradezu an der Entwicklung der AfD und dem US-amerikanischen Präsidenten Trump. Es ist schon erstaunlich, wie sich die AfD, die unter der Führung von Bernd Lucke wirtschaftspolitisch eine durch und durch neoliberale Partei war, binnen weniger Jahre in eine rechtspopulistisch-nationalistische Partei verwandelte. Ansätze auf dem Weg zum Rechtspopulismus waren in der Amtszeit Luckes durchaus schon klar erkennbar.

Er und seine Anhänger forderten vehement einen Rückbau der europäischen Integration, vor allem durch die Aufgabe oder zumindest die Spaltung des gemeinsamen Währungsraums. Ihre Begründung war allerdings nicht nationalistisch, sondern ökonomisch, auch wenn sie gelegentlich mit nationalen Stereotypen unterfüttert war. Zudem wollten sie – ganz neoliberal – den Wettbewerb zwischen den Staaten intensivieren. Aber dies war durchaus ein Anknüpfungspunkt mit Rechtspopulisten, die aus nationalistischer Überzeugung gleichfalls einen gestärkten Nationalstaat anstreben. Erst als Lucke diese Tendenz nicht mehr mittragen wollte, verlor er die Unterstützung seiner Partei und trat zurück. Bis heute besteht aber die Mischung aus Neoliberalismus und Nationalismus in der Führungsspitze der AfD fort. Schließlich können Alice Weidel und Jörg Meuthen zu Recht als neoliberale Wirtschaftspolitiker bezeichnet werden, die sich gleichwohl noch in der Führung einer sich immer nationalistischer gebärdenden AfD halten.

Das gleiche Phänomen lässt sich in den USA am Beispiel des Präsidenten beobachten. Dessen Wirtschaftspolitik ist im Kern neoliberal. So senkte er mit der von ihm durchgesetzten Steuerreform die Steuern für Unternehmen spürbar. Es war klar, dass davon primär die höheren Einkommensschichten profitieren würden, denen die Unternehmen gehören. Die Behauptung, dass deren höhere Profite irgendwann auch niedrigeren Einkommen zu Gute kommen würden, zum Beispiel durch höhere Löhne, hat sich in der Vergangenheit nicht bestätigt. Der Präsident macht also offen Politik zu Gunsten der Wohlhabenden.

Gleichzeitig verspricht er, die Interessen der USA im globalen Wettbewerb besser durchzusetzen und damit der gesamten Bevölkerung Vorteile zu verschaffen *(»America First«)*. Damit baut er eine Verbindung zwischen den Wohlhabenden und den Nationalisten beziehungsweise denjenigen, die Schutz durch einen starken Nationalstaat einfordern. Es ist diese Koalition, die Donald Trump ins Amt gebracht hat. Der Präsident überbrückt auf diese Weise die Spannungen, an denen Lucke scheiterte. Weitere Beispiele für derartige Kombinationen sind Nigel Farage von der UKIP, der brasilianische Präsident Jair Bolsonaro und Boris Johnson, der im britischen Wahlkampf 2019 einen Konservativismus der einen Nation in den Vordergrund stellte.

Die in der politischen Praxis schillernde Beziehung zwischen Neoliberalismus und Rechtspopulismus wird noch an einem anderen Phänomen deutlich: der Bewunderung für handlungsmächtige Persönlichkeiten oder zumindest deren Darstellung als solche. Donald Trump verkörpert dies in geradezu idealtypischer Weise. Fast täglich versucht er zu beweisen, nicht zuletzt über die sozialen Medien, wie er den Lauf der Weltgeschichte in seinem Sinne gestaltet. Er will damit Stärke signalisieren, selbst wenn diese sich als Illusion erweist. Denn jene, die ihre Interessen in Zeiten des Neoliberalismus mit Füßen getreten sahen, schätzen noch die Illusion von Stärke. Hier kommt erneut das Bedürfnis nach Kontrolle und Schutz zum Ausdruck. Es wird jetzt auf eine Person projiziert, die zumindest verspricht, diesen Schutz und diese Kontrolle qua eigener Handlungsmacht zu liefern. Für die gleiche Art von Stärke wird eine solche Person aber auch von Neoliberalen geschätzt, solange sie ihre Agenda umsetzt. Trump ist damit geradezu ein Symbol des Übergangs vom Neoliberalismus zum Rechtspopulismus.

Dies führt aber auch zu den Konfliktlinien, die zwischen Neoliberalismus und Rechtspopulismus schließlich durchaus bestehen. An dieser Stelle sollen ausschließlich jene in der Wirtschaftspolitik behandelt werden, wohlwissend, dass dies nur ein kleiner Ausschnitt ist. Primär betreffen sie die Rolle des Außenhandels. Während Neoliberale den globalen Handel im Wesentlichen als eine Quelle des Wohlstands ansehen, ist er für Rechtspopulisten eher eine Bedrohung. Sie sehen sich als Opfer unfairer Handelspraktiken oder, in der EU, als Zahlmeister für Länder, die sich anscheinend wirtschaftlich nicht genügend anstrengen. Ihre Schlussfolgerung ist, die globale Integration zurückzuschrauben. Insbesondere lehnen sie eine multilaterale Herangehensweise ab, bei der ein Interessensausgleich mit allen Ländern gefunden werden soll.

Das Musterbeispiel für diese Haltung ist wiederum der amerikanische Präsident. Er will den Handelspartnern einseitig Bedingungen entsprechend der von ihm so definierten amerikanischen Interessen vorschreiben und ist bereit, seinen Forderungen mit der Verhängung hoher Strafzölle Nachdruck zu verleihen. Ein solches Vorgehen hemmt aber den Handel und schwächt damit eine wichtige Quelle von Wohlstand. Das bringt ihn in Gegensatz zu seinen neoliberalen Anhängern, deren Geschäfte darunter leiden. Insofern ist diese »Allianz« alles andere als stabil. Dies zeigt im Übrigen auch die Debatte um die soziale Ausrichtung der AfD. Während der neoliberale Flügel die Thematik ausblenden will, versucht ein nationalistisch-sozialer Teil der Partei um Björn Höcke, diese zu forcieren.

An dieser unübersichtlichen und von harten Konflikten geprägten Stelle steht nunmehr die Politik. Im Ganzen ergibt sich ein Bild des Übergangs. Die Anziehungskraft des Neoliberalismus schwindet. Dies schlägt sich insbesondere in einer verstärkten wirtschaftlichen Abgrenzung gegenüber dem Ausland nieder, die zumindest rhetorisch von Rechtspopulisten propagiert wird. Das führt dazu, dass weder die globale noch speziell die europäische Integration vertieft werden kann, selbst wenn sich Probleme und Herausforderungen als eng verzahnt erweisen. Im Inneren der Volkswirtschaften gewinnen Debatten um sozialen Schutz in Zeiten weltwirtschaftlicher Vernetzung und Digitalisierung an Bedeutung. Doch werden diese Debatten nicht nur aus einer linken Perspektive der sozialen Integration und Partizipation geführt, sondern vermehrt unter einer ausgrenzenden rechten Sichtweise mit nationalistisch-rassistischem Charakter.

Die nächste Krise: eine Pandemie

Mitten in diese Phase des Übergangs schlug ein Ereignis, das ebenfalls das Potenzial besitzt, zum Symbol einer Zeitenwende zu werden. Im Frühjahr 2020 griff mit rasanter Geschwindigkeit eine neue Form globaler Krise um sich: eine Pandemie, ausgelöst durch das Coronavirus. Sie verbreitet nicht nur Angst und Schrecken, sondern stellt auch die Wirtschaftspolitik vor einen bisher nicht gekannten Konflikt. Denn jede medizinisch geforderte Eindämmung der Virusverbreitung ist mit einer massiven Eindämmung des sozialen Konsums verbunden. Veranstaltungen und Versammlungen jeder Art, die betriebliche Zusammenarbeit und die öffentliche analoge Kommunikation werden weitgehend unterbunden. Die normalerweise geleistete Arbeit fällt aus, die Produktion wird eingestellt. In vielen Bereichen geht Einkommen unwiederbringlich verloren, was unweigerlich eine tiefe Rezession nach sich zieht. Je härter also der medizinische Kampf gegen das Virus, desto höher sind die wirtschaftlichen Schäden.

Eine solche Krise verlangt mit dramatischer Klarheit nach medizinischen und ökonomischen Konzepten, die viel mit Solidarität, Kooperation und Staatseingriffen, aber nichts mit neoliberaler Individualisierung und Wettbewerbshaltung zu tun haben. Die Überwindung der Krise den Marktkräften zu überlassen, würde medizinisch und ökonomisch in eine Katastrophe führen, da das Recht des wirtschaftlich Stärkeren menschlich und wirtschaftlich zu einer Frage von Leben und Tod würde.

Es bedurfte denn auch nur einer geringen Reaktionszeit, um Maßnahmen umzusetzen, die zuvor weit jenseits aller Vorstellungskraft waren. Das galt sowohl für die medizinische als auch die ökonomische Bekämpfung der Krise.

Priorität wurde zu Recht der medizinischen Strategie eingeräumt. Um deren gravierende Nebenwirkungen abzufedern, muss sie mit massiven wirtschaftspolitischen Stabilisierungsmaßnahmen flankiert werden. Anders als in der Finanzmarktkrise geht es aber nicht um klassische Konjunkturprogramme, die indirekt über eine vermehrte Nachfrage die Produktion anregen und damit letztlich die Einkommen stabilisieren. Denn in der Coronakrise darf in manchen Bereichen gar nicht produziert werden. Deshalb müssen die Einkommen unmittelbar und direkt vom Staat gestützt werden, ohne dass produziert wird. Der Staat übernimmt in finanzieller Hinsicht gleichsam die Rolle von Produzent und Konsument. Eine Staatswirtschaft entsteht.

Die EZB und die Bundesregierung schlugen binnen kürzester Zeit genau diesen Weg ein. Die EZB erhöhte rasch die Liquiditätszusagen und brachte ein Aufkaufprogramm für Anleihen (Pandemic Emergency Purchase Programme, PEPP) in Höhe von 750 Milliarden Euro auf den Weg. Die Bundesregierung beschloss unbegrenzte Liquiditätshilfen und Kredite für Unternehmen sowie eine erweiterte Kurzarbeiterregelung für die Beschäftigten, und gab damit allen Unternehmen und den Beschäftigten, deren Arbeitsplatz weitgehend stillgelegt wurde, einen gewissen Halt. Allerdings fielen gerade jene durch das Netz, die wie Künstler und Kleingastronomen durch einen Kredit für ihre Einkommensverluste auf Dauer möglicherweise in Schwierigkeiten gekommen wären, da sie ihn nicht hätten zurückzahlen können. Mit der Möglichkeit einen Zuschuss zu bekommen, wurde diese Lücke ebenfalls rasch geschlossen.

Ein solches Vorgehen ist geradezu das Gegenteil dessen, was zu neoliberalen Hochzeiten propagiert wurde. Die Morbidität dieser Sichtweise ist damit auf dramatische Weise offenkundig geworden. Nicht umsonst konstatiert der Soziologe Heinz Bude in der *Berliner Zeitung* das Ende des neoliberalen Zeitalters.

Gleichwohl stellt sich spätestens nach der Überwindung der Coronakrise die Frage, welche Politik den Drang nach rechts nicht nur aufhalten, sondern umdrehen kann. Denn das ist dringend notwendig, wenn unsere Demokratie, wie wir sie kennen, Bestand haben soll. Wo rechte Politik zum Tragen kommt, sei es als Regierung oder starke Opposition, vertieft sich die Spaltung der Gesellschaft. Hass und das Erzeugen von Ressentiments werden zu üblichen politischen Stilmitteln. Das ist schwerer Ballast für eine Demokratie, deren Entscheidungsfähigkeit doch letztlich auf Vernunft beruht. Was also tun?

Der Aufbruch zu einer Wirtschaftspolitik gegen Rechts

Den Kontrollverlust überwinden

Die zentralen Wahrnehmungen der Bürgerinnen und Bürger, denen eine neue wirtschaftspolitische Ausrichtung Rechnung tragen muss, sind Kontrollverlust und mangelnder Respekt ihnen gegenüber seitens der Politik. Diese Wahrnehmungen, die – wie die Coronakrise zeigt – mitunter durchaus gerechtfertigt sein mögen, stehen an der Wiege des wirtschaftspolitischen Rechtspopulismus. Sie sind zudem der Grund für eine auch jenseits der AfD-Wählerschaft verbreitete Unzufriedenheit mit der aktuellen Politik. Angesichts der weitreichenden Umwälzungen in der Gesellschaft und speziell im Wirtschaftsgeschehen fühlen sich viele Menschen in einem erweiterten Sinn heimatlos. Diesem weit verbreiteten Gefühl gilt es, mit überzeugender Vernunft zu begegnen.

Die Wirtschaftspolitik muss glaubhaft zeigen können, dass sie in der Lage ist, die Kontrolle über das Wirtschaftsgeschehen zu behalten oder, wo nötig, zurückzugewinnen. Sie muss den Menschen eine neue Sicherheit vermitteln und ihnen die Fremdheit der digitalen Moderne erträglich machen. Niemand möchte zum Spielball globalisierter marktwirtschaftlicher Prozesse werden. Also muss die Wirtschaftspolitik auch dem Einzelnen das Gefühl zurückgeben, sein

Leben unter Kontrolle zu haben. Nicht, weil er oder sie alles selbst kontrollieren könnte, sondern weil es gesellschaftliche Vereinbarungen gibt, die Sicherheit versprechen, weil sie Risiken übernehmen. Die Coronakrise ist eine Bewährungsprobe hierfür.

Vieler Bürger haben den Eindruck, ihre Anliegen würden von oben herab behandelt. Der Dogmatismus scheinbar alternativloser politischer Entscheidungen von oben hat ein Gefühl der Ohnmacht hinterlassen, das viele am Sinn politischer Beteiligung hat zweifeln lassen. Zugleich hat es sie den traditionellen Parteien entfremdet und sie den Rechtspopulisten in die Arme getrieben. Denn diese vermögen es, sich als wahre Alternative zum herrschenden Politikbetrieb darzustellen und damit als Anwälte aller respektlos Behandelten. Dass sie dabei sowohl im Habitus als auch in den Inhalten äußerst zweifelhaft oder sogar gefährlich auftreten, ist für viele ihrer Wähler zweitrangig. Hauptsache, sie stellen eine Alternative zum Bestehenden dar, was sie in Deutschland ja schon durch den Parteinamen deutlich zu machen versuchen.

Der Wunsch nach Alternativen hinterlässt aber auch im herkömmlichen Parteiengefüge bereits sichtbare Spuren. So profilieren sich sowohl die amerikanischen Demokraten als auch die britische Labourpartei eindeutig nach links, indem sie andere Inhalte in den Vordergrund stellen. In Frankreich hat Präsident Macron schlicht eine neue Partei gegründet, die einen klaren sozialliberalen Kurs einzuschlagen versucht, den es bislang in der französischen Politik so nicht gab. In Österreich versucht die bislang traditionell konservative ÖVP durch eine stärkere Personalisierung (Liste Kurz) und die teilweise Übernahme rechter Inhalte ein alternatives Profil zu gewinnen. Die politische Landschaft Italiens hat sich völlig gewandelt durch die Erfolge der Lega, die sich ihrerseits von einer regionalorientierten Bewegung in eine rechtspopulistische umorientiert hat.

In Deutschland haben von den traditionellen Parteien am ehesten die Grünen auf die neuen Herausforderungen reagiert. Der komplette Austausch ihrer Führungsspitze nach der nur mäßig erfolgreichen Bundestagwahl 2017 und der veränderte diskursive Habitus des neuen Personals vermittelten glaubwürdig den Eindruck von Neuorientierung, was sich in entsprechenden Wahlerfolgen auszahlte.

Insbesondere die Grünen, aber auch andere Parteien, die einen klaren Gegenkurs zum Rechtspopulismus eingeschlagen haben, versuchen Politik wieder als einen Raum von Möglichkeiten darzustellen, der nicht zwanghaft den Dogmen und Ritualen herrschender Paradigmen folgen muss. Bislang deutet sich allerdings vieles von diesen Möglichkeiten nur an. Das liegt nicht zuletzt daran, dass die entsprechenden Parteien vielfach noch in der Opposition sind. Wo sie wie in Frankreich oder Österreich die Regierung stellen, sind deutliche Veränderungen bemerkbar. Diese rufen ihrerseits selbstverständlich Widerstand hervor, was einerseits aus einer neuen Lust am politischen Diskurs entspringt, und andererseits der Verteidigung der Errungenschaften einer liberalen Demokratie dient.

Wer Politik machen will, sollte sich über die Machtverhältnisse im Klaren sein. Diese haben sich in den Jahren des Neoliberalismus merklich verschoben. Der Staat hat Macht an Private verloren. Kleinere Unternehmen haben Macht an große verloren. Beschäftigte haben Macht an Management und Finanzmarktinvestoren verloren. Mittlere und untere Einkommensschichten haben Macht an Reiche verloren. Für alle Elemente dieser veränderten Balance gibt es zahlreiche Belege. Die generelle Tendenz ist immer die Gleiche: Die

Starken sind noch stärker, die weniger Mächtigen sind noch weniger mächtig geworden.

Dass der Staat, präziser: der Nationalstaat, unter dem Einfluss des Neoliberalismus wirtschaftspolitisch an Macht und Einfluss verloren hat, wurde in den vorigen Kapiteln vielfach erläutert. Dieser Prozess wurde darüber hinaus von der Globalisierung vorangetrieben. Der amerikanische Ökonom Dani Rodrik redet in diesem Zusammenhang von einem Trilemma. Denn seiner Meinung nach kann man von den folgenden drei ökonomischen und politischen Gegebenheiten immer nur zwei zusammen haben: einen machtvollen Nationalstaat, demokratische Entscheidungsprozesse oder eine vertiefte weltwirtschaftliche Integration.

Demnach sind demokratische Entscheidungsprozesse in einem machtvollen Nationalstaat nur dann möglich, wenn auf eine vertiefte weltwirtschaftliche Integration verzichtet wird. Dann besteht nämlich kein Anpassungsdruck an globale Wettbewerbsverhältnisse, der entsprechende »Reformen« im Inland erfordert. Für Europa heißt dies, will man die Macht der Nationalstaaten und deren demokratische Kontrolle erhalten, muss man auf eine vertiefte europäische Integration zum Beispiel durch eine gemeinsame Währung verzichten. Mit dieser Kombination können sich sowohl rechte Nationalisten als auch linke Demokraten anfreunden, die den inländischen Sozialstaat als gefährdet durch die weltwirtschaftliche Integration ansehen.

Die zweite mögliche Kombination nach Rodrik ist die aus starkem Nationalstaat und vertiefter weltwirtschaftlicher Integration. Hier steht der Nationalstaat unter dem Druck, sich ständig an die weltwirtschaftlichen Verhältnisse anzupassen. Die Präferenzen im inländischen demokratischen Prozess kommen dann zu kurz – man befindet sich einem

Regime marktkonformer Demokratie. Dies entspricht wohl am ehesten den politischen Wunschvorstellungen neoliberaler Ökonomen, die einen allseitigen Wettbewerbsdruck für wünschenswert halten.

Die dritte Möglichkeit besteht in der Überwindung des Nationalstaats, indem eine vertiefte weltwirtschaftliche Integration mit supranationalen demokratischen Entscheidungsprozessen verknüpft wird. Der Preis dieser Strategie besteht in einem spürbaren Machtverlust des Nationalstaats. In diesem Vorgehen können sich all jene wiederfinden, die Globalisierung und Demokratie prinzipiell als Quelle von Wohlstand und Freiheit sehen.

Vor dem Hintergrund dieser Überlegungen sieht Rodrik den Verlust staatlichen Einflusses im Wesentlichen als Folge einer immer weiter vertieften Integration der einzelnen Volkswirtschaften in die Weltwirtschaft. Weder der Nationalstaat mit seinem wirtschaftspolitischen Instrumentarium noch die demokratischen Prozesse hätten damit Schritt gehalten. Die Antwort darauf kann laut Rodrik für Anhänger einer starken Demokratie nur lauten, entweder die weltwirtschaftliche Integration zurückzunehmen und dem Nationalstaat wieder eine stärkere Rolle zu geben oder die demokratischen Prozesse in einem transnationalen Umfeld zu stärken. Genau zwischen diesen beiden Linien verläuft derzeit, vielfach unbewusst, die politische Auseinandersetzung. Während die Rechtspopulisten wie auch manche linke Politiker den Nationalstaat stärken und die weltwirtschaftliche Integration eindämmen wollen, streben die Verfechter einer liberalen Demokratie danach, die weltwirtschaftliche Integration zu erhalten und stattdessen demokratische Prozesse zu transnationalisieren. Konkret wird dies am Beispiel der EU. Während die einen den Einfluss europäischer Institutionen zurückschrauben wollen,

wollen die anderen genau deren Macht stärken, insbesondere die des Europäischen Parlaments.

Diese fundamentale Auseinandersetzung verläuft im Übrigen nicht exakt entlang parteipolitischer Lager und Grenzen. In den USA sind die Demokraten – anders als die Vor-Trump-Republikaner – nie glühende Freihandelsverfechter gewesen. In Großbritannien befürworten nicht nur Konservative den Brexit, sondern auch Teile der Labourpartei. In Deutschland findet man eine EU-kritische Haltung bis weit in die CDU und die FDP hinein. Und auch bei der Linken, Teilen der Gewerkschaften und der SPD gibt es Rückhalt für eine partielle Rücknahme weltwirtschaftlicher Integrationsprozesse, wenn auch nicht aus nationalen, sondern aus sozialen Gründen. Allein die Grünen stehen relativ geschlossen für die Variante einer fortgesetzten weltwirtschaftlichen Integration mit verstärkter Demokratisierung. Das mag eine Erklärung dafür sein, warum ihnen derzeit so viele Stimmen auch aus anderen politischen Lagern zufließen. Der parteipolitische Querverlauf dieses politischen Diskurses setzt alle Parteiensysteme nicht nur in Deutschland starken Spannungen aus. Es bleibt offen, ob sie es aushalten.

Im Unternehmenssektor ist es ebenfalls zu Machtverschiebungen gekommen. Digitalisierung und Globalisierung haben Größenvorteilen, von Ökonomen als Skalenerträge bezeichnet, einen gewaltigen Schub gegeben. Mit anderen Worten: Große Unternehmen haben, abgesehen von Nischenprodukten, deutlich größere Renditemöglichkeiten als kleine. Das wird vor allem bei den Digitalkonzernen erkennbar, die in der jüngeren Vergangenheit aus dem Nichts im Silicon Valley entstanden sind. Die Beispiele Facebook, Alphabet (Google) und Amazon sind erhellend für die Bedeutsamkeit von Größe in diesem technologischen Umfeld.

Eine digitale Plattform für die soziale Kommunikation wie Facebook ist umso attraktiver, je größer die Zahl ihrer Nutzer ist. Denn mit jedem zusätzlichen Nutzer steigen die Möglichkeiten zu kommunizieren und das macht die Plattform attraktiver für weitere Nutzer. Jeder zusätzliche Nutzer macht Facebook zugleich rentabler. Er oder sie kostet das Unternehmen faktisch nichts; ökonomisch formuliert sind die Grenzkosten Null. Gleichzeitig liefert er Facebook wertvolle Daten, die den Umsatz des Unternehmens über Werbung steigen lassen, da dessen Erträge von der Zahl erreichbarer Kunden abhängt. Zugleich erhöht sich der Wert der Datenauswertungen, deren Qualität mit jedem zusätzlichen Datenlieferanten ebenfalls steigt. Größe macht die Unternehmen somit profitabler und verstärkt ihre Marktmacht gegenüber kleineren Unternehmen. Im Zweifel kaufen sie unliebsame Konkurrenten mit ihren immensen Finanzmitteln einfach auf.

Die Macht verlagert sich jedoch nicht nur auf dem Markt für Endprodukte, sondern auch entlang der Wertschöpfungskette. Mächtige Produzenten an deren Ende setzen die Zulieferer für Vorprodukte ebenfalls massiv unter Druck. Hier stechen die Automobilproduzenten besonders hervor, aber auch Unternehmen aus der Computerbranche pressen aus ihren Lieferanten, die zumeist in Schwellenländern angesiedelt sind, jeden möglichen Gewinn heraus.

Diese Machtpositionen, so groß sie zum jeweiligen Zeitpunkt auch sein mögen, sind aber nicht zementiert. Denn was häufig rasant aufwärts geht, kann sich aus der gleichen ökonomischen Logik heraus schnell in eine Abwärtsspirale verwandeln. Gelingt es einem Konkurrenten trotz aller Widrigkeiten, zum Marktführer aufzuschließen oder zumindest den Eindruck zu erwecken, als sei dies möglich, kann es zu einer raschen Erosion des Kundenstamms kommen. Das Unternehmen implodiert. Sieht es beispielsweise so aus, als könne eine soziale Plattform keine neuen oder jüngeren Kunden mehr hinzugewinnen, kann dies schnell einen solchen Prozess auslösen. So kaufte Facebook den Messengerdienst WhatsApp oder die Bild- und Videoplattform Instagram auf, als diese zu einer ernsthaften Konkurrenz zu werden drohten. Mit anderen Worten, selbst diese großen Unternehmen stehen unter ständigem und hohem Druck, sich anzupassen oder zu verschwinden.

Sogar außerhalb der branchenspezifischen Wertschöpfungskette führen Digitalisierung und Globalisierung zu Anpassungsdruck und Machtverlagerungen. Die Digitalisierung ermöglicht gravierende technologische Veränderungen in nahezu allen Wirtschaftsbereichen. Das machen sich die Digitalkonzerne, die diese Schlüsseltechnologie ja beherrschen, zunutze und dringen in Sektoren vor, mit deren Produkten sie ursprünglich nichts zu tun hatten. Der Sozialwissenschaftler Henning Meyer nennt diese Unternehmen daher 360-Grad-Unternehmen, weil sie sich in der gesamten Breite der Wirtschaft nach gewinnträchtigen Unternehmungen umsehen. Leidtragender ist beispielsweise die Automobilindustrie, die sich mittlerweile massiver Konkurrenz aus der Digitalbranche ausgesetzt sieht. Diese konstruiert das Automobil als fahrenden Computer und Datenlieferanten und nicht mehr als computerisiertes Fahrzeug. Die Grenzen verschwimmen, und der allgemeine Druck auf die Unternehmen erhöht sich.

Der allgemein starke Anpassungsdruck wirkt sich auch auf die Beschäftigten und das Management in den Unternehmen aus. Selbst dort, wo die Arbeitsbedingungen zumindest auf dem Papier gut sind und man sich sehr vor allem um qualifizierte Mitarbeiterinnen und Mitarbeiter bemüht, herrscht ein enormer Arbeitsdruck. Dies schlägt sich trotz Beschäftigung und guter Entlohnung in erhöhter psychischer Belastung nieder. Zudem kann in diesem sich rasch wandelnden Umfeld niemand sicher sein, seinen Job über eine längere Zeit zu behalten, jedenfalls nicht in unveränderter Form.

Anzeichen für die Beschleunigung in unserem gesamten Wirtschaftssystem erkennt eine interessante Studie in den immer schnelleren Bewegungen bei Musik-Charts-Platzierungen. Bemerkenswerter Weise sind die Autoren zwei Physiker, Lukas Schneider und Claudio Gros von der Universität Frankfurt.[26] Während sich Musikstücke früher, so sie denn überhaupt erfolgreich waren, langsam in Richtung Chartspitzenplätze vorarbeiteten, geschieht dies heute entweder rasch oder gar nicht. Wenn es geschieht, ist es möglich, weil sich über digitale Medien sehr schnell eine globale Reputation aufbauen lässt. Ebenso schnell verblasst diese aber gegen neue Konkurrenz. Informationen werden im digitalen Zeitalter eben mit höherer Geschwindigkeit verarbeitet als früher. Auf diese Weise beschleunigt sich das gesamte System des Wirtschaftens. Nur wer bei diesem Tempo mithalten kann, gewinnt Marktmacht. Alle Langsameren verlieren. Diese Erkenntnis, vermuten die Autoren, lasse sich auf viele Bereiche unserer Wirtschaft übertragen.

Finanzmarktinvestoren gehören zu denjenigen, die am schnellsten reagieren können. Sie vermögen ihre Finanzmittel rasch zu investieren und ebenso rasch wieder abzuziehen, wenn ihnen ihr Investment nicht mehr behagt. Dadurch gewinnen sie Macht über das Management in den von ihnen präferierten Unternehmen, dem sie jederzeit mit dem Abzug ihrer Mittel drohen können. Das würde Kursverluste zur Folge haben und die Reputation des Managements bei den

Anlegern in Zweifel ziehen. Insofern stehen letztere unter Druck, den Ansinnen der Finanzinvestoren nach immer höheren Gewinnen nachzugeben. Das Management wird versuchen, diesen Druck auf die Belegschaft abzuwälzen. Die Erfolgschancen sind hoch, da die Drohung mit Beschäftigungsabbau selbst bei gut organisierten Beschäftigten verfängt. Am Ende verlagert sich Macht zu den Finanzinvestoren und zum Teil zum Management.

Die Verschiebung der Machtverhältnisse setzt sich bis in die Belegschaften selbst fort. Dort gibt es jene, die von globalisierten und digitalisierten Märkten profitieren. Sie können aufgrund ihrer Spezialkenntnisse hohe bis sehr hohe Löhne und Gehälter durchsetzen. Ihre Machtposition im Wirtschaftsgeschehen hat sich verbessert. Auf der anderen Seite stehen jene, die sich in verstärkter globaler Konkurrenz befinden und nicht über Spezialkenntnisse verfügen. Ihre Position am Markt hat sich verschlechtert, und sie bleiben mit ihren Gehältern und Einkommen im Vergleich zum Rest zurück. Im Ergebnis erhöht sich die Ungleichheit unter den Beschäftigten.

All diese Überlegungen zeigen, es gibt klare Gewinner und Verlierer der jüngsten wirtschaftlichen Entwicklungen. Die Verlierer sind dabei nicht notwendigerweise im gesellschaftlichen Prekariat anzusiedeln. Es können Gutverdiener sein, aber sie bleiben bei den Umwälzungen spürbar gegenüber anderen zurück. Zudem erzeugt der beschleunigte Wandel erhöhte Unsicherheit, den eigenen Status zu verlieren, was den Anpassungsdruck verschärft. All dies erklärt das weitverbreite Unbehagen oder gar die Ablehnung, die den tatsächlichen oder vermeintlichen Profiteuren der Globalisierung und Digitalisierung entgegenschlägt.

Die Verschiebung der Macht einleiten

Das Gefühl des Kontrollverlustes und der Schutzlosigkeit sowie des mangelnden Respekts gegenüber den wirtschaftlichen Anliegen breiter Schichten lässt sich nur überwinden, wenn politische Prozesse wieder mehr Macht gegenüber Marktprozessen gewinnen. Die Macht muss also neu ausbalanciert werden. Dies scheint sogar nahezu Konsens zu sein. Dass die Zeit neoliberaler Reformen zu Ende gehen muss, ist mittlerweile ebenfalls fast Allgemeingut.

Vor diesem Hintergrund soll im Folgenden eine anders organisierte Politik skizziert werden, die sowohl eine Alternative zu den Dogmen der neoliberalen Jahre als auch zum Rechtspopulismus der jüngsten Zeit darstellt. Letzteren sollen diese Vorschläge sogar zurückdrängen. Dabei soll der durch die sozialen Medien veränderten Diskurslandschaft Rechnung getragen werden.

Wichtig ist bei alledem, dass Politik nach Jahren neoliberaler Bußpredigten für die Masse der Bevölkerung nun nicht in eine schlicht gegenläufige Haltung allgemeiner Volksbeglückung verfällt. Auch dies wäre schließlich eine Haltung, die von oben herab agiert – nur anders. Will man aber das allgemeine Unbehagen an der Wurzel packen, bedarf es einer grundsätzlich geänderten Haltung. Politik muss partizipativer und stärkender agieren. Dazu bietet gerade die Digitalisierung eine Fülle von Möglichkeiten.

Die Vorschläge fokussieren sich auf Deutschland und seine Rolle in Europa. Zu streiten gilt es dabei über die künftige Rolle des Nationalstaats. Eine einfache Revision der Tendenzen der vergangenen Jahrzehnte, in denen die Macht der Nationalstaaten schwand und die der weltwirtschaftlichen Prozesse stieg, ist nicht nur illusionär, sondern würde für viele europäische Länder mit dramatischen Wohlstandsverlusten einhergehen. Darüber hinaus gefährdet ein prononcierter Nationalismus die globale Sicherheit. Denn die Desintegration der Weltwirtschaft darf man sich nicht als friedlichen Prozess vorstellen. Das mehr oder minder implizite Versprechen der Rechtspopulisten, die alte Stärke des Nationalstaats wiederherzustellen, wird also entweder an der Realität zerschellen, oder es wird Wirtschaft und Politik in eine tiefe Krise stürzen. Daran kann auch der anfängliche Rückgriff auf die Kompetenzen der Nationalstaaten während der Coronakrise nichts ändern.

Will man schon aus Gründen der Wohlstandswahrung die weltwirtschaftliche Integration und damit die Offenheit der Volkswirtschaften erhalten und zugleich machtvolle demokratische Prozesse bewahren, führt an einem weiteren Machtverlust des Nationalstaats kein Weg vorbei. Diese Forderung dürfte derzeit zwar allenfalls begrenzt populär sein, da viele Menschen gerade im starken Nationalstaat und im Nationalstolz Schutz suchen. Doch dieser Schutz ist, wie oben dargestellt, löchrig. Sobald deutlich wird, dass der Nationalstaat seine Schutzversprechen nicht halten kann, weil die globalen Kräfte zu stark sind, wird seine Reputation auch bei seinen derzeitigen Protagonisten leiden – mit unabsehbaren Folgen für seine Stabilität.

Welche Kompetenzen des Nationalstaats sollten also verlagert werden – und wohin? Der Weg sollte in drei sehr unterschiedliche Richtungen führen: Die erste und offenkundige ist eine verstärkte europäische Integration. Die zweite ist eine Renaissance lokaler Politik und die dritte eine machtvollere Zivilgesellschaft.

Angesichts der teilweise massiven Vorbehalte in der Bevölkerung fragt sich freilich, wie eine verstärkte europäische

Integration erreicht werden kann. Zumal auch die Bundesregierung nicht den Eindruck erweckt, hier aktiv und mit Begeisterung voranzugehen, wie ihre Unwilligkeit, adäquat auf die Vorschläge des französischen Präsidenten zu antworten, zeigt. Andere europäische Regierungen agieren ähnlich. Da eine verstärkte Integration mit einem mehr oder minder großen Machtverlust nationaler Regierungen verbunden ist, wird sich deren Haltung auch in Zukunft kaum ändern.

Von daher lassen sich keine schnellen Erfolge erzielen. Umwege sind nötig - und eine geschickte Reihenfolge des Vorgehens. Am Beginn sollte eine stärkere Orientierung der Parteipolitik auf die Zivilgesellschaft stehen, nicht nur im nationalen Rahmen. Denn nur aus ihren Reihen kann sich hinreichender politischer Druck entfalten, aus dem eine neue Machtbalance zugunsten lokaler und europäischer Institutionen entstehen kann. Das setzt voraus, dass die Parteien die veränderte Machtbalance wollen, zumindest so lange sie nicht an der Regierung sind. Es ist auch in ihrem eigenen Interesse, denn nur mit der veränderten Machtbalance werden sie sich auf Dauer ihre politischen Gestaltungsmöglichkeiten - dann eben auf lokaler oder europäischer Ebene - erhalten.

Wie bedeutsam dieser erste Schritt ist, zeigt die hohe Unzufriedenheit mit der Politik und den Politkern, die weite Teile der Bevölkerung erfasst hat. Teilweise ist dies die Frucht der neoliberalen Grundsatzkritik am Staat, teilweise haben sich die Politiker tatsächlich von den Bürgern und ihren politischen Alltagssorgen entfernt. Mit Ausnahme von Wahlkampfzeiten besteht Politik heute vielfach in Parlaments- oder Regierungsarbeit, die aufgrund ihrer hohen zeitlichen Anforderungen die Ressourcen weitgehend absorbiert. Für eine mandatsfreie politische Arbeit vor Ort besteht hingegen kaum noch Zeit oder Interesse.

Das führt dann dazu, dass Anliegen im vorparlamentarischen Raum zumindest in den Parteien nicht mehr ausreichend behandelt werden. Dabei geht es in der Regel nicht um weltbewegende Angelegenheiten, sondern um lokale Anliegen wie Verkehrsplanungen oder ähnliches. Aber auch die Diskussion allgemeiner politischer Themen kommt in den etablierten Parteien vor Ort zu kurz. Die Themen werden als zu abgehoben angesehen oder als nicht in die lokale Zuständigkeit fallend. Dabei gehen sie alle etwas an. Es hat sich somit von Seiten der politischen Parteien mittlerweile eine lokale Entpolitisierung ausgebreitet. Das sollte nicht mit einer allgemeinen Entpolitisierung verwechselt werden. Denn die gibt es nicht. Politik findet eben nur woanders statt.

An die Stelle der Parteien sind mehr oder minder spontane Gruppierungen getreten, die sich zumeist auf ein einziges Thema fokussieren. Fridays for Future ist dafür ein prominentes Beispiel aus der jüngeren Zeit. Auf diese Weise werden politische Anliegen, hier der Klimaschutz, artikuliert und in den politischen Diskurs getragen. Warum geht so etwas nicht mehr über Parteien?

Offenkundig mangelt es an der nötigen Offenheit und Diskussionsbereitschaft, so dass im Wesentlichen nur noch in eine Partei eintritt, wer dort Karriere machen will. All das entkoppelt die Parteien von akuten gesellschaftlichen Tendenzen und lässt sie zumeist nicht völlig zu Unrecht als Bremser erscheinen, die sich mit unterschiedlichen Begründungen gesellschaftlichem Wandel entgegenstellen. Daher müssen sich die Parteien in ihrem Auftreten vor Ort, wo der unmittelbare Kontakt zum Wähler besteht, grundlegend ändern, wollen sie nicht zunehmend an den Rand gedrängt und zu politisch Getriebenen werden. Sie müssen sich wieder stärker der Zivilgesellschaft widmen.

Ein kommunikatives Band mit der Zivilgesellschaft knüpfen

Die Digitalisierung ist dabei, die politische Arbeit und damit möglicherweise die Politik grundlegend zu verändern – und zwar zum Guten wie zum Schlechten. Einerseits gibt es mehr Möglichkeiten, sich politisch zu betätigen, andererseits werden diese genutzt, um einen Hass zu verbreiten, dessen Folgen nicht auf den digitalen Raum begrenzt bleiben. Der unmittelbare Zugang zur Öffentlichkeit, der nicht durch journalistische Filter gebremst wird, kann daher zu einer schweren Belastung für die Demokratie werden. In den USA und Großbritannien lässt sich beobachten, welche verheerenden Folgen es hat, wenn über harte und unversöhnliche Auseinandersetzungen eine Polarisierung entsteht, bei der politische Konkurrenz zur Feindschaft wird. Hier ist der demokratische Prozess weitgehend blockiert und eine Kompromissfindung häufig nahezu unmöglich. Daran trägt eine in Teilen verleumderische digitale Kommunikation ein erhebliches Maß an Mitverantwortung.

Eine Studie im Auftrag von NDR und WDR mit Blick auf die Europawahl zeigt,[27] dass eine überwältigende Menge des politischen digitalen Datenverkehrs in Deutschland von der AfD stammt. Mit einer Fülle an Aktivitäten erzeugt die AfD bei ihren Anhängern ein Gefühl von Unmittelbarkeit und Zugänglichkeit, das den anderen Parteien fehlt. Es hilft ihr, sich als die wahre Sachwalterin des Volkes zu präsentieren. Die übrigen Parteien haben also einen erheblichen Nachholbedarf. Allerdings pflegt die AfD in digitalen Debatten zumeist einen rüden und teilweise unerträglichen Ton. Die anderen Parteien sollten sich selbstverständlich davor hüten, ihn zu imitieren, da dies ihre Anhänger zu Recht verschrecken dürfte. Wenn die Digitalisierung für demokratische Prozesse genutzt wird, ist vielmehr ein hohes Maß an Verantwortungsbewusstsein erforderlich.

Dies vorausgesetzt, bietet die Digitalisierung den demokratischen Parteien zahlreiche kommunikative Möglichkeiten, die bislang nur ansatzweise genutzt werden. Es beginnt mit einer offensiven Informationspolitik über die eigenen Vorhaben. Dazu dienen Webseiten, Social-Media-Accounts, Video-Produktionen und Newsletter, mit denen man seine eigenen Inhalte nicht nur auf Bundesebene, sondern gerade auch vor Ort in die digitale Öffentlichkeit bringen kann. Letzteres wird schon deshalb zunehmend wichtiger, da traditionelle lokale Medien wie die Lokalzeitung zumindest in ihren Printversionen rasant an Bedeutung verloren haben. Ein entscheidender Vorteil aus Sicht der Parteien ist zudem, dass man nicht mehr auf die Vermittlung traditioneller Medien angewiesen ist. Das ruft aber zugleich die Gefahr einer Echokammer hervor und kann in einem System von Echokammern auch nur von begrenzter Wirksamkeit sein.

Der zweite und noch wichtigere Schritt nach der offensiven Information ist daher der intensive Dialog mit der Öffentlichkeit. Er kann im digitalen Raum beginnen, da dort die Zugangsschwellen im Vergleich zu einer persönlichen Kontaktaufnahme besonders niedrig sind. Eine einfache Form ist die Debatte über die sozialen Medien, die genau für diese Form der Kommunikation konzipiert sind. Hinzu kommt der Aufbau von Verteilerlisten über Mitglieder, Anhänger, Sympathisanten oder einfach nur politisch Interessierte mit Kommentar- und Antwortmöglichkeiten, Umfragen zu lokalen, bundes- oder europaweiten Themen, Mitgliederwerbung und vieles mehr.

Auch die Debattenkultur innerhalb der Parteien ließe

sich merklich beleben. Schließlich ermöglicht die Digitalisierung, ortsungebunden zu agieren und sich stattdessen thematisch und zeitlich begrenzt zusammenzufinden. Man kann etwa überregionale Diskussions- oder Arbeitsforen organisieren, oder besser: sich von Interessierten organisieren lassen. Das würde auch erheblich dazu beitragen, die politischen Parteien zu öffnen und somit mehr Menschen für ein Engagement zu gewinnen, und sei es nur auf Zeit und für spezifische Themen.

Ziel dieser Aktivitäten sollte sein, wieder eine stärkere wechselseitig informierende Verbindung zwischen Politik und Gesellschaft zu erlangen. Die Parteien informieren besser über ihre Projekte und Vorhaben, gleichzeitig erfahren sie mehr und unmittelbarer über die Themen, die die einzelnen Bürgerinnen und Bürger bewegen. So können sie auf Befürchtungen und Ängste schneller und direkter eingehen und sie politisch mit den Bürgern anpacken.

Doch auch im analogen Raum müssen Parteien zugänglicher werden. Die persönliche Begegnung ist für die politische Arbeit nach wie vor von erheblicher Bedeutung. Sie schafft ein Vertrauen und eine Bindung, die im Digitalen – wenn überhaupt – nur sehr schwer entstehen können. Daher bedarf es weiterhin traditioneller politischer Arbeits- und Diskussionsformen, die man sich teilweise als Fortsetzung oder Vertiefung der digitalen Formen vorstellen kann. Die Parteien müssen allerdings lernen, neuen Mitgliedern oder Sympathisanten wesentlich schneller Verantwortung zu übertragen, etwa für zeitlich begrenzte Projekte. So bindet man Interessierte stärker, und in der Regel kommen sogar neue Ideen zum Tragen.

Gleichwohl muss sich die Organisationslogik von Parteien ändern, um den Anforderungen der digitalen Gesellschaft Genüge zu tun. Anderenfalls werden sie als Dinosaurierinstitutionen wahrgenommen. Dies schreckt gerade junge Menschen von einem weiter gehenden Engagement ab. Vor allem lässt es Raum für populistische Bewegungen nicht zuletzt von rechts, die den durchaus vorhandenen Willen zu politischer Aktivität zu absorbieren vermögen.

Eines der zentralen organisatorischen Vorhaben sollte es daher sein, das Prinzip einer geografisch bestimmten Hierarchie zurückzudrängen. Bislang muss man sich in Parteien in fast jeder Hinsicht mühsam von der Orts- über die Kreis- und Landes- bis hoch zur Bundesebene vorarbeiten. Das absorbiert sehr viel Zeit und Energie, die gerade Berufstätige in der Regel verständlicherweise nicht bereit sind zu investieren. Daher sollten parallele digitale Wege eröffnet werden. Denkbar ist, digitale Fachforen mit Experten oder um Laien erweitert zu schaffen, die zeitlich begrenzt oder auch als dauerhafte Plattform zu bestimmten Themenfeldern oder Einzelfragen arbeiten. Dies entspricht zudem der Ortsungebundenheit digitaler Kommunikation. Aus diesen Foren könnten Kandidatinnen und Kandidaten für politisch verantwortliche Parteigremien nominiert werden, ohne dass sie die Ochsentour durch regionale Gliederungen der jeweiligen Partei absolvieren müssten. Ein solch digitalisierter Prozess politischer Arbeit macht nicht nur den Kontakt zur Zivilgesellschaft unmittelbarer, sondern die Parteien offener in ihren Mitgliederstrukturen.

Die SPD hat die Möglichkeiten beispielhaft mit ihrem Mitgliederentscheid zum Eingehen einer Großen Koalition und der Urwahl der Vorsitzenden demonstriert. Denn diese Abstimmungen konnten digital durchgeführt werden. Sie hat sich zudem ein neues Organisationskonzept gegeben, das digitale Elemente wie Diskussionsforen enthält. Der Europa-

Abgeordnete der Grünen Sven Giegold nutzt den digitalen Raum ebenfalls in starkem Umfang, um seine politischen Entscheidungen zu treffen und zu kommunizieren. So veranstaltet er digitale Expertenbefragungen und Pressekonferenzen, die ihm einen unmittelbaren Kontakt zur jeweiligen fachspezifischen Basis erlauben. Das ist gerade für die europäische Ebene bedeutsam, da sie ja als besonders abgehoben gilt.

Warum also nicht mehr davon? Digitale Fachforen lassen sich für alle relevanten Themen einrichten. Nominierungen und Abstimmungen können in Zukunft, wenn ein digitaler Zugang noch selbstverständlicher geworden sein wird als heute, in weitaus verstärktem Ausmaß stattfinden. So ließe sich auch das in den Parteien sehr präsente regionale Proporzdenken durchbrechen, das immer wieder notwendige Quereinstiege in Parteiämter verhindert und nachvollziehbarerweise dazu beiträgt, dass Parteien als unzugänglich und abgeschottet wahrgenommen werden. Denn es führt am Ende dazu, dass sich stets dieselben Leute in den gleichen Gremien immer wieder mit den gleichen Argumenten über das immer Gleiche unterhalten. Veränderungen haben es da schwer. Schließlich haben viele und verdiente Politiker die Ochsentour gemacht. Sie sehen es als ungerecht oder auch als Zeichen mangelnder Qualifikation an, wenn anderen dies erspart bleiben soll.

Dem kann man entgegnen, dass die bisherige Praxis die Parteiarbeit mittlerweile insgesamt in eine Krise geführt hat, die ein einfaches »Weiter so« verbietet. Ferner ist mit den skizzierten Veränderungen ein Wettbewerb zwischen verschiedenen Wegen für eine Parteikarriere eröffnet. Am Ende entscheiden die Mitglieder und die Wähler, wen oder was sie für besser halten. Durchbricht man bisherige Muster politischer Arbeit, indem man digitale Instrumente stärker nutzt, kann man auch einen Teil der Zivilgesellschaft wieder für die Arbeit in Parteien motivieren oder zumindest den Kontakt zwischen beiden intensivieren. Sie stärken sich damit wechselseitig.

Die Krise des Lokalen überwinden

So wichtig ortsungebundene Formen der Partizipation sind: Vor Ort wird Politik sinnlich erfahrbar. Lokalpolitik ist daher eine wesentliche Schnittstelle zwischen Zivilgesellschaft und organisierter Politik. Ihr zu einer Renaissance zu verhelfen, ist die zweite Richtung notwendiger Veränderungen.

Sie sind umso dringender, als die Ethnologin Juliane Stückrad eine »Krise des Lokalen« konstatiert.[28] Die Forscherin hat im brandenburgischen Elbe-Elster-Kreis untersucht, warum es bei vielen Bürgerinnen und Bürgern insbesondere in Ostdeutschland so großen Unmut gibt. Einer der Hauptgründe liegt für sie in der bereits erwähnten Wahrnehmung, dass die etablierten Parteien die lokalen Belange der Bürger nicht genügend respektierten. Festgemacht wird das an Sachverhalten, die für sich genommen auf den ersten Blick trivial erscheinen mögen, etwa eine lange nicht reparierte Straße. Ihre Häufung lässt jedoch durchaus nachdenklich werden. Erschreckend bleibt allerdings, dass daraus eine grundlegende und von Zorn und Hass gekennzeichnete Ablehnung aller modernen gesellschaftlichen Tendenzen wird.

Offensichtlich empfinden weite Kreise der Bevölkerung die Politik im Allgemeinen nicht mehr als für sie persönlich hilfreich, sondern regelrecht als Gegner. Um diesen Eindruck zu korrigieren, muss gerade die Lokalpolitik gestärkt werden. Dazu muss sie über Handlungsspielräume verfügen und diese auch nutzen. An beidem hapert es. Denn die Handlungsspielräume sind vor allem durch rechtliche, kommunikative und finanzielle Beschränkungen teilweise massiv eingeengt.

Rechtliche Beschränkungen bringen etwa Planungsverfahren mit sich, die zu monströsen Prozessen ausgewuchert sind, deren Komplexität häufig nicht nur die Kommunalverwaltungen, sondern vor allem die (mehr oder weniger ehrenamtlichen) Kommunalpolitiker bei weitem überfordert. Das Grundproblem besteht darin, dass bei öffentlichen Vorhaben wie Baumaßnahmen eine unüberschaubare Zahl von Institutionen, Verbänden und übergeordneten Behörden über Vetorechte verfügt. Da kommt es häufig zu jeder Menge Einsprüchen, die das Vorhaben verzögern, wenn nicht gar zum Stillstand bringen. Das kann gut oder schlecht sein. In jedem Fall schwächt es die Demokratie vor Ort.

Zwar sind die Einspruchsmöglichkeiten zumeist eigentlich als Ausdruck partizipativer Demokratie gedacht. Doch in Wahrheit schwächen sie diese durch ihre Fülle, die die Entscheidungsmacht der gewählten kommunalen Abgeordneten einschränkt. Diese müssen sich mit den meist sehr partikulären Interessen der Einspruchsberechtigten auseinandersetzen und deren Einwände häufig durch Zugeständnisse wegverhandeln oder das Vorhaben aufgeben. Am Ende stehen dann vielfach Kompromisslösungen, in denen die Ursprungsidee kaum noch wiederzuerkennen ist, oder gar nichts. Zudem ist nicht mehr klar ersichtlich, wer eigentlich verantwortlich ist. Das alles lässt die einfachen Bürgerinnen und Bürger, die nicht die Zeit haben, diese komplexen Prozesse zu durchschauen, ratlos und orientierungslos zurück. Das gilt besonders, wenn sie von Entscheidungen frustriert sind. Politik wird zum undurchschaubaren anonymen Prozess.

Deshalb sollte die Renaissance des Lokalen mit einer Stärkung des lokalen Parlamentarismus beginnen. Das bedeutet, die Entscheidungsprozesse für lokale Angelegenheiten wieder bei den Parlamenten vor Ort zu bündeln. Außerparlamentarische Vetorechte müssen auf das Notwendigste zurückgedrängt, das Planungsrecht erheblich vereinfacht werden. Das stärkt die Verantwortung der Parlamentarier im Guten wie im Schlechten. Sie können wirksam Entscheidungen treffen, für diese dann aber auch explizit verantwortlich gemacht werden. Damit werden sie für die Bürger wieder greifbarer und politische Prozesse begreifbarer. Politik vor Ort bekommt wieder Gesicht. Das ermöglicht eine konkrete Auseinandersetzung und trägt dazu bei, die Entfremdung zwischen parlamentarischer Politik und Zivilgesellschaft zu vermindern.

Dass eine solche Entfremdung besteht, hat nicht zuletzt mit Veränderungen bei der öffentlichen Kommunikation in den Kommunen zu tun. Ihr Charakter hat sich in mehrfacher Hinsicht grundlegend verändert. Früher waren die Lokalzeitungen Ort des kommunalen Diskurses. Doch durch die Digitalisierung sind sie in eine tiefe Krise geraten. Vielfach wurden Lokalredaktionen aufgelöst oder zusammengelegt. Das digitale Angebot wurde zwar merklich erhöht, doch da es für die Nutzer häufig kostenlos war, erbrachte es keinen finanziellen Ausgleich für die Verluste im Printbereich. Erst in jüngster Zeit werden zunehmend Bezahlschranken eingeführt. Ob damit die Rentabilität wiederhergestellt wird, ist derzeit offen.

In jedem Fall hat der Konzentrationsprozess bei den Lokalzeitungen die journalistische Beobachtung der Lokalpolitik vermindert. Vor allem im ländlichen Raum kann von einer Konkurrenz mehrerer Tageszeitungen zumindest im Printbereich keine Rede mehr sein. Allenfalls kostenlose Anzeigenblätter mit begrenztem redaktionellem Teil bieten ein- oder zweimal die Woche eine alternative Informationsmöglichkeit. Mittlerweile gibt es Gegenden ohne jede gedruckte Lokalzeitung.

Es gibt mehrere Alternativen, dem entgegen zu wirken. Die erste ist ein digitaler Bürgerjournalismus, der vielerorts bereits blüht. Dabei bieten digitale Plattformen, zumeist von gemeinnützigen Institutionen wie Stiftungen oder Vereinen zur Verfügung gestellt, mehr oder minder geschulten Bürgerinnen und Bürgern die Möglichkeit, ihre eigene Lokalberichterstattung zu erstellen. Die Zugangsschranken sind niedrig und die Vertriebskosten auch. Zumindest lässt sich auf diese Weise überhaupt wieder eine Form von lokalem Journalismus etablieren. So können mehr Bürger an der örtlichen Politik teilhaben. Es entsteht wieder ein öffentlicher Diskurs.

Das kann aber nur ein Schritt sein, denn die Ergebnisse des Bürgerjournalismus werden bestenfalls auf einem gehobenen Amateurniveau liegen. Adäquate Recherchen und ein guter Schreibstil sind in der Regel nicht zum Nulltarif zu haben, sondern erfordern professionelle Ausbildung und Bezahlung. Darüber hinaus stellt sich auch die Frage, wie einflussreich solch ein Journalismus sein kann. Amateure dürften nicht genug Geld haben, um sich hohe Prozesskosten leisten zu können, wenn mächtige Gegner sich verleumdet fühlen oder Geschäftsinteressen geschädigt sehen. Damit entfällt aber jeglicher unbequemer Investigativjournalismus, der auch auf lokaler Ebene notwendig ist. Es bleibt der Journalismus eines zahnlosen Tigers, der allenfalls gut berichtet.

Deshalb muss es auch im digitalen Zeitalter weiterhin professionellen Lokaljournalismus mit finanzstarken Verlagen im Rücken geben. Wie aber kann das angesichts der mangelnden Rentabilität lokaler Berichterstattung erreicht werden? Es hieße, von privaten Anbietern zu verlangen, dass sie ein öffentliches oder zumindest meritorisches Gut herstellen: die informierte lokale Öffentlichkeit. Doch der Markt bietet keine öffentlichen Güter an, wenn es nicht rentabel ist. Im konkreten Fall wird zwar ein meritorisches Gut angeboten, aber in einer für die Allgemeinheit unzureichenden Quantität oder Qualität.

Im analogen Zeitalter war die informierte lokale Öffentlichkeit noch ein privates Gut. Denn man musste eine Zeitung kaufen, um für die darin enthaltenen Informationen ein exklusives Nutzungsrecht zu erwerben. Im digitalen Zeitalter reicht der bald allgemein vorauszusetzende Besitz von Computern und Internetzugang aus, um ohne weitere Kosten in den Besitz dieser Informationen zu gelangen. Die Einführung von Bezahlschranken versucht dies wieder zu ändern, aber bislang ohne durchschlagenden Erfolg. Solange dies jedoch der Fall ist, bleibt der Lokaljournalismus zumindest auf einem unzureichenden Niveau.

In einer solchen Situation ist eigentlich der Staat gefordert, als Anbieter die Lücke zu schließen, die der Markt lässt. Das ist allerdings in diesem Fall nicht so einfach möglich und sinnvoll, soll Journalismus doch auch gegenüber staatlichem Handeln kritisch sein. Doch es gibt bereits seit Langem ein Vorbild, wie sich beides miteinander vereinbaren lässt: den öffentlich-rechtlichen Rundfunk und seine Institutionen. Er ist ebenfalls zu Staatsferne verpflichtet.

Nun wäre es zu aufwendig und angesichts der anhaltenden Veränderungen in der Medienlandschaft auch nicht ratsam, überall Anstalten für Lokaljournalismus zu gründen. Sie wären womöglich bald wieder überflüssig, sollten zum Beispiel die Bezahlmodelle funktionieren. Vielmehr bietet sich das Modell eines öffentlich-rechtlich geförderten privaten Journalismus an. Über die bereits bestehenden Landesmedienanstalten könnten zeitlich begrenzte Zuwendungen an Verlage ausgeschrieben werden, die für diesen Zeitraum in der ausgeschriebenen Region lokalen professionellen Journalismus anbieten. Sollten sich neue rentable Geschäftsmodelle für lokalen Journalismus herausbilden, könnten diese Programme wieder eingestellt werden.

Mit der Kombination aus Bürgerjournalismus und gefördertem privaten Lokaljournalismus könnte der politische Diskurs vor Ort erhalten bleiben und eine kritische Information aller Bürger gewährleistet werden. Das ist auch notwendig als Gegengewicht gegen die erwünschte digitale Aufrüstung der Parteien, damit diese den Diskurs nicht dominieren.

Ein gravierendes Problem vieler Kommunen sind schließlich die Finanzen. Zwar hat sich der Zustand der kommunalen Haushalte insgesamt merklich verbessert, weil die gute wirtschaftliche Lage seit 2010 die Steuereinnahmen auch für die Städte und Gemeinden hat stark steigen lassen. Doch die Zuwächse sind sehr ungleich verteilt. In den boomenden Industrieregionen wie Stuttgart und München sprudeln die Einnahmen sehr kräftig, so dass keinerlei finanzielle Beschränkungen oder Probleme bestehen. Letztere hat seit 2006 keine Kredite zur Finanzierung von Investitionen aufnehmen müssen. Dabei darf allerdings nicht vergessen werden, dass Löhne, Gehälter der kommunalen Beschäftigten und die Preise für Güter und Dienstleistungen, die die Kommunen erwerben, gleichfalls gestiegen sind, wenn auch schwächer als die Steuereinnahmen. Somit stehen nicht die gesamten Einnahmenzuwächse für eine Haushaltskonsolidierung zur Verfügung.

Daneben gibt es eine Vielzahl von Städten und Gemeinden, die nach wie vor nicht über genügend Einnahmen verfügen, um ihre Aufgaben erfüllen zu können. Sie weisen weiterhin Defizite im Haushalt auf. Dies sind zumeist Kommunen in strukturschwachen Regionen wie Teilen Nordrhein-Westfalens, die mit einer besonderen Aufgabenfülle belastet sind. Sie können den Wandel zu einer digitalen und ökologischen Gesellschaft schlicht nicht alleine bewältigen und drohen, immer weiter zurückzufallen. Schließlich gibt es die breite Mitte der Städte und Gemeinden, die zwar unter den gegenwärtigen Umständen keine akuten Haushaltsprobleme haben. Aber häufig geben ihnen die kommunalen Aufsichtsbehörden auf, die Haushaltsüberschüsse zu nutzen, um Schulden meist in Form von Kassenkrediten abzubauen. Zudem sind die Pflichtaufgaben für die Kommunen im Laufe der Zeit immer größer geworden – mit den entsprechenden finanziellen Konsequenzen. Damit stehen die zusätzlichen Einnahmen nicht vollständig für zusätzliche Ausgaben zur Verfügung.

Diese Einschränkungen finanzieller Handlungsfähigkeit kommen in einer ausgeprägten kommunalen Investitionsschwäche zum Tragen. So sind die Nettoinvestitionen der Kommunen insgesamt seit 2003 negativ. Es wird also weniger investiert, als zum Erhalt des kommunalen Kapitalstocks notwendig wäre. Folglich zerfällt die Infrastruktur der Städte und Gemeinden seit mehr als anderthalb Jahrzehnten. Das ist das Ergebnis der ungleich verteilten Finanznot. Die Kommunen, denen es finanziell gut geht, können schließlich nicht die Investitionen von jenen kompensieren, die es finanziell nicht schaffen, den Verfall aufzuhalten. Irgendwann haben sich selbst in boomenden Regionen die sinnvollen Investitionsprojekte weitgehend erschöpft. In der Summe bleibt dann eine Investitionslücke.

Zwar gibt es eine Fülle von Förderprogrammen verschiedenster Ausrichtungen. Fast alle davon erfordern aber einen Eigenbeitrag in Höhe eines bestimmten, meist sogar sehr geringen Prozentsatzes des Förderbetrages. Aber bei einer angespannten Haushaltlage kann dies für eine Kommune trotzdem eine zu hohe Hürde sein. Viele Fördermittel werden aus diesem Grund nicht abgerufen. Die notwendigen Investitionen finden nicht statt.

Der Verfall ist vor Ort sichtbar und fühlbar, er lässt viele Menschen an der Politik verzweifeln. Der AfD ist es gelungen, daraus Kapital zu schlagen, indem sie meist in drastischer Form auf die Missstände hinwies, die die anderen Parteien mittlerweile eher resignativ hingenommen hatten. Gleichzeitig lieferten ihr der Zustrom an Flüchtlingen und dessen finanzielle Folgen das Argument, Geld sei offensichtlich doch vorhanden. Das erschütterte die Glaubwürdigkeit jener Kommunalpolitiker, die mantrahaft auf Geldmangel verwiesen hatten, und keinen Ausweg aufzeigen konnten. Hinzu kamen Bundespolitiker, die den Kommunen selbst die Schuld an der Haushaltsmisere in die Schuhe schieben wollten und diese – ganz neoliberal – als Versagen im Wettbewerb mit anderen Kommunen interpretierten. Entsprechend sollten die betreffenden Kommunen ebenso wenig wie Unternehmen, die im Wettbewerb mit anderen unterlegen sind, auch noch mit zusätzlichen Hilfen belohnt werden. Stattdessen sollten sie weiter sparen und ihren Haushalt selbst wieder ins Gleichgewicht bringen. Im Ergebnis müssen die Kommunen in ihren finanziellen Notlagen verharren.

Hilfen werden auch durch die Föderalismuslobby blockiert. Die Kommunen sind organisatorisch Teil der Bundesländer. Daher müssen alle Bundeshilfen für sie, etwa für Investitionen, mit den Ländern abgesprochen werden. Üblicherweise fordern dann alle Bundesländer ihren Anteil an den Hilfen, und zwar unabhängig davon, wie gut oder schlecht es den in ihnen beheimateten Kommunen geht. Damit geraten solche Programme in Gefahr, die Gelder mit der Gießkanne über alle zu verteilen, anstatt sie nur dort einzusetzen, wo sie dringend benötigt werden. Von daher ist die Neigung des Bundes, die Kommunen zu unterstützen, verständlicherweise gering, auch wenn es eigentlich notwendig wäre.

Um den notleidenden Kommunen wirklich zu helfen, sind daher andere Wege erforderlich. Zunächst einmal könnten die Länder selbst etwas unternehmen und kommunale Schulden zumindest teilweise übernehmen. So etwas ließe sich beispielsweise durch einen Schuldenfonds bewerkstelligen, in den die Kreditverpflichtungen der Gemeinden übertragen werden. Das käme vor allem den besonders verschuldeten Kommunen zu Gute, während jene, die keine größeren Schulden hätten, nicht davon profitieren würden. Um zu verhindern, dass die Entlastung als Einladung verstanden wird, sofort neue Schulden aufzunehmen, könnte die Kommunalaufsicht die profitierenden Gemeinden verpflichten, fortan ausgeglichene Haushalte vorzulegen.

Nicht allen Bundesländern erlaubt die eigene Finanzsituation so viel Großzügigkeit. Einige, wie Hessen und Bayern, haben derartige Programme bereits auf den Weg gebracht. Andere, wie Nordrhein-Westfalen, können sich so etwas insbesondere vor dem Hintergrund der Schuldenbremse schlicht nicht leisten. Insofern ist es sinnvoll, wenn der Bund ebenfalls in dieser Richtung aktiv wird. So leistet er schon einen Beitrag zur Schulsanierung bei finanzschwachen Kommunen.

In der Debatte ist eine generelle Entlastung über einen bundesweiten Schuldenfonds, an den die Schulden von circa 2500 hoch verschuldeten Kommunen übertragen werden sollen. Im Gegenzug sollen sich die Länder an dessen Finanzierung beteiligen und über ihre Haushaltsaufsicht sicherstellen, dass die begünstigten Kommunen keine neuen Schulden machen. Doch wie zu erwarten, ist dies unter den Ländern strittig. Insbesondere jene Länder, die schon Maßnahmen ergriffen haben, sehen sich ungerecht behandelt, wenn sie vom Bund nicht mit Mitteln bedacht werden.

Dabei ist das Vorhaben ein sehr sinnvoller Schritt. Hoch verschuldete Kommunen würden nicht nur von den Schulden, sondern auch vom finanziellen Schuldendienst entlastet. Die freiwerdenden Mittel könnten unmittelbar für dringend benötigte Investitionen verwendet werden. Das würde mit hoher Wahrscheinlichkeit einen stärkeren investiven Impuls auslösen, als wenn der Bund oder die Länder selbst ein Investitionsprogramm auflegten. Vor allem aber würde es den Handlungsspielraum dieser Kommunen wieder spürbar erweitern. Sie könnten ihren Bürgern zeigen, dass Politik durchaus etwas in ihrem Interesse zu bewegen vermag.

Darüber hinaus ist es aber unerlässlich, den Kommunen einen höheren Anteil am Steueraufkommen zuzusichern. Durch dessen Verteilung über den kommunalen Finanzausgleich wird gesichert, dass besonders bedürftige Gemeinden hiervon profitieren. Sie werden damit in die Lage versetzt, Investitionen wieder aus eigener Kraft und nach eigenen Vorstellungen zu tätigen, ohne auf komplexe Förderprogramme angewiesen zu sein.

Die europäische Integration erneuern

Wie wichtig es ist, die Kommunen und kommunale Politik zu stärken, zeigt sich bei der dritten Richtung für Veränderungen. Denn in Zeiten der Globalisierung und Digitalisierung muss sich die Reichweite von Politik gleichfalls über die nationalen Grenzen hinaus erweitern. Ansonsten wird sie zum Spielball multinationaler Konzerne und von Staaten, denen das Recht des Stärkeren in die Hände spielt. Die Politik muss also zugleich den lokalen Bezug stärken und sich von den nationalen Gegebenheiten lösen. Sie muss sowohl konkreter als auch abstrakter werden.

Der Schritt zu einer transnationalen Politik, die für den einzelnen Bürger in der Regel weit entrückt erscheint, ist nur möglich, wenn es dafür Rückhalt in der Zivilgesellschaft gibt. Es geht schließlich darum, dass nationale Regierungen teilweise Macht abgeben. Selbst wenn sie die Notwendigkeit und Nützlichkeit eines solchen Schritts einsehen, fällt der Vollzug doch schwer, da er gegen die eigenen unmittelbaren Interessen geht. Da bedarf es des zivilgesellschaftlichen Drucks, um zum Ziel zu kommen. Der lässt sich jedoch nur aufbauen, wenn die Menschen wieder ein grundsätzliches Vertrauen zur Politik gefasst haben, und dieses Vertrauen muss im Konkreten, auf kommunaler Ebene erarbeitet werden. Dann erst kann der Schritt in Richtung abstrakterer Politik auf europäischer Ebene gewagt werden.

Deshalb muss am Anfang trotz ausgeweiteter europäischer Kompetenzen tatsächlich eine gestärkte lokale Politik stehen. Dazu wäre es hilfreich, für sie eine direkte Verbindung zur europäischen Ebene zu schaffen. Es gibt bereits einen deutschen Rat der Gemeinden und Regionen Europas (RGE), der wiederum Teil des europäischen Dachverbands Council of European Municipalities and Regions (CEMR) ist. Doch versteht sich dieser als eine Lobbyinstitution, die einerseits die Interessen der Kommunen gegenüber den EU-Institutionen vertritt und andererseits die Kommunen über europäische Programme informiert, die für sie nützlich sein könnten. Das ist zu wenig.

Besser wäre ein Verband, der kommunale Lösungen für europäische Probleme anbieten könnte. Warum sollten Städte und Gemeinden keine direkten Angebote an die EU machen können, wie sich die migrationsbedingten Herausforderungen bewältigen lassen? Sie könnten zudem Konzepte für eine Energiewende aufzeigen, die zumindest partiell auf einer dezentralen Versorgung basieren. Ebenso verfügen Städte und Kommunen über eine hohe Kompetenz bei der Entwicklung nachhaltiger Verkehrskonzepte. Diese Lösungskompetenz auf europäischer Ebene einzubringen und dafür Fördermittel zu bekommen, wäre ein sinnvolles Unterfangen. All dies dient sowohl einer verstärkten europäischen Integration als auch einer Stärkung kommunaler Politik selbst. Letzteres geschieht nicht zuletzt dadurch, dass die Kommunen ihre Kompetenzen auf europäischer Ebene austauschen und bündeln können.

Die Notwendigkeit einer intensiveren europäischen Integration ist angesichts der tiefen Krise des globalen Multilateralismus offenkundig. Die USA blockieren viele internationale Institutionen oder verlassen sie sogar. Aber auch andere Staaten können ihre Missachtung des Prinzips, Probleme durch multilaterale Verhandlungen zu lösen, kaum verhehlen. Die Komplexität und manchmal auch Absurdität solcher Verhandlungen haben hierzu keinen geringen Beitrag geleistet. Die globalen Verhältnisse erscheinen häufig als profanes Geschacher um partikuläre Interessen. Entsprechend leicht lassen sich multilaterale Veranstaltungen in Misskredit bringen. National bis nationalistisch geprägte Sichtweisen gewinnen an Boden.

Vor dieser Kulisse breitet sich in der internationalen Politik zwangsläufig das Recht des Stärkeren aus. Für die USA ist dies mit dem Slogan »America First« sogar die offizielle

Leitlinie. Russland steht dem, wenn überhaupt, nur wenig nach. Andere Länder wie China gehen zurückhaltender vor, verfolgen aber ihre nationalen Interessen gleichfalls mit großer Härte. Diese Konstellation setzt Europa unter erheblichen Druck. Kein einzelner Staat auf diesem Kontinent spielt in der globalen Champions League politischer und wirtschaftlicher Macht. Nur über die EU, die der wirtschaftlich stärkste Binnenmarkt der Welt ist, können die Einzelstaaten zumindest wirtschaftlich globalen Einfluss ausüben.

Deshalb sollte es unmittelbar einsichtig sein, dass die wirtschaftliche Macht Europas über den gemeinsamen Binnenmarkt und die Währungsunion gebündelt werden muss. Weder die USA noch China oder Russland können den europäischen Binnenmarkt in seiner derzeitigen Form ignorieren. Das wissen alle, und insbesondere die USA und Russland versuchen daher immer wieder, diese ökonomische Macht zu spalten. Die offene Unterstützung des Brexit durch den amerikanischen Präsidenten und die mehr verborgene seines russischen Pendants, der über den Diskurs in den sozialen Medien Einfluss zu nehmen versuchte, sprechen Bände. China wiederum versucht, die EU als Gegenpart vor allem zu den USA zu instrumentalisieren. Alle wollen letztlich Europa als Spielball ihrer Interessen nutzen.

Dem kann sich die EU nur wirksam widersetzen, wenn sie alle Spaltungsversuche glaubwürdig als von vorneherein aussichtslos erscheinen lässt. Mit dem unerwarteten Ergebnis des Brexit-Referendums wurden jedoch Bruchstellen in der Konstruktion der vier Grundfreiheiten der EU offenkundig, die nicht nur für Großbritannien von Bedeutung sind, sondern mehr oder minder stark letztlich für alle Mitgliedsstaaten. Will die EU eine eigenständige Rolle im globalen Machtgefüge spielen, müssen solche Bruchstellen stabilisiert werden. Wie genau dies geschehen soll, darüber besteht bislang allerdings wenig Einigkeit unter den Mitgliedsstaaten.

Es beginnt damit, dass die vier Grundfreiheiten, auf denen die EU basiert, noch nicht für ein stabiles gesellschaftliches Gefüge sorgen. Aus der Geschichte der europäischen Integration in der Nachkriegszeit ist es verständlich, dass die ersten drei Freiheiten primär wirtschaftlicher Natur waren: der freie Verkehr von Waren, Dienstleistungen sowie allen Finanztransaktionen. Sie wurden ergänzt um die Niederlassungsfreiheit von Personen und Unternehmen in der gesamten EU. Genau diese Kombination weist jedoch gravierende Schwächen auf.

Denn es ist eine Illusion anzunehmen, dass eine europaweit frei agierende Wirtschaft und eine ungehinderte Migration in den Einzelstaaten alle übrigen Bereiche der Gesellschaft, die weiterhin in rein nationaler Verantwortung stehen, unberührt ließen. Zwei Beispiele stehen für viele: das Steuersystem und das Sozialsystem. Mindestens ebenso wichtig sind die mit der Niederlassungs- und Handelsfreiheit begründeten Deregulierungen der Arbeitsmarktsysteme.

Wenn Unternehmen ihren Sitz frei wählen können und auch jeder Einzelne sich ohne Beschränkungen in ganz Europa niederlassen kann, entstehen steuerliche Wahlfreiheiten, die systemische Konsequenzen für jedes nationale Steuersystem haben. Es ist naheliegend und wird dementsprechend breitflächig praktiziert, dass große Unternehmen, deren Produktion und Absatz nicht lokal beschränkt sind, ihren Standort danach wählen, dass die Steuern möglichst günstig sind. Gleiches gilt vor allem für die Wohnsitzwahl reicher Privatpersonen

In einem Verbund steuerlich relativ homogener Staaten würden solche Praktiken keine spürbare Rolle spielen. Aber innerhalb der EU sind die Divergenzen beträchtlich. Mehr noch, Staaten wie Irland betrachten Steuervorteile geradezu als »Geschäftsmodell«, um Unternehmen wie vermögende Privatpersonen anzulocken. Dabei ist es zweitrangig, ob es gleichzeitig zu Produktionsverlagerungen kommt. Primär geht es darum, auf diese Weise zusätzliche Steuereinnahmen zu erschließen. Wenn sich dazu noch die Beschäftigung erhöht, ist das ein willkommener Nebeneffekt.

Ähnlich ist die Wirkung der Grundfreiheiten auf die Sozialsysteme. Die Niederlassungsfreiheit erzeugt Anreize für Arbeitslose und andere Transferbegünstigte, sich dort niederzulassen, wo die Regelungen am günstigsten für sie sind. Die vielfältigen Klagen hierüber sind bekannt. Da diese Gruppe von Menschen aber nicht besonders mobil ist, dürfte ein anderer Effekt bedeutsamer sein. Ein wenig großzügiges Sozialsystem senkt die Produktionskosten, weil zu seiner Finanzierung keine hohen Steuern und Abgaben nötig sind. Damit entfaltet es die gleiche Anziehungskraft auf Unternehmen wie ein günstiges Steuersystem. Solche Anreize sind in der EU spürbar relevant, sind die Sozialsysteme ihrer Mitglieder durch die Osterweiterung doch nochmals heterogener geworden.

All das ist sicher vorteilhaft, wenn man es von der Warte größtmöglicher Freiheit für die einzelnen EU-Bürger, Unternehmen und Staaten betrachtet. Aus europäisch-gesamtwirtschaftlicher Sicht sieht es jedoch ganz anders aus. Den profitierenden Haushalten, Unternehmen und Staaten stehen jene Staaten gegenüber, die durch die Verlagerung von Wohn- und Firmensitzen massiv Einnahmen verlieren. Wenn sie infolgedessen ihre Ausgaben kürzen müssen, reihen sich noch die potenziellen Empfänger dieser Ausgaben auf der Verliererseite ein. Die Wahlmöglichkeiten für Staaten und ihre Bürger insgesamt werden nicht erweitert, sondern beschränkt. Die Staaten geraten zudem unter Druck, Steuern – insbesondere für Unternehmen – und Sozialleistungen immer weiter zu senken.

Die Grundfreiheiten der EU haben somit nicht nur die erwünschten Wirkungen auf Handel, Binnenmigration und Beschäftigung hervorgerufen, sondern auch einen Wettbewerbsdruck nach unten bei Steuer- und Sozialsystemen. Anders als bei Gütern und Dienstleistungen, wo Wettbewerb für ein besseres und günstigeres Angebot sorgt, erzeugt dieser Wettbewerb nur eine reine Umverteilung zugunsten jener, die Steuern und Sozialabgaben senken, ohne dass sich die Quantität oder Qualität des Güterangebots verbessert. Er hat also keine gesamtwirtschaftliche Funktion. Es sei denn, man wünscht aus einer neoliberalen Sicht, grundsätzlich die Aktivität des Staates einzudämmen, weil man sich hiervon eine Entfesselung wirtschaftlicher Aktivität erhofft.

Zwischen den EU-Mitgliedsstaaten hat der Wettbewerbsdruck, der durch die Grundfreiheiten ausgelöst wurde, jedenfalls zu Spannungen geführt. Die Staaten, die in niedrigeren Steuern und Abgaben kein tragfähiges »Geschäftsmodell« sehen, müssen schließlich Einnahmenverluste hinnehmen. Doch der Wettbewerbsdruck auf Sozial-, Arbeitsmarkt- und Steuersysteme hat auch viele Bürgerinnen und Bürger von der EU entfremdet, weil er letztlich an die breite Masse der Bevölkerung weitergegeben wird. Die EU wird daher als Gegner des eigenen Wohlstands wahrgenommen. Sowohl in der politischen Rechten als auch teilweise bei der Linken wird daher für eine Rückführung der europäischen Integration plädiert, um die nationalstaatliche Kontrolle über den Arbeitsmarkt, das Steuer- und das Sozialsystem zurückzugewinnen.

Eine Alternative besteht – durchaus im Rodrik'schen Schema – darin, die Verhältnisse innerhalb der EU zu ändern. Die Bürgerinnen und Bürger müssen ein unmittelbareres Gewicht bekommen. Dabei geht es nicht einfach um eine Demokratisierung der EU. Sie verfügt beispielsweise mit dem Europäischen Rat, in dem die demokratisch gewählten Regierungen der einzelnen Mitgliedsstaaten Entscheidungen treffen, bereits über demokratisch legitimierte Instanzen. Vielmehr geht es darum, auf demokratischem Wege eine gesamteuropäische Perspektive zu stärken. Sie soll die partikulären Interessen, die den europäischen Entscheidungsprozess derzeit häufig lähmen, in den Hintergrund treten lassen.

Eine solche Perspektive wird nicht einfach gewonnen, indem die Rechte des Europäischen Parlaments weiter gestärkt werden. Dies ist allenfalls eine notwendige Bedingung. Hinreichend ist sie nicht, denn das Parlament wird nach wie vor in gleichsam parallel ablaufenden nationalen Wahlen gewählt, in denen allzu häufig nationale Themen für die Wahlentscheidung dominierend sind. So wird daraus häufig eine Protestwahl gegen eine gerade unpopuläre Regierung. In der Konsequenz stimmen auch die Abgeordneten im Europäischen Parlament noch zu häufig nach nationalen Gesichtspunkten ab, weil sie sich primär als Vertreter ihrer Nation ansehen und nicht als Vertreter einer europäisch definierten politischen Richtung.

Das wird sich grundlegend nur dann ändern, wenn sich das Wahlverfahren ändert. Dies ist schon deshalb nötig, damit jede Stimme das gleiche Gewicht hat. Heute zählt eine Stimme in Malta deutlich mehr als in Deutschland. Denn würde man jeder Stimme in der EU das gleiche Gewicht geben, hätte bei unveränderter Abgeordnetenzahl im EU-Parlament Malta keinen Abgeordneten dort. Deshalb hat man kleinen Ländern eine Mindestanzahl an Sitzen garantiert und die großen Länder wie Deutschland gemessen an ihrem Bevölkerungsanteil beschränkt. Das läuft demokratischen Prinzipien zuwider und dient allein der nationalen Repräsentanz.

Eine Lösung könnte sein, die Wahlkreise neu zuzuschneiden: mit der jeweils etwa gleichen Zahl an Stimmberechtigten und möglichst transnational. Warum soll nicht für eine Europawahl ein Wahlkreis in Ostbrandenburg mit einem in Westpolen zusammengelegt werden? Das verspräche ein spannender Wahlkampf zu werden, der viel zum wechselseitigen Verständnis beitragen kann. Ein vielleicht naheliegenderes Beispiel wäre, Wahlkreise im Saarland mit luxemburgischen oder französischen zusammenzulegen. Gerade für Deutschland mit seiner Vielzahl an Nachbarn bieten sich hier jede Menge Möglichkeiten. Interessant erscheinen aber auch österreichisch-ungarisch-slowenische Wahlkreise. Das Prinzip ließe sich für die ganze EU fortspinnen. Wichtig ist, dass Wählerschaft und Abgeordnete europäische Probleme aus europäischer Perspektive sehen. Die angemessene Repräsentanz der Einzelstaaten kann nach wie vor über die starke Stellung des Europäischen Rates gewährleistet werden.

Einer gesamteuropäischen Sichtweise im EU-Parlament stärker Geltung zu verschaffen reicht aber noch nicht aus, um die europäische Integration auf stabilere Füße zu stellen. Dazu sind weitere strukturelle Änderungen erforderlich. Zwei Ziele stehen dabei im Vordergrund. Erstens müssen die europäischen Grundfreiheiten um eine soziale Komponente erweitert werden, um die neoliberale Schlagseite der gegenwärtigen Konstruktion auszugleichen. Und zweitens muss die Krisenanfälligkeit des derzeitigen europäischen Wirtschaftsraums durch geeignete stabilitätspolitische Institutionen verringert werden.

Die soziale Komponente soll verhindern, dass die Grundfreiheiten zu Lasten des sozialen Schutzes und der sozialen Sicherheit breiter Schichten der Bevölkerung interpretiert werden. Ein Vorrang für die Handelsfreiheit ist nicht nur sozial ungerecht, sondern gefährdet auf Dauer auch die politische Stabilität der EU, da weite Teile der Bevölkerung nicht mehr sehen, welche Vorteile sie noch von ihr haben. Ein erster Schritt wäre daher, zu vereinbaren, dass es bei Konflikten zwischen Handelsfreiheit und Arbeitsmarktregulierung keinen automatischen Vorrang mehr für erstere gibt, sondern eine gleichgewichtige Lösung gefunden werden muss. Zugleich sollten Mindeststandards zum Beispiel bei den Löhnen festgelegt werden, um Abwärtsspiralen zu vermeiden.

Zudem muss der Druck, den die bisherigen Grundfreiheiten auf die Sozialsysteme ausüben, zumindest abgemildert werden. Dies über eine Vereinheitlichung der Sozialsysteme in der EU zu erreichen, ist jedoch nicht so einfach, unter anderem weil die Rolle der Sozialpartner in den einzelnen Systemen sehr unterschiedlich ist. In manchen kommen sie kaum vor. In Deutschland sind die entscheidenden Gremien der Arbeitslosen- und der Rentenversicherung paritätisch mit Vertretern der Arbeitgeber und der Arbeitnehmer besetzt. In einigen skandinavischen Ländern verwalten Gewerkschaften einen Großteil der Arbeitslosenversicherung. Hier geht es also auch um Machtpositionen, die bei einem vereinheitlichten System gefährdet wären. Entsprechend groß sind die Widerstände. Für die Arbeitnehmer wäre auch wenig gewonnen, wenn die Vereinheitlichung mit einem Einflussverlust ihrer Vertreter einherginge. Umgekehrt setzt der Status quo sie erheblich unter Druck.

Es gibt mehrere Auswege aus dieser komplizierten Lage. Zum einen könnte man die nationalen Sozialsysteme um eine Art Rückversicherungssystem auf europäischer Ebene ergänzen. Zum zweiten könnten daneben europäische Systeme geschaffen werden. Der erste Ansatz kommt in dem Vorschlag zum Ausdruck, den Bundesfinanzminister Olaf Scholz 2019 zur Arbeitslosenversicherung unterbreitet hat. Demnach soll eine europäische Rückversicherung, die aus den nationalen Systemen finanziell gespeist wird, Mittel bereitstellen, falls bei einer konjunkturellen Schwäche in einem Mitgliedsstaat dessen Arbeitslosenversicherung defizitär wird. Das würde den entsprechenden Staat von ansonsten notwendigen Zuschüssen an sie entlasten und ihm mehr Spielraum für weitere konjunkturstabilisierende Maßnahmen geben. Sobald die Schwäche überwunden ist, soll er das Geld zurückzahlen. Bislang ist dieser Vorschlag trotz Unterstützung der gesamten Bundesregierung und der französischen Regierung aber nicht einmal ansatzweise umgesetzt. Der Widerstand anderer Regierungen gegen eine auch nur rudimentäre europäische soziale Sicherung ist derzeit noch viel zu stark.

Dabei bleibt der Ansatz von Olaf Scholz eigentlich sogar noch hinter dem Erforderlichen zurück. Er adressiert nur den Fall sogenannter asymmetrischer Schocks. Das sind wirtschaftliche Schwächephasen, die nur einzelne Mitgliedsstaaten betreffen, nicht aber die Union als Ganzes. Das aber ist eher die Ausnahme als die Regel. Gerade weil die EU-Staaten durch den Binnenmarkt mittlerweile sehr eng verflochten sind, betrifft die Schwäche eines Landes, vor allem wenn es ein größeres ist, auch alle anderen. Daher müsste eine sinnvolle Rückversicherung durch zusätzliche Zuweisungen seitens der Regierungen so ausgestattet sein, dass sie auch in gesamtwirtschaftlich-europäischen Krisen wie der Finanzmarktkrise von 2008 handlungsfähig ist. Denkbar ist auch, das Prinzip einer europäischen Rückversicherung auf andere Sicherungssysteme wie Renten- und Krankenversicherung anzuwenden.

Neben dem nationalen könnte auch eine Art europäischer sozialer Schutz entstehen, wenn eine eigenständig europäische Sicherung aufgebaut würde. Dies wäre eine ähnliche Konstruktion, wo neben den bundestaatlichen Systemen ein nationales System existiert. Dies ist dann gleichbedeutend mit einer europaweiten Mindestsicherung. Vor dem Hintergrund der unterschiedlichen nationalen Traditionen dürfte eine europäische Einigung allerdings nicht leicht sein.

Der zweite Block institutioneller europäischer Reformen betrifft die wirtschaftliche Stabilität des Euroraums. Dass diese fragil ist, hat die Finanzmarktkrise mit der nachfolgenden Krise des Euroraums sehr deutlich gezeigt. Manches ist seither geschehen, was die Anfälligkeit des Euroraums gegenüber derartigen Krisen vermindert haben dürfte. Hier sind die ersten Schritte zu einer Bankenunion zu nennen, die die Banken durch höhere Eigenkapitalanforderungen sicherer gemacht haben. Durch die Einführung einer Haftungskaskade wurde zudem erreicht, dass die private Haftung von Eigentümern, Gläubigern und dem gesamten Bankensektor greift, bevor die einzelnen Staaten in Haftung genommen werden können. Es gibt gute Gründe die getroffenen Maßnahmen noch für unzureichend zu halten. Aber die Richtung stimmt.

Mindestens ebenso wichtig ist der weitgehende Konsens, den Europäischen Stabilitätsmechanismus (ESM) zu einer Art europäischem Währungsfonds auszubauen. Der ESM hatte im Laufe der Krise des Euroraums die Aufgabe übernommen, den Krisenländern gegen Auflagen Kredite zur Verfügung zu stellen, die gegenüber dem Marktzins verbilligt waren. Dies hatte sich als wirksamer Dämpfer für spekulativ überhöhte Marktzinsen erwiesen und zudem den dringend benötigten finanziellen Spielraum der Krisenländer erweitert. Auch dieses Vorgehen erwies sich als ein Schritt in die richtige Richtung. In Zukunft soll der ESM grundsätzlich und präventiv für alle innereuropäischen Leistungsbilanzkrisen zuständig sein. Er könnte daher schon im Vorfeld durch Ratschläge und Hilfen gegen Auflagen tätig werden, bevor sich solche Krisen überhaupt wieder entfalten. Der Euroraum schafft sich damit eine Art Feuerwehr.

Leider ist die derzeit geplante Kommandostruktur dieser Feuerwehr problematisch. Der künftige Währungsfonds ist nach wie vor nicht als Institution nach europäischem Recht geplant, sondern als intergouvernementale Einrichtung. Das bedeutet, dass die nationalen Regierungen beziehungsweise die nationalen Parlamente den Kurs bestimmen und die Krisenmaßnahmen absegnen müssen. Das ist aber in Krisenphasen, in denen ja schnell gehandelt werden muss, ein nennenswertes Hindernis.

Das größte Stabilitätsproblem ist allerdings monetärer Natur und betrifft den Euroraum. Dessen Verfassung ist unvollständig und damit krisenanfällig. Es fehlt das, was alle entwickelten Volkswirtschaften haben, nämlich ein sogenannter Gläubiger der letzten Zuflucht *(Lender of Last Resort)*. Wenn nämlich private Finanzinvestoren panikartig Staatsanleihen abstoßen und die Kurse in den Keller stürzen, bedarf es einer Institution, die die privaten Investoren als Gläubiger ablöst und den Kursverlauf durch Aufkäufe in ruhigere Bahnen lenkt. Das kann nur die Zentralbank des jeweiligen Währungsgebiets sein, denn sie verfügt über prinzipiell unbegrenzte Mittel an heimischer Währung und ist damit in der Lage, jeder auch noch so starken Verkaufswelle von Staatsanleihen standzuhalten. Da die Märkte dies wissen, ist die Ankündigung von Aufkäufen glaubwürdig und wird Anleger davon abhalten, aus Panik vor einem Totalverlust zu verkaufen. Schließlich wissen sie, dass es für den Notfall immer zumindest einen Käufer gibt. Für den Euroraum wäre dies also die EZB.

Dass diese Überlegungen nicht nur graue Theorie sind, hat sich 2012 gezeigt. Damals entstand wegen des Schuldenschnitts auf griechische Staatsanleihen ein Verkaufsdruck auf die Staatsanleihen aller Krisenländer im Euroraum. Die EZB überwand die aufkommende Panik mit eben der berühmten Erklärung ihres Präsidenten Draghi, alles zu unternehmen, was nötig wäre, um den Euroraum monetär zu stabilisieren. Dazu legte sie ihr OMT *(Outright Monetary Transaction)*-Programm auf, das den unbegrenzten Aufkauf von Anleihen vorsah. Im Ergebnis musste keine einzige Anleihe gekauft werden, weil die Ankündigung angesichts der monetären Macht der EZB glaubwürdig war.

Allerdings ist zweifelhaft, ob die EZB überhaupt ein Mandat für ihr Vorgehen hatte. In den europäischen Verträgen ist eine staatliche Schuldenübernahme *(Bail-out)* explizit ausgeschlossen. Erfüllt das OMT-Programm diesen Tatbestand? Darüber streiten sich die Juristen. Ökonomisch gesehen war das Programm in der konkreten Situation ausgesprochen sinnvoll. Doch so lange nicht geklärt ist, ob die EZB zu solchen Aktionen befugt ist, bleibt ein Element der Unsicherheit, das besonders in Krisensituationen fatal sein kann, weil es die Glaubwürdigkeit der EZB gefährdet.

Hier wäre eine rasche Klärung durch die Mitgliedsstaaten sinnvoll. Die EZB sollte in Krisenlagen als verlässlich agierender Gläubiger der letzten Instanz auftreten dürfen. Das kann sie entweder, indem man ihr erlaubt, in solchen Situationen die Staatsanleihen aller Mitgliedsstaaten unbegrenzt vom Markt aufzukaufen, oder indem man ihr dies lediglich für noch zu schaffende Eurobonds zugesteht. Letztere würden von den Einzelstaaten in einem festzulegenden Umfang und Modus emittiert. Das wäre dann zwar nur ein begrenzter Schutz, aber immerhin gäbe es mit den Eurobonds eine sichere Anleiheform, die Halt verleiht. All dies gilt jedoch nur unter der Voraussetzung, dass das Inflationsziel der EZB durch diese Aktionen nicht gefährdet werden darf. In Paniklagen ist dies mit hoher Wahrscheinlichkeit nicht der Fall, aber bei guter Konjunktur kann es durchaus zu solch einem Konflikt kommen. Dann ist die Hilfe der EZB jedoch auch überflüssig. In jedem Fall würde mit dieser letzten Sicherheit in schwierigen Zeiten eine wichtige Lücke im Krisenschutz des Euroraums geschlossen.

Man sollte sich aber keine Illusionen machen: Solche Forderungen werden auf harten Widerstand treffen. Zwar klingt die Entscheidung über Eurobonds sehr technisch, aber in Wahrheit ist sie hochpolitisch. Mit ihnen würde der Euro faktisch zur Inlandswährung des Euroraums, weil jeder Staat sich in dieser Inlandswährung theoretisch unbegrenzt verschulden könnte. So, wie dies in den USA, Großbritannien oder Japan auch der Fall ist. Das Problem ist nur, dass der Euroraum nicht zu einem einzelnen Staat gehört, dessen Haushaltspolitik ja durch ein Parlament kontrolliert würde. Dadurch entsteht eine Konstellation, bei der einzelne Staaten sich verschulden können und alle übrigen die Konsequenzen mittragen müssten. Das ruft nicht nur bei prinzipiellen Gegnern des Euro beträchtliches Unbehagen hervor, sondern auch viele Ökonomen befürchten, dass auf diese

Weise mächtige Anreize für eine hohe Staatsverschuldung entstehen, da es am Ende mit der EZB ja immer einen Käufer für Staatsanleihen geben würde. Dies verleite Regierungen dazu, ihre Ausgaben stärker durch Schulden zu finanzieren als durch unpopuläre Steuererhöhungen. Letzteres überließen sie dann Nachfolgeregierungen.

Die meisten Ökonomen und Politiker sehen dies so. Dabei spielt die neoliberale Sichtweise auf Staaten und Politik, die Staaten wie Unternehmen betrachtet, immer noch eine große Rolle. Das hat die EU auf einen gefährlichen Pfad gebracht. Derzeit wird daran gedacht, bei hohen Schuldenständen gleichsam automatische Schuldenschnitte zu etablieren. Damit schwelt ein hochexplosives Element der Unsicherheit im Euroraum, das in einer Krise panikverstärkend und nicht -dämpfend wirkt. Denn wenn Gläubiger zu ahnen beginnen, dass ein Schuldenschnitt droht, setzt die Verkaufswelle ein und erzwingt den Schnitt als sich selbst erfüllende Prognose, ohne dass Zeit bliebe, ökonomisch sinnvollere Lösungen anzustreben.

Dabei erscheint der Konflikt zwischen monetärer Stabilität und gesunden Staatsfinanzen, so wie er häufig in öffentlichen Debatten dargestellt wird, als zumindest weit überzogen. Dass die Gegner des Euro jedes tatsächliche oder scheinbare Argument gegen die gemeinsame Währung verwenden, überrascht dabei nicht. Erstaunlich ist vielmehr die Anreizdebatte unter seriösen Ökonomen. Es ist weder politisch noch ökonomisch nachvollziehbar, warum Staaten bewusst eine Überschuldung anstreben sollten. Selbst wenn die EZB am Ende des Tages die Staatsanleihen aufkaufen würde, verschwänden die Schulden ja nicht. Die Zinsen müssten dann lediglich an die EZB gezahlt werden, sofern diese überhaupt eine Krisenlage als gegeben ansähe. Ansonsten fließen sie an die privaten Investoren. In jedem Fall stehen sie nicht für andere Ausgaben zur Verfügung, die einer Regierung wesentlich vorteilhafter erscheinen dürften. Bei einer immer höheren Verschuldung wird folglich der finanzielle Handlungsspielraum der Regierung immer enger. Es sei denn, sie erhöht die Steuern. Dies bewusst Nachfolgeregierungen zu überlassen, wäre nur bei einer stark personalisierten Regierung ohne Zukunftsperspektive nachvollziehbar. In einem Parteiensystem, in dem die Regierungsparteien unabhängig vom Personal ja eher keinen Regierungswechsel anstreben, ist dies keine vernünftige Option.

Insofern ist eine hohe Verschuldung als strategisches Ziel einer Regierung völlig ungeeignet. Sie könnte höchstens auf einen Schuldenschnitt spekulieren oder ihn herbeiführen. Aber das würde auf lange Zeit jede weitere Kreditaufnahme erschweren, selbst wenn sie sinnvoll wäre. Wird jedoch kein Schuldenschnitt durchgeführt, ist das bewusste und strategische Anhäufen von Schulden alles andere als erstrebenswert. Deshalb ist gerade der Verzicht auf einen Schuldenschnitt der richtige Weg, um einen Anreiz gegen Überschuldung zu setzen.

Hohe Schuldenstände können sich allerdings auch gegen jede Absicht ergeben. Für den Fall, dass dies wie 2009 zu Leistungsbilanzkrisen führt, ist der Europäische Währungsfonds wichtig, der in diesem Fall Hilfe gegen Auflagen bereitstellen kann.

Mit dieser Kombination aus dem Sicherheitsnetz der EZB und der Feuerwehr des Währungsfonds ließe sich der Euroraum deutlich besser gegen wirtschaftliche Krisen schützen, als dies bisher der Fall ist. Mit der Einführung von sozialen und steuerlichen Mindeststandards wird zugleich die von machtvollen Unternehmen ausgelöste Abwärtsspirale zu

Lasten breiter Bevölkerungsschichten unterbrochen. Europa würde zudem nicht mehr als eine Institution wahrgenommen werden, die sich gegen die Interessen breiter Bevölkerungsschichten aufstellt, sondern als eine, die mehr Schutz verspricht. Vor allem aber sollte sich positiv auswirken, dass sich die Kommunen und Regionen stärker direkt in Europa engagieren. So entsteht jenseits der Nationalstaaten zusätzliche Lösungskompetenz für viele aktuelle Probleme, die die gesamte EU betreffen. Verkehr und Migration seien nur als zwei prominente Politikfelder genannt.

Der Ansatz, sowohl die EU als Ganzes als auch gleichzeitig die lokale Ebene zu stärken, verspricht angesichts des weltweiten Nationalismus zudem für Europa den meisten Erfolg. Die zunehmenden Konfrontationen in den internationalen Beziehungen werden die Lösung globaler Probleme erschweren. Der Nationalismus führt also auf Dauer in eine Sackgasse. Das wird irgendwann spürbar werden und ihn als Schutz und Problemlösungskonzept diskreditieren. Deshalb ist es vorausschauend, andere Wege einzuschlagen und über regionale Teilhabe nicht nur Politik wieder zugänglicher zu machen, sondern auf diesem Weg auch zusätzliche Kompetenz zu mobilisieren.

Der Perspektivwechsel müsste allerdings durch europäisch orientierte Politikvorhaben gestützt werden. Sinnvoll sind Projekte, die nur, wenn sie auf europäischer Ebene angelegt sind, spürbare Erfolge versprechen. Der Umgang mit Migration, der Klimawandel, eine ökologische Energieproduktion und der Aufbau einer transnationalen Verkehrsinfrastruktur sind Beispiele hierfür, auf die teilweise im nächsten Kapitel genauer eingegangen werden soll.

Ein wirtschaftspolitischer Angriff auf den Rechtspopulismus

Das Angebot der AfD

Wie die Machtbalance institutionell verschoben werden sollte, um das verloren gegangene Vertrauen in die Politik wiederzugewinnen, ist im vorigen Kapitel skizziert worden. Es geht aber auch um Inhalte. Die ausgeprägte Angst vor Kontrollverlust ist nach der Finanzmarktkrise und der Krise des Euroraums nur allzu verständlich. Der Erfolg der AfD beruht nicht zuletzt darauf, dass viele Menschen einerseits nicht mehr an stabile Märkte als wirtschaftspolitisches Allheilmittel glauben und andererseits von den Parteien enttäuscht sind, die die Risiken des sozialen Wandels abzufedern versprachen. In der Konsequenz haben sich die Wähler vielfach von den etablierten Parteien abgewendet und sich, manchmal über den Umweg politischer Resignation in Form von Wahlenthaltung, der AfD als der vermeintlichen Anti-Establishment-Partei zugewendet. Aber hat die Partei überhaupt überzeugende wirtschaftspolitische Konzepte im Programm?

Schaut man auf ihrer Homepage nach, ergibt sich Erstaunliches.[29] Die einzelnen Vorschläge der AfD sind alle bereits von anderen Parteien gemacht worden. Allerdings ist die Mischung neu und vielsagend. Ein erster Teil der Vorschläge, deren Ursprünge noch in der Gründungszeit der AfD liegen dürften, da sie den Überlegungen Bernd Luckes noch sehr ähnlich sind, ist auf die Eindämmung staatlicher Macht und gegen die europäische Integration ausgerichtet. Vieles hiervon ist parteipolitisch bei der FDP anzusiedeln. Ein zweiter Teil greift unter dem Begriff der Mittelstandspolitik konservative CDU-Programmatik auf. Ein dritter mit sozialen Themen ist programmatisch nahe bei der SPD und der Linken.

Offenkundig macht sich die AfD bewusst wirtschaftspolitische Kernvorhaben der anderen Parteien zu eigen, um zu demonstrieren, dass diese sie nicht oder nicht glaubwürdig verfolgen. So greift sie das alte CDU-Konzept eines drastisch vereinfachten Steuersystems auf, das seinerzeit von Friedrich Merz in die Debatte gebracht wurde. Die CDU hat es, selbst als sie in einer Koalition mit der FDP war, nie umgesetzt. Das treibt der AfD konservativ-liberale Wähler zu. Für Wähler von SPD und Linken bietet sie einen höheren Mindestlohn an, Teile der Partei fordern auch einen Ausbau des Sozialstaats, beispielsweise durch höhere Renten. Hier übernimmt die AfD Forderungen, die von vielen Anhängern dieser Parteien als nicht genügend umgesetzt angesehen werden. Ebenso hat sie die Ost-West-Thematik für sich entdeckt und die Behauptung aufgegriffen, der Osten werde diskriminiert. Sie ernennt sich sogar zum Erben der ostdeutschen Bürgerrechtsbewegung. Diese Position wurde bisher eher von der Linken oder Bündnis 90/Die Grünen im Osten vertreten. Die AfD verweist dabei auf andauernde und neue regionale Probleme, wie den jüngst beschlossenen Ausstieg aus dem Braunkohleabbau, und nimmt dies gleichzeitig zum Anlass, generell die Maßnahmen gegen den Klimawandel zu kritisieren, beziehungsweise dessen menschengemachte Existenz zu leugnen.

Auf der einen Seite will die AfD also mit ihrer rigiden Steuerpolitik dem Staat massiv Einnahmen entziehen, auf der anderen will sie den Sozialstaat ausbauen. Einerseits ist sie geradezu fundamentalistisch staatskritisch, wenn sie beispielsweise gegen die »Zwangsgebühren« des öffentlich-rechtlichen Rundfunks polemisiert, andererseits will sie dem Staat mehr Macht in der Regulierung des Handels und vor allem im Bereich der inneren Sicherheit geben. Diese Inkonsistenzen und Brüche sind dem Führungspersonal der AfD durchaus bewusst. Sie nutzen sie ja aus, um Protestwähler aus allen Richtungen für sich einzunehmen. Die brüchige Argumentation ist dabei, wie Umfragen zeigen, auch den Wählern der AfD bewusst, die der Partei nur wenig Kompetenz zutrauen. Darum geht es ihnen nämlich nicht. Sie wollen den etablierten Parteien möglichst drastisch ihre Frustration vermitteln.

Man kann dies als einen asymmetrischen Wettbewerb unter Parteien beschreiben. Während die etablierten Parteien sich um theoretische Konsistenz zumindest bemühen, ist der AfD dies egal. Sie pickt Themen aus dem gesamten Parteienspektrum heraus, bei denen es den anderen Parteien nicht gelungen ist, ihre Konzepte eins zu eins umzusetzen, weil in der politischen Praxis stets zahlreiche Kompromisse nötig sind oder die jeweilige Materie schlicht zu komplex ist. Die AfD versteht es, die Frustration hierüber in Zorn und Ressentiments zu verwandeln Auf diese Strategie müssen die übrigen Parteien mit glaubwürdigen Gegenkonzepten reagieren, die helfen, Ängste und Frustrationen zu überwinden.

In den Wandel investieren

Die Politik muss demonstrieren, dass sie sich mit den Herausforderungen der Zukunft ernsthaft auseinandersetzt und in der Lage ist, Konzepte dafür auch umzusetzen. Das reicht aber noch nicht. Die verbreitete Befürchtung, Verlierer des historischen Wandels zu sein, lässt sich nur durch soziale und wirtschaftliche Sicherheit mildern. Sie ist daher ein unverzichtbares Element einer wirtschaftspolitischen Strategie des Gegensteuerns.

Vor diesem Hintergrund erfordern drei Aufgabenfelder die besondere Aufmerksamkeit der Wirtschaftspolitik. Für die Gestaltung der Zukunft sind es die Digitalisierung und nachhaltiges Wirtschaften; hinzu kommt die Stabilität der Volkswirtschaften. Dazu gehört neben der Widerstandsfähigkeit gegenüber ökonomischen Krisen auch ein stabiler sozialer Zusammenhalt, der allen das Gefühl gibt, dazuzugehören. Für diese Felder sollen im Folgenden Konzepte umrissen werden. Sie haben zum Ziel, gesamtwirtschaftlich tragfähige Perspektiven aufzubauen. Der Schwerpunkt liegt dabei auf Deutschland, aber die EU und der Euroraum bleiben immer im Blickfeld.

Die Digitalisierung erfordert einen durchgreifenden Umbau der öffentlichen Infrastruktur. Sollen keine abgehängten Regionen entstehen, ist ein flächendeckender Zugang zu modernsten digitalen Netzen erforderlich. Außerdem wird die Sicherheit dieses Zugangs weiter in den Vordergrund treten. Denn zum Teil werden schon heute globale Konflikte durch Cyberattacken auf wirtschaftliche und politische Schlüsselbereiche ausgetragen. Solange nationalistische Strategien in den internationalen Beziehungen von Bedeutung sind, dürften diese Attacken sogar zunehmen. Da ferner die der Digitalisierung innewohnenden Größenvorteile zu Wettbewerbsproblemen führen, bedarf es sowohl einer angepassten Industrie- als auch einer adäquaten Wettbewerbspolitik. Erstere muss beim Aufbau neuer oder neuartiger industrieller Produktion helfen, letztere muss verhindern, dass digitale Monopole entstehen.

Es ist offenkundig, dass sich all diese Ziele nicht ohne staatliche Anstrengungen auf jeder Ebene erreichen lassen. Digitalisierung erfordert den investierenden Staat.

Gleiches gilt für den Aufbau einer durchgreifend nachhaltigen Wirtschaft. Dieser erfordert einen markanten Umbau von Produktionsweisen, der sich nicht allein aus Marktsignalen ergibt. Vielmehr ist der Staat gefordert, entsprechende Anreize zu geben und zugleich Regulierungen vorzunehmen, um die Wirtschaft in diese Richtung zu orientieren. Angesichts der Bedeutsamkeit von Größenvorteilen auch in diesem Bereich wird eine staatlich unterstützte Industrialisierung nachhaltiger Produktionsweisen unerlässlich sein, um im globalen Wettbewerb wirtschaftlich erfolgreich zu sein. Es bedarf also einer ökologischen Industrialisierungspolitik.

Will man schließlich die Volkswirtschaften tatsächlich und gefühlt stabiler machen, muss man nicht nur das Sozialsystem gründlich umbauen, um den Anforderungen von Demographie und Digitalisierung gerecht zu werden. Deutschland sollte in einem konfliktträchtigen weltwirtschaftlichen Umfeld für einen Erhalt der wirtschaftlichen Dynamik und zugleich für einen glaubwürdigen Schutz vor konjunkturellen Störungen sorgen. Vor allem aber geht es um eine sichere Teilhabe am wirtschaftlichen Fortschritt. Diese Voraussetzungen für eine stabile Wirtschaft lassen sich nur durch eine Kombination von aktiver Stabilisierungspolitik und schärferen Umverteilungssystemen erreichen. Auch auf diesem Feld ist also ein aktiver Staat gefordert.

Eine neuartige Reaktivierung des Staates steht denn auch im Mittelpunkt der Politikvorschläge. Man könnte von einem Neo-Etatismus sprechen. Anders als gerade von vielen Altlinken immer wieder propagiert, zielt das hier jedoch nicht auf einen homogenen Staatssektor, der aus einer wohlmeinenden, eher obrigkeitsstaatlichen Perspektive das aus seiner Sicht Beste für eine Gesellschaft zu erreichen versucht. Es geht vielmehr um einen heterogenen Staatssektor mit verschiedenen Ebenen. Es geht um den politischen Wettbewerb dieser Ebenen und der sie tragenden politischen Parteien. Es geht um die Teilhabe der Zivilgesellschaft an diesem Wettbewerb, die gerade wegen der Digitalisierung heute so leicht möglich ist.

Diese Reaktivierung des Staates hat auch eine finanzielle Seite, die unter den Bedingungen der Schuldenbremse alles andere als trivial ist. Es bedarf schließlich erheblicher Investitionen über einen langen Zeitraum, um die oben skizzierten Herausforderungen bestehen zu können. Zwei wirtschaftswissenschaftliche Forschungsinstitute mit ziemlich unterschiedlicher politischer Ausrichtung, das gewerkschaftsnahe IMK und das arbeitgebernahe IW, haben errechnet, dass über die kommenden zehn Jahre ein in den bisherigen Planungen nicht abgedeckter Investitionsbedarf von circa 450 Milliarden Euro besteht. Das bedeutet, im Durchschnitt müssten pro Jahr etwa 45 Milliarden Euro zusätzlich investiert werden. Volkswirtschaftlich gesehen ist das keine utopische Summe, es sind lediglich rund 1,5 Prozent vom BIP. Allerdings ist es unrealistisch, sie vollständig aus den laufenden Haushalten beispielsweise durch Umschichtungen zu finanzieren.

Es bleibt zunächst die Alternative, die notwendigen Mittel entweder durch eine höhere Verschuldung oder durch höhere Steuern aufzubringen. Letzteres ist prinzipiell möglich, aber zumindest mit Blick auf eine höhere Einkommenssteuer oder sogar eine höhere Mehrwertsteuer wohl ziemlich unpopulär. Letztere würde außerdem besonders unteren Einkommensschichten mit relativ hohem Konsum die Finanzierung der Investitionen aufbürden, die doch allen zu Gute kommen sollen. Dies widerspricht allen Vorstellungen von Gerechtigkeit gerade in einer Zeit hoher Ungleichheit. Höhere Spitzensteuersätze bei der Einkommenssteuer würden wiederum nicht das notwendige Steueraufkommen erbringen.

Will man also die Investitionen über höhere Steuern finanzieren, führt der realistische Weg über Steuern auf Vermögen, Erbschaften oder Finanzmarkttransaktionen. Es wäre auch ein fairer Weg. Schließlich träfen diese Steuern fast ausschließlich Wohlhabende, jedenfalls wenn bei der Erbschafts- und Vermögenssteuer Freibeträge für kleinere Vermögen und Erbschaften vorgesehen würden. Dann wäre nur die Frage, ob noch genügend Einnahmen erzielt werden könnten. Bei einer umfassenden Finanzmarkttransaktionssteuer, auf die weiter unten stärker eingegangen wird, die nicht nur beim Handel mit Aktien, sondern auch beim wesentlich umsatzstärkeren Handel mit Derivaten aller Art erhoben werden müsste, wäre das sicherlich der Fall. Zugleich würde damit der destabilisierende Hochfrequenzhandel unrentabler. Es spricht also vieles für eine solche Steuer.

Wenn sie im nationalen Alleingang eingeführt wird, besteht allerdings die Gefahr von Ausweichreaktionen – Finanzmarkttransaktionen lassen sich schließlich an jedem halbwegs modernen Börsenplatz durchführen. Hier wäre ein Zusammengehen zumindest mehrerer EU-Länder dringend erforderlich, vor allem Deutschlands und Frankreichs. Jedoch sind die primär durch Lobbyisten inszenierten Widerstände groß. Insofern ist das schrittweise Einführen einer solchen Steuer vielleicht der einzige Weg zum Erfolg. Kurzfristig ist dann allerdings kein Aufkommen zu erwarten, das die Investitionsbedarfe finanzieren könnte.

Unter diesen Umständen bleibt nur der Ausweg, einen Teil der Investitionen über Kredite zu finanzieren. Der Abschied von einem schuldenfreien Haushalt (schwarze Null) als eigenständigem wirtschaftspolitischen Ziel ist also eine pure Notwendigkeit. Das zeigen bereits die Belastungen, die die Corona-Virus-Pandemie für die Wirtschaft hat entstehen lassen. Das Festhalten an der Schuldenbremse lässt sich schließlich nur solange rechtfertigen, wie damit nicht die Zukunft der Volkswirtschaft gefährdet wird. Ansonsten wird die schwarze Null, wie es die CDU unfreiwillig ernsthaft in den sozialen Medien beschrieben hat, tatsächlich zum Fetisch.

Mit diesem für viele nicht einfachen politischen Schritt gewinnt man finanziellen Spielraum, aber nicht viel. Über den Konjunkturzyklus gerechnet sind es nur 0,35 Prozent vom BIP. Dann nämlich steht man vor dem weitaus größeren Hindernis Schuldenbremse. Es ist deshalb größer, weil die Schuldenbremse gleichsam als ökonomisches Denkmal der neoliberalen Ära Bestandteil der Verfassung ist. An dieser Stelle wäre jede durchgreifende Investitionsstrategie also gescheitert. Wäre, wenn es nicht doch noch einen schmuddeligen Hinterausgang gäbe, durch den man dem Gefängnis der Schuldenbremse entfliehen könnte.

Sowohl auf europäischer Ebene, wo man ja mit ähnlichen Schuldenregeln konfrontiert ist, als auch zunehmend in der deutschen Wirtschaftspolitik entwickelt man seit einiger Zeit sehr viel Fantasie, um Schattenhaushalte zu konstruieren. Dazu gründet man formal unabhängige Agenturen, die im deutschen Fall vom Bund mit einem gewissen Bestand an Eigenkapital ausgestattet werden und sich darüber hinaus am Finanzmarkt verschulden dürfen. Da weder die Ausstattung mit Eigenkapital noch die spätere Verschuldung der Agentur dem Bundeshaushalt zugerechnet werden, ist dieser Weg rechtlich gangbar und führt auch ökonomisch zum Ziel höherer Investitionen. Der Preis besteht in einer zunehmenden Intransparenz der öffentlichen Haushalte, die ja gerade durch die Schuldenbremse deutlich vermindert werden sollte. Zudem stellt sich bei jeder dieser Einrichtungen die Frage, ob eine hinreichende parlamentarische Kontrolle gegeben ist.

Es ist eine feine politische Ironie, dass ausgerechnet einer der härtesten Verfechter der Schuldenbremse, der frühere Finanzminister Wolfgang Schäuble, mit der Autobahngesellschaft das bisher prominenteste Beispiel eines solchen Schattenhaushalts geschaffen hat. Daraus lässt sich für die Investitionsstrategie folgern: Öffentliche Infrastrukturvorhaben sollten in Zukunft durch eine eigenständige Agentur betreut und finanziert werden. Dieser Hinterausgang wird auch vom IMK und dem IW vorgeschlagen. Diese Agentur, die sich vollständig im Besitz der öffentlichen Hand befinden sollte, könnte sich zu den derzeit üblichen niedrigen Zinsen am Markt verschulden, um die notwendigen Vorhaben angehen zu können. Vorab wäre zu definieren, in welche Bereiche investiert werden soll. Bund, Länder und Gemeinden müssten für die Nutzung der durch die Investitionen geschaffenen Kapitalgüter eine Gebühr bezahlen, sie also gleichsam »leasen«. Mit den Einnahmen könnte der Schuldendienst bestritten werden. Man kann dabei für die finanzielle Abwicklung die Konstruktion eines Fonds wählen, in den Bund und Länder netto einzahlen, während die Kommunen im Schnitt Mittel entnehmen können.

Wird damit nicht neuen Schulden Tür und Tor geöffnet? Das ist kaum zu befürchten. Zwar kann man mit einem derartigen Fonds die Schuldenbremse umgehen, nicht aber die europäischen Regeln. Denn solange sich ein solcher Fonds nicht überwiegend am Markt finanziert und damit einem Marktrisiko unterliegt, wird er dem Staatssektor zugeordnet. Dies ist hier klar der Fall. Damit greifen die Regeln des EU-Stabilitätspaktes. Die sind allerdings großzügiger als die der Schuldenbremse, da sie ein Haushaltsdefizit von drei Prozent (Maastricht-Verträge) beziehungsweise ein Prozent (Stabilitätspakt) des BIP statt 0,35 Prozent und eine Staatsschuldenquote von 60 Prozent zulassen. Insofern erhöht sich auf diesem Weg zwar der finanzielle Spielraum, aber nicht unbegrenzt.

Besser als alle diese komplizierten Schleichwege wäre es jedoch, die Schuldenbremse gänzlich abzuschaffen oder grundlegend zu reformieren. Das würde es ermöglichen, die Höhe der Staatsverschuldung stärker an ökonomischen als an juristischen Kriterien auszurichten. Es würde zudem auch die politische Verantwortung der jeweiligen Regierung wieder klar erkennbar werden lassen, weil sie die relevanten Budgetentscheidungen trifft. Ein Kompromiss wäre, die Regeln so zu reformieren, dass sie zumindest Defizite in Höhe der Nettoinvestitionen erlauben. So hat es bereits der Sachverständigenrat vor Einführung der Schuldenbremse vorgeschlagen. Damit würde der Investitionsprozess nicht mehr behindert, zugleich würde dem ökonomischen Faktum Rechnung getragen, dass kreditfinanzierte Investitionen nicht nur die Schulden, sondern auch das Vermögen erhöhen. Aber von diesem Weg der Vernunft ist die Wirtschaftspolitik in Deutschland noch weit entfernt.

Darüber hinaus wäre es sinnvoll, die Kommunen finanziell besser auszustatten. Dies könnte in zwei Schritten geschehen. Der erste bestünde darin, besonders notleidende Kommunen – wie angedacht – mit Hilfe des Bundes zu entschulden. Als zweites sollten alle einen höheren Anteil an der Mehrwertsteuer zugewiesen bekommen. Auf diese Weise würde ihre Finanzlage grundlegend verbessert. Mit der vorauslaufenden Entschuldung und den bestehenden Finanzausgleichsmechanismen zwischen den Ländern und den Kommunen in den einzelnen Bundesländern werden davon besonders jene Länder und jene Kommunen profitieren, denen es derzeit finanziell schlecht geht. Damit wird für die künftige Investitionsaktivität der Kommunen eine solide Grundlage geschaffen.

Neben den unmittelbaren Vorteilen erhöhter Investitionen ergäben sich aus gesamtwirtschaftlicher Sicht einige positive Nebenwirkungen. So würde die höhere Schuldenaufnahme zusammen mit den von ihr ausgehenden belebenden wirtschaftlichen Impulsen dazu beitragen, dass die Kapitalnachfrage stiege und die Zinsen dadurch wieder positiv würden. Das käme den Sparern zugute und erhöhte die Stabilität der Finanzmärkte. Schließlich lohnen sich viele riskante Investments dann weniger. Ferner ließen Investitionen die Binnennachfrage anwachsen, was die Importe beflügeln und zum Abbau des destabilisierenden Leistungsbilanzüberschusses beitragen würde.

Die Digitalisierung gestalten

Die Digitalisierung ist kein Schicksal, das – gesteuert von den großen Konzernen – über alle hereinbricht. Sie lässt sich gestalten. Digitale Technologie ist bis zu einem gewissen Grad sehr einfach anzuwenden und damit sehr zugänglich. Daher können sich immer wieder Firmen mit neuen Ideen gründen, die dann möglicherweise als erfolgreiche Start-ups in die Wirtschaftsgeschichte eingehen. Doch nicht nur für Anbieter wird es leichter, am Wirtschaftsgeschehen teilzuhaben, sondern auch für Nachfrager, die ihre Wünsche nun unmittelbarer zur Geltung bringen können. Wie viele digitale

Beteiligungsformen an politischen und gesellschaftlichen Prozessen es gibt, wurde bereits geschildert. Für diese basisorientierte Digitalisierung müssen weite Freiräume bestehen, damit sich die Fantasien auf diesem Feld voll entfalten können und die vielfach noch ungeahnten Potentiale der Digitalisierung zu erkunden vermögen.

Damit dies für breite Bevölkerungskreise möglich ist, bedarf es einer flächendeckenden digitalen Infrastruktur auf möglichst hohem und möglichst gleichverteiltem Niveau. Dafür aber wird der Markt alleine nicht sorgen, denn es ist privatwirtschaftlich nicht rentabel, entlegene Regionen beispielsweise mit leistungsfähigen Internetverbindungen auszustatten. Gesellschaftlich ist dies jedoch sinnvoll, da sich ansonsten die regionale, ökonomische und gesellschaftliche Klumpenbildung spürbar verschärfen dürfte. Schon heute zieht es die Jungen und Aktiven in die Städte, die aus allen Nähten platzen – mit den bekannten Folgen hoher Mieten und einer überlasteten städtischen Infrastruktur. Die Zuziehenden laufen zudem Gefahr, der Klumpenbildung zum Opfer zu fallen, denn, wer spät kommt, zahlt höhere Mieten und muss sich seinen Platz in der städtischen Ökonomie erst erkämpfen. Es droht ein urbanes Prekariat.

Die ländlichen Gebiete leiden ebenfalls unter der Abwanderung. Sie verlieren produktive Arbeitskräfte und damit Einkommenspotenziale. Es droht eine sich verfestigende regionale Ausblutung und damit ein regionales Prekariat. Allein die Befürchtung, dass es so kommen könnte, erzeugt das Gefühl des Zurückgelassenseins, auf dem die Ressentiments und der Zorn der AfD-Anhänger prächtig gedeihen.

Deshalb ist es sowohl aus einer gesamtgesellschaftlichen als auch einer gesamtwirtschaftlichen Perspektive vorteilhaft, die Infrastruktur selbst in Regionen anspruchsvoll zu gestalten, die unter Abwanderung leiden und wo aktuell kein Hotspot wirtschaftlicher Aktivität zu erkennen ist. Man erhöht jedenfalls spürbar den Anreiz, dort zu bleiben oder sogar hinzuziehen. Dieser Anreiz nimmt zu, je gravierender die Probleme der Ballungsräume werden, den Zuzug ohne Preisexplosionen und andere Friktionen zu absorbieren.

Dazu ist aber aktives staatliches Handeln nötig. Bei der Verteilung der digitalen Infrastruktur im Raum sind private Anbieterfirmen bereit, für die Metropolen und ihre Umgebung hohe Lizenzgebühren zu zahlen. Am Rest des Landes haben sie kein besonderes Interesse. Daher sollten zunächst die Lizenzen für attraktive urbane Regionen meistbietend versteigert werden, um die daraus erzielten Einnahmen für den Ausbau in den übrigen Regionen zu verwenden, der dann in staatlicher Regie erfolgen würde. Die Aufträge dazu könnten an die kostengünstigsten Anbieter versteigert werden. Sollten die Einnahmen nicht ausreichen, müssten zusätzliche Mittel aus dem Bundeshaushalt bereitgestellt werden.

Die Bundesregierung hat bisher einen anderen, schlechteren Weg beschritten. Sie hat die Lizenzen mit Auflagen für die Netzabdeckung versteigert. Die Auflagen verlangten aber keine flächendeckende Abdeckung, so dass beträchtliche Teile Deutschlands noch nicht einmal einen 4G-Netzzugang aufweisen. Gleichzeitig verminderte sich der Erlös aus der Lizenzversteigerung, weil die Anbieter von vornherein Abschläge vornahmen, um die Auflagen auf für sie rentable Weise erfüllen zu können. Auf diese Weise hat die Regierung weder Einnahmen maximiert noch die Kosten der Abdeckung unrentabler Regionen verbessert.

Diese Fehler sind in ähnlicher Weise auch mit der Vergabe der 5G-Lizenzen gemacht worden und können kurzfristig nicht mehr korrigiert werden. Daher muss die weitere Digitalisierung unter diesen Voraussetzungen gedacht werden. Um das gesamte Bundesgebiet dennoch lückenlos mit 5G oder zumindest 4G zu versorgen, bedarf es weiterer investiver Mittel des Bundes. Hier gilt es zunächst einmal, Aktivitäten zu bündeln. Hierfür könnte die oben beschriebene Agentur zuständig sein. Wenn die lückenlose Versorgung mit digitaler Infrastruktur zu ihren Aufgaben gehörte, könnte sie die regionalen Leerstellen mittels Ausschreibungen für private Anbieter füllen.

Der Staat sollte aber nicht nur als Anbieter digitaler Infrastruktur auftreten, sondern auch die Nachfrage nach digitaler Technologie und digitalen Produkten beeinflussen. Hierzu wäre es sinnvoll, strategische Felder zu definieren, auf denen die Industrie in Deutschland Wettbewerbsvorteile erlangen soll. Für diese Felder sollten für eine begrenzte Zeit Investitionsmittel als Zulagen zur Verfügung gestellt werden. Damit würden gerade neue Unternehmen Gelegenheit bekommen, ihre Fertigkeiten auszuweiten und ihre Produktion aufzubauen. Nach Ablauf der Frist sollten sie eine kritische Größe erreicht haben, um am Markt bestehen zu können. Mit dieser Art von dynamischer Industrialisierungspolitik würden einerseits Größennachteile am Beginn einer innovativen Aktivität kompensiert, ohne andererseits die Dynamik des Wettbewerbs außer Kraft zu setzen. Dieses Vorgehen sollte auch auf europäischer Ebene gewählt werden. Das würde dessen Wirkung dank der größeren Reichweite und des höheren Mitteleinsatzes noch merklich steigern.

Um aber neuen Unternehmen überhaupt eine Chance zu geben, muss die Marktmacht der Digitalkonzerne in Schach gehalten werden. Dies ist ebenfalls eine europäische Aufgabe. Am besten würde für die gesamte EU ein Wettbewerbsrecht entwickelt, das die Größenvorteile, zum Beispiel von Digitalplattformen, auf ein Maß begrenzt, das den Marktzutritt neuer und junger Unternehmen nicht behindert. Will man den Wettbewerb erhalten, müssen dabei nicht nur die Marktanteile, sondern auch die Finanzkraft der Digitalkonzerne im Fokus eines neuen Wettbewerbsrechts sein. Zerschlagung oder Aufspaltung ist dabei eine Option, die aber nur dem Land des Unternehmenssitzes offensteht. In jedem Fall sollte Größe besteuert werden, wie es derzeit bereits in Frankreich der Fall ist. Damit würden die finanziellen Vorteile, die auf einem Markt durch die Unternehmensgröße erzielt werden, zumindest gedämpft.

Mit diesem Dreiklang aus digitaler Infrastruktur, digitaler Industrialisierung und einem dem digitalen Zeitalter angepassten Wettbewerbsrecht sollte ein Modernisierungsschub ausgelöst werden, bei dem nicht nur viele Arbeitsplätze wegfallen, sondern mindestens ebenso viele entstehen. Überhaupt sind die Befürchtungen, mit der Digitalisierung werde es zu Massenarbeitslosigkeit kommen, unberechtigt. Zumindest ist die behauptete Zwangsläufigkeit falsch. Sie beruht auf einem rein einzelwirtschaftlichen Denken und lässt die gesamtwirtschaftlichen Rückwirkungen außer Acht.

Es ist zwar wahrscheinlich, dass in einem Unternehmen Arbeitsplätze wegfallen, wenn digitale Technologien den notwendigen Arbeitseinsatz in einem Produktionsbereich verringern. Doch gleichzeitig wächst die Produktivität – die Produktion verbilligt sich und der Gewinn des Unternehmens steigt. Welche Auswirkungen die Digitalisierung auf die Zahl der Arbeitsplätze hat, hängt daher entscheidend von der Verwendung der höheren Gewinne ab. Werden sie einfach im Unternehmen oder über Ausschüttungen bei den Anteilseignern thesauriert, wird die Arbeitslosigkeit tatsächlich wie befürchtet steigen. Schließlich wird der Volkswirtschaft dann insgesamt Nachfrage entzogen, weil die Einkommen der Menschen fehlen, die ihren Arbeitsplatz verloren haben, ohne dass die Gewinne an sie ausgegeben worden wären.

Das ist aber nicht zwangsläufig so. Das Unternehmen könnte den Produktivitätszuwachs auch dazu verwenden, die Preise zu senken. Macht es dies als einziges Unternehmen, dürfte sich aufgrund seiner dann verbesserten Konkurrenzfähigkeit seine Produktion erhöhen. Damit benötigt das Unternehmen mehr Arbeitskräfte, und es muss weniger oder gar keine Menschen entlassen. Wahrscheinlicher ist aber, dass auch andere Unternehmen in der Branche, die die gleichen oder ähnliche Technologien verwenden, die Preise senken, so dass es branchenweit zu Entlassungen kommt. Doch dann werden die Produkte der Branche preisgünstiger für alle. Gesamtwirtschaftlich bedeutet dies, dass die Realeinkommen im Durchschnitt steigen und damit die gesamtwirtschaftliche Nachfrage. Durch diese gegenläufigen Bewegungen wird der Nachfrageausfall durch Entlassungen in der einen Branche durch die höhere Nachfrage aus den anderen Bereichen der Wirtschaft kompensiert.

Per se sollte also die Digitalisierung nicht mit einer erhöhten Arbeitslosigkeit verbunden sein. Das schließt nicht aus, dass es zu Problemen auf dem Arbeitsmarkt kommt. Schließlich verändern sich die notwendigen Qualifikationen. Diese Herausforderungen zu bestehen, ist Angelegenheit einer angepassten Bildungs- und Fortbildungspolitik. Die möglicherweise entstehende Arbeitslosigkeit sollte somit temporärer Natur sein.

Ob Digitalisierung hingegen zu sich verfestigender Arbeitslosigkeit führt, hängt also im Wesentlichen nicht von der Digitalisierung selbst und ihren möglichen Produktivitätseffekten ab, sondern davon, wie die daraus entstehenden Gewinne verteilt werden. Verbleiben sie allein bei den Unternehmen oder den Anteilseignern und fließen nicht in die Nachfrage, droht tatsächlich Arbeitslosigkeit. Gehen die Gewinne aber auch in die Hände der Beschäftigten, sind keine Beschäftigungsverluste zu erwarten. Dies gibt einer Verteilungspolitik in Zeiten der Digitalisierung ein besonderes Gewicht.

Die soziale und ökologische Wende vorantreiben

Die zweite große wirtschaftspolitische Herausforderung besteht im Umbau der bisherigen Wirtschaft in eine Ressourcen und Umwelt schonende Produktions- und Konsumtionsweise. Soll dieses Ziel nicht an vielfältigen Widerständen scheitern, muss der Weg dorthin für die gesamte Gesellschaft gangbar sein. Der Umbau muss also auch als ein soziales Projekt verstanden werden, bei dem möglichst jeder mitgenommen wird. Die ökonomischen Lasten und Vorteile des Umbauens sollten gleichmäßig verteilt werden.

Ohne Zweifel ist das eine globale Herausforderung und kann nur im globalen Maßstab angegangen werden. Das verleitet Ökonomen wie Hans-Werner Sinn zu der Schlussfolgerung, dass Maßnahmen im nationalen Alleingang nicht sinnvoll seien. Multilaterale Abkommen zu erreichen ist jedoch durch den verbreiteten Nationalismus nicht leichter geworden. Dennoch bleiben die Probleme und verstärken sich sogar. Früher oder später werden sie alle zum Handeln zwingen – es wird nur teurer und schwieriger. Von daher ist es sehr wohl sinnvoll, zwar auf möglichst breiter internationaler Basis, aber notfalls eben auch im nationalen Alleingang voranzugehen. Man erreicht eine technologische Vorreiterrolle, vermindert zumindest einige lokale Umweltprobleme und vermeidet den späten und teureren Umstieg.

Das heißt für Deutschland, dass weiterhin versucht werden sollte, möglichst viele multilaterale Abkommen abzuschließen. Mit höherer Intensität sollten zudem EU-weite Regelungen gefunden werden. Schließlich aber sollte alles, was im Rahmen des europäischen Binnenmarktes noch auf nationaler Ebene möglich ist, auch getan werden. Das 2019 beschlossene Klimapaket der Bundesregierung ist zumindest ein ernst zu nehmender Versuch, die Wirtschaft in eine nachhaltige Richtung zu lenken. Für viele Menschen geht er nachvollziehbarerweise nicht weit genug. Deshalb erscheint es geboten, möglichst rasch ein zweites Klimapaket zu schnüren, das die Defizite des ersten überwindet.

Der zumindest anfänglich viel zu niedrige CO_2-Preis des Klimapakets erzeugt einen zu geringen Anreiz, die Produktion schon kurzfristig emissionsärmer zu gestalten. Dies könnte man durch eine nachträgliche Erhöhung des Preises ändern. Allerdings würde diese Korrektur nicht gerade das Vertrauen in einen stetigen Politikpfad fördern, das gerade Investoren benötigen, die den Einsatz ihrer Mittel langfristig planen müssen.

Eine Alternative besteht darin, den Preis zu belassen, ihn aber mit Regulierungsmaßnahmen zu ergänzen. Emissionen durch Verbrennungsmotoren ab 2030 zu verbieten, wäre eine solche Maßnahme. Sie schafft genau jene Sicherheit, die Hersteller benötigen, um die Antriebsaggregate im Verkehr umzustellen. Indem nicht pauschal der Verbrennungsmotor verboten wird, sondern nur dessen Emissionen, ist auch eine gewisse technologische Offenheit gewahrt und damit Raum für innovative Lösungen. Der steigende CO_2-Preis liefert zudem parallel einen flankierenden Anreiz, die Produktion der neuen Technologien möglichst umweltschonend zu gestalten.

Eine weitere notwendige Ergänzung des Klimapakets ist der bislang fehlende soziale Ausgleich. Zumindest sollten die Einnahmen aus der CO_2-Steuer im Lauf der Zeit zurückerstattet werden. Dies sollte pauschal pro Kopf geschehen. Damit würden geringe Einkommen und kinderreiche Familien prozentual am meisten davon profitieren.

Jenseits des Klimapakets sollte die Bundesregierung jedoch – möglichst im Verbund mit den anderen EU-Regierungen – über eine ökologische Industrialisierungspolitik nachdenken. Damit ist analog zur Digitalisierung gemeint, dass die Nachfrage zumindest temporär verstärkt wird, um anfängliche Größennachteile ökologischer Produktion zu kompensieren.

Das lässt sich unter anderem durch Regulierung erreichen. Wenn, wie vorgeschlagen, ab einem Stichjahr Emissionen von bestimmten Antriebsaggregaten verboten sind, haben potenzielle Investoren die Sicherheit, dass es sich lohnt, neuartige Antriebe zu entwickeln. Denn von diesem Zeitpunkt an können sie mit einer sicheren Nachfrage rechnen, selbst wenn die Innovationen teurer sind als der vorherige technische Standard. Für Konsumenten wiederum lohnt es sich, mit ihrem Konsumwunsch frühzeitig auf das möglicherweise anfänglich teurere, aber umweltschonendere Produkt umzuschwenken. Auf diese Weise entstehen in einem Zug ökologische Konsum- und Investitionsnachfrage, die eine erhöhte Produktion nach sich ziehen. Diese wird mit steigender Stärke rentabler, ein ökologischer Industrialisierungsprozess nimmt seinen Lauf.

Dieser Weg ist fairer für alle Einkommensgruppen als ein allein über die Preise gesteuerter Umbau. Denn dabei würden gerade die Konsummöglichkeiten der unteren Einkommensgruppen mehr und mehr beschränkt, weshalb ja rasch nach einem sozialen Ausgleich gesucht werden müsste. Bei einer regulativen Steuerung hingegen verläuft die Preisanpassung milder: Vor dem Stichtag verteuert sich der Konsum nur für jene, die die frühzeitig umsteigen. Es werden in der Regel Menschen sein, die es sich leisten können, den Umstieg zu unterstützen. Das hat den Vorteil, dass Produktion und Konsumtion der neuen Güter zum Stichtag der Regulierung bereits nennenswerte Größenordnungen erreicht haben. Der dann unvermeidliche Preisanstieg dürfte sich daher in Grenzen halten, so dass die Belastungen für die unteren Einkommensschichten letztlich geringer ausfallen. Ob ein sozialer Ausgleich unter diesen Umständen noch vonnöten ist, hängt von den spezifischen Umständen ab.

Der Weg über Regulierungen erscheint somit effizienter, aber er provoziert anfänglich auch höhere Widerstände, weil er das Ziel frühzeitig klar und verbindlich vorgibt. Bei einer Preissteuerung ist das Ende des Pfades wesentlich offener. Die Gegner einer forcierten Umweltpolitik diskreditieren denn auch Auflagen gerne als obrigkeitsstaatliche Verbote, selbst wenn sie auf demokratische Weise zustande gekommen sind.

Es gibt aber ein Argument derer, die wie Sinn vor einem international vergleichsweise schnellen Umstieg warnen, das berücksichtigt werden sollte. Die heimischen Anstrengungen für besseren Umweltschutz dürfen nicht durch Importe unterlaufen werden. Unter den gegenwärtigen, stark auf Konfrontation angelegten Verhältnissen ist das alles andere als selbstverständlich. Die USA senken derzeit viele ihrer Umweltstandards sogar ab und verstärken gleichzeitig den Druck auf ihre Handelspartner, mehr US-Produkte zu importieren. Da zudem die WTO, die solche Handelsstreitigkeiten regeln sollte, durch einen Boykott der USA faktisch lahmgelegt ist, herrscht mittlerweile für einen Großteil des Welthandels eine von US-Präsident Trump gerne gesehene Wild-West-Konstellation vor, bei der das Recht des Stärkeren gilt. Das könnte nationale Umweltanstrengungen konterkarieren, wenn billigere, aber umweltschädlich produzierte Produkte die durch Auflagen verteuerten heimischen ersetzen würden.

Dem sollte vorgebeugt werden: durch einen handelspolitischen Kurs des ökologischen Protektionismus. Die EU muss im Notfall einseitig eine Grenzausgleichsabgabe auf Importe erheben, die deutlich umweltschädlicher produziert wurden als einheimische Produkte. Sie muss so bemessen sein, dass die Kostenvorteile aus der Umweltverschmutzung ausgeglichen werden. Dies ist ohne Zweifel ein Handelshemmnis, soll es um ökologischer Ziele willen aber auch sein. Wenn der bedeutendste Binnenmarkt ein solches Zeichen setzt, prägt dies gerade nach dem Gesetz des Stärkeren den Welthandel. Es erhöht den Druck auf die Handelspartner, sich auf den gleichen Weg zu begeben, wenn sie nicht ihren Zugang zum europäischen Binnenmarkt gefährden wollen.

Diese Abgabe kann allerdings nur im Handel mit Staaten außerhalb der EU erhoben werden. Wie soll mit den unterschiedlichen Umweltauflagen innerhalb der EU umgegangen werden? Hier könnte ähnlich verfahren werden, wie für die Sozialsysteme vorgeschlagen: indem man sich auf EU-weite Mindeststandards einigt. Da zum Ausgangszeitpunkt noch erhebliche Unterschiede bei der Anwendung ökologischer Produktionsstandards bestehen werden, sollten zumindest dynamische Anpassungspfade in Richtung höherer und weniger divergierender Standards vereinbart werden, um die EU zum globalen ökologischen Vorreiter zu machen. Deutschland würde von einer solchen Strategie sowohl wirtschaftlich – durch zukunftsträchtige Innovationen – als auch gesellschaftlich – durch eine partiell verbesserte Umweltqualität – profitieren.

Für Stabilität sorgen

Wie sich die Struktur des Euroraums stabilisieren ließe, wurde im vorigen Kapitel skizziert. Die Vorschläge würden sich auch positiv auf die Stabilität der Wirtschaft in Deutschland auswirken und somit die Diskussion um die angeblich hohen Beträge, mit denen Deutschland vermeintlich marode europäische Südstaaten stützt, allmählich verblassen lassen. Gleichwohl würden Rechtspopulisten derzeit jede noch so milde Konjunkturschwäche als Beleg für die Unfähigkeit der von ihnen so genannten »Systemparteien« verwenden. Da die Beschäftigungssituation unsicherer würde, fänden die von ihnen geschürten Ängste reichlich Nahrung. Schon deshalb sollte einer Krisenprävention hohe Priorität eingeräumt werden.

Das oben skizzierte Investitionsprogramm ist dabei nur begrenzt hilfreich, da es sich ja über einen langen Zeitraum erstrecken soll und explizit nicht als Konjunkturprogramm konzipiert ist. In einer Krise muss aber schnell, gezielt und zeitlich begrenzt gehandelt werden. Um Sicherheit in solchen Schwankungen zu erzeugen, sollten die konjunkturpolitischen Instrumente jederzeit einsatzfähig sein. Schnelles Handeln wird allerdings auch durch die Schuldenbremse erschwert, die Konjunkturprogramme nur bei tiefen Produktionseinbrüchen erlaubt. Vorher muss abgewartet werden, ob die sogenannten automatischen Stabilisatoren nicht ausreichen, um die Konjunktur wieder auf einen Aufwärtskurs zu bringen. Mit automatischen Stabilisatoren ist gemeint, dass wegen der sinkenden Einkommen auch weniger Steuern gezahlt werden und gleichzeitig aufgrund der steigenden Arbeitslosigkeit höhere Sozialausgaben fällig sind. Beides zusammen führt zu höheren privaten Einkommen und damit für sich genommen zu einer verstärkten Nachfrage und einer besseren Konjunktur. Das reicht aber bestenfalls aus, um konjunkturelle Dellen zu glätten. Härteren Belastungsproben halten diese Instrumente nicht stand.

Deshalb ist es notwendig, weitere Maßnahmen vorzubereiten. Sehr bewährt haben sich in den beiden vorigen Krisen die bereits erwähnten arbeitsmarktpolitischen Instrumente wie Kurzarbeit und flexible Arbeitszeitkonten, die auch in der Coronakrise wieder zum Einsatz kamen. Insofern bietet es sich an, grundsätzlich vorab festzulegen, dass dieses Instrument bei Eintreten einer Konjunkturschwäche, deren auslösende Schwellenwerte exakt zu definieren wären, in Kraft treten soll. Man könnte beispielsweise bestimmen, dass das Kurzarbeitssystem ab einem erwarteten Rückgang des BIP von 0,5 Prozent pro Halbjahr automatisch angewendet wird. Das schafft vorab Sicherheit für viele.

Allerdings hilft auch dieses Instrument nur zeitlich begrenzt. Bei einer länger andauernden Schwäche werden die Unternehmen trotz der Unterstützung beginnen, Beschäftigte zu entlassen. Man braucht also noch mehr Hilfsmittel, um auch für solche Fälle gerüstet zu sein und den Menschen ein gewisses Maß an Sicherheit bieten zu können. Am effektivsten, aber auch am langsamsten sind öffentliche Investitionen. Folglich müssen hier die Vorbereitungen am weitesten gediehen sein, bevor eine Konjunkturschwäche eintritt. Und gerade darum ist es derzeit am schlechtesten bestellt. Zu Recht wird in der Öffentlichkeit immer wieder beklagt, dass vom Bund bereitgestellte Mittel für Investitionen vor allem von Kommunen überhaupt nicht abgerufen werden. Das liegt nicht, wie manche Ökonomen vorschnell vermuten, am mangelnden Bedarf. Vielmehr türmen sich vor den Kommunen einige gravierende Hindernisse auf, die sie aus strukturellen Gründen nicht zu überwinden vermögen.

Dazu zählen die allzu knappen Finanzmittel, die ihnen nicht erlauben, die zumeist erforderlichen Eigenbeiträge zu erbringen. Noch häufiger fehlt nach jahrelangem Stellenabbau das Personal, um solche Investitionsprojekte überhaupt zu beantragen oder zu betreuen. Mit anderen Worten: Viele Kommunen sind nicht investitionsfähig. Es gehört daher zur Vorbereitung einer effektiven Konjunkturpolitik für Schwächephasen, diese Investitionsfähigkeit wiederherzustellen.

Hierzu bietet sich ein zweistufiges Vorgehen an. Da ist als erster Schritt die bereits erwähnte Entschuldung hoffnungslos überschuldeter Kommunen. Nur wenn sie von der Schuldentilgung entlastet werden, haben sie eine Chance zu investieren. Der zweite Schritt wäre, den Ländern einen höheren Anteil am Steueraufkommen zuzugestehen. Dies sollte allerdings mit der Auflage versehen werden, dass die zusätzlichen Mittel vollständig an die Kommunen weitergereicht werden. Damit stünde diesen in ihrer Gesamtheit spürbar mehr Geld zur Verfügung.

Die Finanzierung geht zu Lasten des Bundes. Doch der verfügt über eine Reihe von Reaktionsmöglichkeiten. Angesichts der insgesamt guten Haushaltslage kann er Umschichtungen vornehmen, er kann, da die Kommunen ja nun direkt über mehr Geld verfügen, einige Förderprogramme einstellen, deren Mittelabruf ohnehin ineffizient war, und schließlich kann er die Steuern erhöhen, was bei Ländern und erst recht Kommunen nur sehr begrenzt möglich ist.

All das wäre es jedenfalls wert, um den Kommunen ihre finanzielle Handlungsfähigkeit und damit ihre Investitionsfähigkeit wiederzugeben. Die Gesamtwirtschaft würde dadurch in konjunkturellen Schwächephasen widerstandsfähiger, was wiederum die Arbeitsplatzsicherheit erhöht. Und das könnte berechtigte Ängste dämpfen.

Gerechtigkeit wagen

Seit anderthalb Jahrzehnten wird eine Schwäche der Wirtschaft – nicht nur in Deutschland – zunehmend erkennbar: die ungleiche Teilhabe am Wertschöpfungszuwachs. Die hohe Ungleichheit der Einkommen und vor allem der Vermögen bedroht mittlerweile die Stabilität von Wirtschaft und Gesellschaft. Sie gehört zu den Quellen der Polarisierung. Zudem nimmt die soziale Mobilität ab und trägt so nachvollziehbar zur Verfestigung des Eindrucks bei, es gehe in unserer Gesellschaft ungerecht zu. Diese Unwucht zu mindern, sollte eine der Prioritäten künftiger Wirtschaftspolitik sein.

Der Kampf gegen die Ungleichheit beginnt am Arbeitsmarkt. Dort werden die Marktfaktoren, die die Ungleichheit verstärken, als erstes spürbar und haben zum Auseinanderdriften der Löhne und damit der Einkommen geführt. Konkret ist die Machtverteilung auf dem Arbeitsmarkt aus der Balance geraten. Das liegt vor allem am schrumpfenden Einfluss der Tarifparteien, der mit der Vereinzelung sowohl auf der Arbeitgeber- als auch der Arbeitnehmerseite zu tun hat. Vor der Vereinigung waren in der Bundesrepublik Flächentarifverträge die Regel. Sie sorgen zumindest innerhalb einer Branche und einer Region dafür, dass die Löhne nicht allzu weit auseinanderdriften. Diese Vorteile kann allerdings inzwischen nur noch etwa jeder zweite Arbeitnehmer genießen. Vor allem in weiten Teilen Ostdeutschlands fehlen die Strukturen und damit die Verhandlungsmacht auf Seiten beider Tarifparteien, um Tarifverträge abschließen zu können. Zu viele sind außerhalb deren Gültigkeit. Mit der zunehmenden Heterogenität der Firmen – große Firmen haben völlig andere Interessen als kleine – nimmt aber auch im Westen die Neigung zu allgemeingültigen Tarifverträgen ab. Zudem wurden in der Ära neoliberaler Dominanz durch Arbeitsmarktreformen Anreize gesetzt, das Tarifvertragssystem zu schwächen. All dies zusammen ist dafür verantwortlich, dass der Abdeckungsgrad von Tarifverträgen weiter abnimmt.

Um dies zu ändern, ist es notwendig, die Machtverteilung auf dem Arbeitsmarkt wieder in Richtung Arbeitnehmer zu verschieben. Ein erster Schritt besteht darin, die Anreize für Lohndruck in der Arbeitsmarktpolitik umzukehren. Das geschieht teilweise bereits, indem Leiharbeit wieder stärker reguliert wird. Auch die Einführung des Mindestlohns hat die Verhandlungsmacht der Arbeitnehmer gestärkt und damit tariflicher Beschäftigung Vorschub geleistet. Ferner wird in manchen Bundesländern bei der Vergabe öffentlicher Aufträge darauf geachtet, dass die Auftragnehmer Tarifverträge einhalten. Ebenso wird im Pflegebereich mit der Einbeziehung der kirchlichen Arbeitgeber zunehmend Wert auf tarifvertragliche Regelungen gelegt.

Ein weiteres gebräuchliches Instrument, solche Regelungen zu stärken, ist die Allgemeinverbindlichkeitserklärung durch das Bundesarbeitsministerium. Demnach kann ein Abschluss in einem Unternehmen oder einer Teilregion für die gesamte Branche als verbindlich erklärt werden. Das setzt aber derzeit die Zustimmung beider Tarifparteien voraus, was in der Regel am Veto der Arbeitgeberverbände scheitert. Allgemeine Tarifverträge könnten gestärkt werden, wenn beide Verbände widersprechen müssten, um eine Allgemeinverbindlichkeitserklärung zu verhindern. Allgemeine Tarifverträge würden die Lohnungleichheit begrenzen und damit insbesondere bei den Beschäftigten im mittleren bis unteren Einkommensbereich kein Gefühl des wirtschaftlichen Zurückbleibens aufkommen lassen.

Es wäre aber eine Illusion anzunehmen, man könnte die Geschichte der Tarifverträge einfach um 30 Jahre zurückdrehen. Dazu ist die Heterogenität der Unternehmen zu groß und die Bereitschaft der Beschäftigten, sich in Gewerkschaften zu organisieren, zu gering. Es wird trotz aller Bemühungen bei einer geringeren Abdeckung als früher bleiben. Man könnte dies einfach hinnehmen, wenn die Lohnbildung nur ein privates Gut der Beschäftigten wäre. Dann wären sie mindestens teilweise selbst schuld daran, dass sie in der Einkommensverteilung zurückbleiben. Schließlich könnten sie ja Mitglied einer Gewerkschaft werden, um ihre Ansprüche besser durchsetzen zu können. Das Argument ist beileibe nicht völlig falsch, aber es greift zu kurz.

Eine angemessene Lohnbildung, die alle Beschäftigten am wirtschaftlichen Wertschöpfungszuwachs relativ gleichmäßig beteiligt, erzeugt das öffentliche Gut wirtschaftliche Stabilität im Sinne eines stetigen Wachstums, dessen Früchte gleichmäßig zwischen Arbeit und Kapital geteilt werden. Es gibt also ein gesamtwirtschaftliches Interesse an einer höheren Lohngleichheit. Deshalb ist der Vorschlag des DGB-Vorsitzenden Reiner Hoffmann, den er 2019 anlässlich des Tages der Arbeit machte, durchaus logisch: Gewerkschaftsmitglieder sollten Bonuszahlungen erhalten.

Auch das wird aber auf absehbare Zeit kein lückenloses Tarifgebiet in Deutschland wiedererstehen lassen. Mittlerweile sehen viele Ökonomen die problematischen Folgen einer solch zersplitterten Lohnfindungslandschaft für die Gesamtwirtschaft. Nicht nur nimmt die Ungleichheit spürbar zu, sondern nach den Löhnen geraten auch die Preise unter Druck, da die schwachen Lohnsteigerungen auf dem Arbeitsmarkt sich im Wettbewerb der Anbieter auf dem Gütermarkt in entsprechend niedrigen Preisen widerspiegeln. Damit fällt es den Zentralbanken zunehmend schwerer, Preisstabilität zu erhalten. Denn um Deflation zu vermeiden, haben sie sich zu Recht eine Mindestinflationsrate als Ziel vorgegeben. Bei der EZB beträgt deren Wert 1,9 Prozent. Er wurde seit 2013 – wie auch unmittelbar nach der Finanzmarktkrise – nicht mehr erreicht.

Nicht umsonst plädieren viele Zentralbanker für höhere Lohnabschlüsse – vor einigen Jahren noch unvorstellbar. Schließlich stehen viele Volkswirtschaften, darunter der Euroraum, immer wieder am Rande einer Deflation, und die Leitzinsen sind schon bei null oder faktisch darunter. Spätestens jetzt sind nicht nur die Lohnempfänger negativ betroffen, sondern auch die Sparer. Die Interessenvertreter letzterer übersehen zumeist den Zusammenhang mit Löhnen und Preisen – sie behaupten, enteignet zu werden. Das wurde von der AfD dankbar als vermeintlicher Beleg für die Ausbeutung der Deutschen durch das internationale Finanzkapital und seine Zentralbanker aufgenommen. All dies zeigt: Es gibt ein hohes gesamtwirtschaftliches Interesse an Lohnzuwächsen, die nicht hinter dem allgemeinen Produktivitätszuwachs zurückbleiben.

Wie aber mit den bleibenden weißen Flecken in der Tariflandschaft umgehen? Hier bieten sich Erfahrungen anderer Länder und neuere Vorschläge aus der Wissenschaft an. Schließlich gibt es in kaum noch einem Land Tarifverhandlungen, die die Gesamtwirtschaft vollständig abdecken. In Indien hat man sogenannte *Wage Boards* gegründet, an denen die Tarifparteien und die Regierung beteiligt sind. Sie geben Empfehlungen für eine angemessene Lohnentwicklung. Ähnlich haben jüngst zwei Forscher der Bank für Internationalen Zahlungsausgleich (BIZ) mit Verweis auf eine erfolgreiche Praxis in Spanien und Finnland ein sogenanntes *Consensus Package* zwischen den Tarifparteien und der Regierung vorgeschlagen[30]. Eine Kommission soll hier gleichfalls Empfehlungen für aus gesamtwirtschaftlicher Sicht angemessene Lohnsteigerungen geben.

Das erinnert alles an die 1970er Jahre, als in Deutschland versucht wurde, im Rahmen der Konzertierten Aktion gesamtwirtschaftliche Empfehlungen für alle Politikbereiche zu geben. Seinerzeit war jedoch die Bundesbank als damalige Zentralbank ebenfalls in die Verhandlungen einbezogen, denn es ging nicht zuletzt um die Bekämpfung der hohen Inflation. Das zeigt erneut die bereits erläuterte geldpolitische Dimension des Vorhabens und folglich die Notwendigkeit, die Zentralbank einzubeziehen.

An diese Tradition und die neueren Modelle ließe sich anknüpfen, zumal mit dem makroökonomischen Dialog auf europäischer Ebene bereits ein entsprechendes Gremium existiert. Es beschäftigt sich derzeit allerdings mit einer Vielzahl von Themen und vernachlässigt seine eigentlichen möglichen Stärken. Diese bestünden darin, aus europäischer gesamtwirtschaftlicher Sicht Empfehlungen für einen Pfad der Lohnentwicklung, der Fiskalpolitik und der Geldpolitik zu geben. Auf nationaler Ebene könnten diese von den Regierungen, der Nationalbank und den Tarifparteien kommuniziert werden, um der Öffentlichkeit eine Orientierungshilfe zu geben, anhand derer sie die faktischen Entscheidungen oder einfach die sich ergebenden aktuellen Tendenzen beurteilen kann. So könnte zumindest öffentlicher Druck entstehen, in die richtige Richtung zu gehen. Mit Blick auf die Löhne in Deutschland heißt dies derzeit, zu höheren Zuwächsen zu gelangen.

Es ist allerdings nicht zu erwarten, dass die hohe Ungleichheit von Einkommen und Vermögen auf diesem Weg überwunden werden kann. Bestenfalls erreicht man, dass sie sich bei den Einkommen nicht weiter erhöht. Folglich sind viele weitere Schritte notwendig. Es ist so, wie Joseph Stiglitz schreibt: »Man muss die Regeln ändern.« Es geht also um die Spielanordnung, die Machtbalance oder das Narrativ, wie Piketty es in seinem Buch *Kapital und Ideologie* beschreibt. Die Volkswirtschaft muss durch eine neue Brille mit einer geschärften Optik für Ungleichheit gesehen werden. Wenn man aber durch die Machtverlagerung am Arbeitsmarkt nur einen begrenzten Effekt erzielen kann, ist gleichsam nachsorgend die Steuerpolitik gefordert. So könnte die umverteilende Wirkung der Einkommenssteuer durchaus verstärkt werden. Schließlich ist der Spitzensteuersatz in den vergangenen Jahrzehnten merklich reduziert worden und könnte wieder auf 50 Prozent heraufgesetzt werden. Das erwartete Mehraufkommen ließe sich durch eine leichte Senkung der Steuersätze im mittleren Einkommensbereich kompensieren, so dass es insgesamt nicht zu einer Mehrbelastung kommt. Einfacher wäre es, nur den Freibetrag zu erhöhen. Das würde vor allem niedrige Einkommen entlasten, wenn nicht gar von der Steuerpflicht befreien, was als Beitrag zur Steuervereinfachung verstanden werden kann. Die Verteilungswirkung dieser Maßnahmen ist für sich genommen gering, aber als Teil eines Gesamtkonzepts zur Verringerung der Ungleichheit durchaus hilfreich.

Wichtiger als eine veränderte Besteuerung der Einkommen ist eine veränderte Besteuerung von Vermögen und Erbschaften. Schon um die Dynamik unserer Gesellschaft zu erhalten, muss es für jede Generation möglichst gerechte Startbedingungen geben. Wegen der sehr ungleichen Vermögensverhältnisse kann davon derzeit nicht einmal annähernd die Rede sein. Mit jeder Generation, die ihr Vermögen nicht verspielt, verschärfen sich die Diskrepanzen. Das fördert die Polarisierung der Gesellschaft und zudem die Resignation, insofern allzu viele glauben, sie hätten aufgrund der wirtschaftlichen Gegebenheiten ohnehin keine Chance auf einen sozialen und wirtschaftlichen Aufstieg.

Sowohl eine höhere Erbschaftssteuer als auch eine Wiederbelebung der Vermögenssteuer sind möglich. Steuertechnisch dürfte ersteres einfacher sein, und es wäre auch das Mindeste, was man tun sollte. Eine gleichmäßige Besteuerung aller Vermögensarten, wie vom Bundesverfassungsgericht zu Recht gefordert, bringt einen immensen Aufwand mit sich, da nicht nur die Bewertungsfragen kompliziert sind, insbesondere bei Betriebsvermögen, sondern der Besteuerungsaufwand auch für jedes Vermögen jährlich anfällt.

Nach den Erfahrungen der vergangenen Jahre ist jedoch bei jeder Form von Vermögensbesteuerung massiver Widerstand von Interessengruppen gegen jedwede Verschärfung zu erwarten. Immer steht die Drohung im Raum, Vermögen ins Ausland zu transferieren. Häufig gibt es dafür mediale Unterstützung. Auf diese Weise erzeugt man Angst, eine Flucht der Milliardäre werde zu einem wirtschaftlichen Zusammenbruch führen. Diese Angst ist unbegründet. Die Vermögenden werden die wirtschaftliche Grundlage ihres Vermögens, zum Beispiel ein Unternehmen, nicht mitnehmen. Schließlich wollen sie auch weiterhin Gewinne erzielen. Der einzige potenzielle Verlust ist ein steuerlicher, weil sie ihre Vermögen fortan, wenn überhaupt, im Ausland versteuern werden. Das zeigt erneut auf, wie wichtig zumindest auf europäischer Ebene Maßnahmen gegen einen Steuerwettbewerb sind.

Die Erfolgschancen einer direkten Vermögenssteuerung sind dennoch ungewiss. Zwar sollte man sich weiterhin darum bemühen, aber man kann zugleich einige indirekte Wege gehen. Eine bedeutsame Quelle der Ungleichheit ist der Immobilienbesitz. Er kann einer Besteuerung nicht entzogen werden. Dabei entsteht allerdings ein Konflikt. Erhöht man die Steuern auf Immobilienbesitz, schöpft man zwar auf der einen Seite Vermögen ab und vermindert für sich genommen die Ungleichheit. Auf der anderen Seite verteuern sich Immobilien dadurch, und es wird für Bezieher mittlerer Einkommen noch schwerer, sie zu erwerben – womit sich die Ungleichheit verfestigt.

Deshalb sollte die steuerliche Belastung von Immobilienbesitz so konzipiert werden, dass sie möglichst nicht den Erwerb verteuert, wohl aber den Besitz. Beim Besitz ist wiederum zu unterscheiden zwischen dem Besitz von Boden und dem von Wohnraum. Ersterer ist notwendige Voraussetzung für Letzteren. Ökonomisch unterscheiden sich beide signifikant. Boden ist in seiner Gänze nicht vermehrbar, nur der Ausweis an Bauland ist in engen Grenzen gestaltbar. Damit ist Boden ein monopolistisches Gut, das seinem Besitzer zumindest in Ballungsgebieten üppige Monopolrenditen verspricht, die aus dem mangelnden Wettbewerb resultieren. Wohnraumangebot hingegen ist über die Gebäudeart weitaus stärker gestaltbar. Der Monopolbesitz des Bodens strahlt jedoch aus: Wenn schon die Bodenpreise sehr hoch sind, verteuert sich Bauen und Wohnen. Letztlich leiden also auch die Mieter unter den hohen Bodenpreisen.

Von daher ist es sinnvoll, bei der Besteuerung von Immobilien beim Bodenbesitz anzufangen. Das beginnt mit der Flächenplanung seitens der Kommunen. Der Ausweis von Bauland erzeugt extreme, leistungslose Renditesprünge. Hier sollte die Besteuerung über eine Planungswertabgabe ansetzen: Sobald durch den Ausweis als Bauland eine Wertsteigerung eintritt, erhebt die Kommune eine einmalige Abgabe, die einen Großteil des Wertsprungs abschöpft. Das ist nicht nur leistungsgerecht, sondern verschafft der Kommune zusätzliche Einnahmen aus ihrer eigenen Planungstätigkeit, die sie nicht zuletzt für den Ankauf von Grundstücken verwenden sollte, um preisgünstigen Wohnungsbau zu ermöglichen. Zugleich ist diese Abgabe ein Anreiz für den Bodenbesitzer, zu verkaufen oder selbst zu bauen, um die Abgabe durch Einnahmen zu refinanzieren. Das ist aber genau das Ziel dieses Vorgehen, denn das Angebot an bebaubarem Land wird erhöht.

Für professionelle Bodenspekulanten kann es trotzdem lohnend sein, Bauland unbebaut zu horten, wenn sie sehr starke Preissteigerungen in der Zukunft erwarten. An dieser Stelle greift die 2019 von der Bundesregierung verabschiedete Möglichkeit einer Grundsteuer C. Sie erlaubt es Kommunen, unbebautes Land zu besteuern. Da der Steuer keine Einnahmen gegenüberstehen, wird das Horten von Land verteuert. Entsprechend steigt der Anreiz, es zu verkaufen oder zu bebauen. Die Steuer ergänzt somit die Wirkung der Planungswertabgabe, indem sie Spekulation auf künftige Preissteigerungen weniger lohnend macht. Beides zusammen sollte zu mehr und damit günstigerem Bauland führen.

Der Zugang zu Immobilienvermögen würde damit erst einmal für alle leichter. Allerdings wird er weiterhin durch die Grunderwerbssteuer erschwert, weil sie den Kaufpreis erhöht, und zwar mit jedem Verkauf wieder. Diese Steuer hat keine erwünschte Lenkungsfunktion. Sie dient allein den Einnahmen der Länder, die sie an die Kommunen weiterreichen können, und verstärkt ansonsten die ungleiche Verteilung von Immobilienbesitz. Deshalb sollte sie abgeschafft und die Länder finanziell kompensiert werden.

Wertsteigerungen bei Grundstücken können stattdessen steuerlich durch die reformierte Grundsteuer berücksichtigt werden, die bei der Festsetzung des Steuersatzes den Wert des Grundstücks, zum Beispiel durch die Berücksichtigung der Mieteinnahmen, zum Tragen kommen lassen kann. Da diese Steuer die Immobilienbesitzer trifft und bei Wertsteigerungen ansteigt, leistet sie einen Beitrag dazu, die Ungleichheit durch Immobilienbesitz zu vermindern.

Ein anderer indirekter Weg zur Vermögensbesteuerung führt über Finanzmarkttransaktionen. Sie werden derzeit anders als jeder Lebensmittelkauf überhaupt nicht besteuert. Das liegt wie schon bei der Vermögenssteuer daran, dass man befürchtet, die Finanzbranche könnte die Einführung einer Steuer zum Anlass nehmen, ins Ausland abzuwandern und Arbeitsplätze mitzunehmen. Interessengruppen befeuern solche Befürchtungen immer wieder. Auch in diesem Fall sind die Sorgen um Arbeitsplätze jedoch zumindest weit überzogen, wenn nicht gar falsch. Schließlich wird diese Steuer den Handel nicht in seiner Gänze unrentabel machen, sondern nur in seinen Auswüchsen. Auf längere Sicht macht dies die Arbeitsplätze im Finanzsektor sogar sicherer, weil das Finanzsystem stabiler ist.

Es wäre selbstverständlich optimal, wenn eine solche Steuer EU-weit eingeführt würde. Damit unterlägen ihr alle Finanzmarkttransaktionen mit der Gemeinschaft. Dies würde prägend für weitere Staaten sein. Bislang ist eine Einigung der EU-Staaten über eine gemeinsame Finanzmarkttransaktionsteuer aber nicht wahrscheinlich. Infolgedessen kommt es zu vereinzelten und unvollkommenen Alleingängen wie in Frankreich, wo eine Börsenumsatzsteuer erhoben wird. Ähnliches ist in Deutschland geplant.

Dieses Vorgehen ist aus zwei Gründen problematisch. Erstens erleichtern Alleingänge Ausweichmanöver. Die entsprechende Transaktion wird dann eben an einem Börsenplatz innerhalb der EU durchgeführt, an dem eine solche Steuer nicht erhoben wird. Dies dürfte allenfalls für große Transaktionen von Bedeutung sein. Der zweite und wichtigere Einwand ist, dass nur der Handel mit Aktien besteuert wird. Damit bleibt ausgerechnet der Handel mit Derivaten verschont. Diese sind häufig reine Wettprodukte mit zum Teil undurchschaubarem Risikogehalt. Im Übrigen werden diese Papiere stark im sogenannten Hochfrequenzhandel getradet, wechseln also sehr häufig und schnell den Besitzer. Dies trägt zur Intransparenz und zur Risikoballung bei, und genau dies stellt eine Gefahr für die Finanzmarktstabilität dar.

Die Steuer sollte diese Art von Handel daher zumindest teilweise unrentabel machen. Durch die hohe Umsatzfrequenz beim Handel mit Derivaten würde das Aufkommen aus dieser Steuer um ein Vielfaches zunehmen. Zudem sind in diesem Marktsegment vor allem Großanleger aktiv. Die Steuer würde also letztendlich vor allem Wohlhabende treffen und keine Kleinanleger. Menschen ohne Wertpapierbesitz – die Mehrheit der Bevölkerung – wäre von der Steuer ohnehin nicht betroffen.

Mit einer richtig konzipierten Finanzmarkttransaktionssteuer würde man also neben der erwünschten Lenkungswirkung weg vom Hochfrequenzhandel auch noch einen spürbaren Beitrag zur Umverteilung leisten. Die aktuell kursierenden Vorschläge dienen diesen Zielen nur sehr unvollkommen. Ihr maßvoller Vorteil ist, dass sie ein gewisses Steueraufkommen generieren würden, das für Zwecke verwendet werden kann, die ärmeren Schichten der Bevölkerung zu Gute kommen. Damit würde zumindest eine geringfügige Umverteilungswirkung erzielt. In Deutschland soll die Steuer zur Finanzierung der Grundrente dienen. Diese begünstigt die untersten Einkommensschichten, während die Steuer die oberen belastet. Daraus entsteht tatsächlich eine umverteilende Wirkung. Und immerhin wäre damit zumindest das Rudiment einer Finanzmarkttransaktionssteuer in Kraft. Es könnte in Zukunft ausgebaut werden.

Die Verwendung dieser Steuer zur Finanzierung der Grundrente verweist auch auf einen anderen Weg, die Verteilung von Einkommen und Vermögen in Deutschland gerechter zu gestalten: über die Ausgabenpolitik des Staates. Generell mindern Sozialtransfers die Ungleichheit. Deshalb sollte man auch über Hartz IV nachdenken. Dabei geht es auch, aber nicht nur um die Höhe des Regelsatzes und die Anrechnung von zusätzlichem Einkommen oder Vermögen. Dazu sowie zu Sanktionen und der Absicherung von Kindern gibt es neuere, sinnvolle Vorschläge von verschiedenen Parteien (Grüne, SPD). Zur Anrechnung zusätzlicher Einkommen haben das ifo Institut und das IAB der Bundesagentur für Arbeit Ideen entwickelt, die auf eine großzügigere Praxis als bisher hinauslaufen. So soll die Anrechnung von kleineren Hinzuverdiensten strenger und die von größeren großzügiger behandelt werden. Auf diese Weise stärkt man die Anreize zur Aufnahme einer möglichst gut bezahlten Arbeit. Darüber hinaus wird die Anrechenbarkeit von Wohngeld abgemildert, so dass mit zusätzlichem Verdienst netto immer etwas für den Transferbezieher übrig bleibt.

Mit Blick auf die Ungleichheit sind dies aber kurzfristig nur minimale Korrekturen. Langfristig könnten sie durch die verstärkten Anreize zur Arbeitsaufnahme einen deutlicheren Beitrag leisten, sofern die Beschäftigungslage gut bleibt. Wichtiger ist aber der Anpassungsmechanismus für Hartz-IV-Regelsätze. Überwiegend (70 Prozent) erfolgt er nach der Preisentwicklung für die Bedarfe von Haushalten, die zu den untersten 20 Prozent in der Einkommensverteilung gehören. Damit soll eine Art Kaufkraftsicherung des Regelsatzes erreicht werden. Zu 30 Prozent erfolgt die Anpassung entsprechend der Nettolohnentwicklung je Arbeitnehmer. Dies soll den Hartz-IV-Satz mit der allgemeinen Einkommensentwicklung verbinden. Das ist aber nur unvollständig der Fall, da sich zum Beispiel eine Ausdehnung von Teilzeitarbeit, die die Pro-Kopf-Entlohnung langsamer steigen lässt, dämpfend auf die Hartz-IV-Anpassung auswirkt, obwohl es keinen sachlichen Zusammenhang gibt. In der Summe bedeutet das, solange die Realeinkommen steigen – was in der Regel der Fall ist –, bleiben Hartz-IV-Bezieher immer weiter hinter der allgemeinen Einkommensentwicklung zurück. Damit öffnet sich über die Jahre die Schere der Einkommensungleichheit immer weiter nach unten. Nur in Zeiten relativ schwacher Lohnzuwächse und relativ hoher Inflation würde es umgekehrt sein.

Das ließe sich vermeiden, wenn man die Anpassung der Regelsätze an die Veränderung des Mindestlohns koppeln würde. Dann profitierten die Hartz-IV-Bezieher auch vom allgemeinen wirtschaftlichen Fortschritt und fielen in der Einkommensverteilung nicht immer weiter zurück. Zugleich bliebe aber ein Abstand zu den Beschäftigten am unteren Rand der Lohnverteilung gewahrt, was den Anreiz zur Aufnahme von Arbeit erhält.

Mit Blick auf die Verteilung sind die Ausgaben für eine gute Infrastruktur jedoch noch bedeutsamer. Wie Tom Krebs beschreibt, sind sie ein wesentlicher Beitrag zur Gerechtigkeit.[31] Unter einer guten Infrastruktur versteht er zum Beispiel gute öffentliche Schulen. Diese sind vor allem für jene ein Vorteil, die sich Privatschulen nicht leisten können, also die Kinder aus mittleren und unteren Einkommensschichten. Sie ermöglichen ihnen einen guten Bildungsabschluss und eröffnen ihnen Chancen auf ein relativ hohes Einkommen. Ähnliche Überlegungen gelten für eine gute Verkehrsinfrastruktur, insbesondere den öffentlichen Personennahverkehr. Sie ermöglicht preiswerte und effiziente Mobilität, die den Radius für eine Beschäftigungssuche erweitert. Auch auf diese Weise verbessern sich die Einkommensperspektiven.

Vor allem aber vermindert eine gute öffentliche Infrastruktur soziale Handicaps im Wettbewerb um gute Jobs mit guten Einkommen. Denn anders als im neoliberalen Narrativ dargestellt, laufen dabei nicht alle von der gleichen Startlinie los, sondern manche müssen das Rennen weit hinter anderen beginnen. Die Distanz entsteht nicht aus eigener Leistung oder Fehlern. Sie ist das Ergebnis fehlender beziehungsweise privilegierter Zugänge. Letztere sind in Deutschland im internationalen Vergleich besonders stark durch das Elternhaus geprägt. Es ist also ein Gebot der Leistungsgerechtigkeit, diese Handicaps durch einen möglichst weit geöffneten Zugang zu einer guten Infrastruktur zu verringern. Erst dies sichert einen halbwegs fairen Wettbewerb, der zudem die gesellschaftliche Dynamik belebt. Auf diese Weise sollte die in den letzten Jahrzehnten erlahmende soziale Mobilität reaktiviert werden. Eine höhere soziale Durchlässigkeit befeuert auch die wirtschaftliche Dynamik und erhöht die wirtschaftliche und soziale Stabilität. Das käme letztlich allen zu Gute.

Epilog

Die Überlegungen in diesem Buch haben gezeigt: Das Eis der Demokratie ist dünn. In den vergangenen Jahren sind viele westliche Gesellschaften in einen Strudel harter Auseinandersetzungen geraten, der sie zu zerreißen droht. Treibende politische Kraft der Polarisierung ist ein global anzutreffender Rechtspopulismus, dessen politische Strategie auf dem Erzeugen von Zorn, Hass und Ressentiments beruht. Das erschwert jede Form von Kompromiss, wie er sich in den Jahrzehnten nach dem Krieg in den liberalen, demokratischen Gesellschaften als politische Umgangsform zwischen den Parteien herausgebildet hat. Dieser Prozess war in vielen Ländern mit der Integration der Arbeiterklasse und der Überwindung der Klassengesellschaft überhaupt verbunden. Die Milieus verloren immer mehr an Bindekraft. All das ließ die Parteien nicht unverändert. In der Konkurrenz um die immer ähnlicher werdenden Milieus glichen sie sich einander an.

Das wäre kein Grund zur Sorge gewesen, wenn sich diese Angleichung nicht seit den 1970er Jahren wirtschaftspolitisch in Richtung Neoliberalismus bewegt hätte. Die allmähliche Ausbreitung dieses Paradigmas hat die westlichen Industriegesellschaften auf einen instabilen Pfad gebracht.

Das entscheidende Moment dabei ist die Abkehr von jedweder gesamtgesellschaftlichen und gesamtwirtschaftlichen Perspektive. Der Neoliberalismus richtet die Wirtschaftspolitik auf den Einzelnen aus. Im Namen der Eigenverantwortung wurden soziale Risiken stärker privatisiert. Zugleich wurden private Gewinne von steuerlichen Lasten, die als gesamtwirtschaftlicher Ballast gesehen wurden, befreit. Das unmittelbare Ergebnis war eine wachsende Ungleichheit von Einkommen und Vermögen. Das mittelbare Ergebnis sind Angst und Verunsicherung in weiten Teilen der Bevölkerung.

Sie stellen sich nicht nur bei den direkt von neoliberalen Maßnahmen Betroffenen ein, sondern auch bei jenen, die fürchten, davon betroffen zu werden. Verstärkt werden die Ängste durch die Umwälzungen der Zeit: die Globalisierung mit teilweise dramatischer Migration, die Digitalisierung mit gravierenden technischen Veränderungen in der Produktion und der Beschäftigung und die Umstellung der Wirtschaft auf eine ökologisch nachhaltige Produktionsweise. Viele Menschen sehen in diesen Veränderungen Chancen, viele aber eben auch Gefahren. Letztere sind das Reservoir, aus dem der Rechtspopulismus seine Kraft schöpft.

Das geht vor allem zu Lasten der Parteien im linken Spektrum, die den Menschen früher gesellschaftlichen Schutz vor den Unbillen des Kapitalismus versprachen. In den Augen vieler haben sie dieses Versprechen durch die Anpassung an neoliberale Vorstellungen gebrochen. Aber auch konservativ liberale Parteien, die ja gleichfalls Schutz versprechen – vor Kriminalität, zu starken Veränderungen oder wirtschaftlichem Abstieg – sind Opfer des rechtspopulistischen Aufstiegs.

Rechtspopulismus ist keine rationale Kraft, sondern er verwandelt die Emotion Angst über eine Erzählung der Gegenwart in Form von zumeist nationalistischen Ressentiments in Zorn und partiell Hass. Dieser wendet sich gegen alle etablierten Parteien gleichermaßen, ja gegen das ganze von ihm so definierte Establishment. Dadurch sind die politischen Praktiken liberaler Demokratien zur gesellschaftlichen Konsensbildung in eine tiefe Krise geraten. Das zeigen auch die teilweise schwierigen Regierungsbildungen auf Länderebene in Deutschland. Mehr noch, in globalem Maßstab geraten internationale Kooperationen durch den sich ausbreitenden Nationalismus ins Wanken. Die globale wirtschaftliche und politische Integration ist gefährdet.

Es gibt keine historische Zwangsläufigkeit, wonach sich der Trend zum Rechtspopulismus nicht fortsetzt, aber auch keine für das Gegenteil. Die politische Landschaft ist gestaltbar. Allerdings nicht durch Ausblenden, Ausweichen und Treibenlassen, sondern durch aktives Gegensteuern. Dabei sollte im Mittelpunkt stehen, den politischen Prozess so zu reformieren, dass er den Verängstigten wieder Halt bietet.

Dazu sind weitreichende Kursänderungen vonnöten, die auch vor strukturellen Änderungen im politischen System nicht Halt machen. Vor allem gilt es in Deutschland, die Macht der Kommunen zu stärken, um die Gestaltungskraft der Politik im Kleinen und Unmittelbaren rasch wieder spürbar zu machen. Das entzieht dem Frust, der sich vielfach aus kleinteiligen Beschwernissen speist, den Nährboden. Es ermuntert zudem zur aktiven Teilnahme und Teilhabe am politischen Prozess. Auf diese Weise lässt sich das frustrierende Gefühl des politischen Ausgeliefertseins eindämmen.

In Zeiten des Nationalismus bedeutet Gegensteuern auch, die Macht Europas zu stärken. Im sich aufschaukelnden Machtspiel der globalen Großmächte hat Deutschland trotz seiner erheblichen ökonomischen Schlagkraft keine Chance. Deshalb sollte die deutsche Zivilgesellschaft politischen Druck aufbauen, der zu einem nennenswerten Integrationssprung auf europäischer Ebene führt. Die Auseinandersetzung um Europa wird der zentrale politische Konflikt mit den Rechtspopulisten sein. Denn sie werden die Macht des Nationalstaats verteidigen wollen und durch einen Rückbau der europäischen Integration sogar zu stärken versprechen. Dies würde sich, so sie mit dieser Haltung bei den Wählern Erfolg hätten, als gewaltiger Irrtum erweisen. Insofern erführe der Nationalstaat am Ende allenfalls eine Notblüte: ein letztes Aufbäumen vor dem Vergehen.

Wollen die politischen Parteien diesseits der Rechtspopulisten gegensteuern, müssen sie auch ihre politischen Inhalte neu ausrichten. Mit simpler Anpassung an die Inhalte und Positionen der Rechtspopulisten ist jedoch nichts gewonnen. Im Gegenteil, deren Glaubwürdigkeit würde noch gestärkt. Aber die Befindlichkeiten der AfD-Wähler können ein Hinweis auf die eigenen Defizite sein. Deshalb muss man sich mit den Ängsten dieser Menschen auseinandersetzen und sie nicht hochmütig beiseiteschieben. Im Ergebnis sollte dies zu einer Wiedergeburt gesellschaftlicher Schutzmechanismen führen. Soziale Risiken sollten wieder als solche verstanden werden, und sie sollten von der Gesellschaft als Ganzes auch in Zeiten der Globalisierung aufgefangen werden. Das Zeitalter des Neoliberalismus ist vorbei. Dabei wird jede Partei diesen politischen Auftrag entsprechend ihrem programmatischen Hintergrund anders interpretieren. Um den richtigen Weg muss immer wieder politisch gerungen werden, nur die Richtung muss stimmen. Diesen Streit sollte man sich wünschen, denn er hilft, sich zu orientieren.

Es ist eben wie bei dem Rabbi auf der Insel. Wir wissen, was wir wollen und was wir nicht wollen. Aber wir wissen auch, wir sind alle gemeinsam auf einer Insel.

Anhang

Anmerkungen

1 Siehe auch Jan-Werner Müller: Was ist Populismus? Ein Essay, Berlin 2016.

2 Bundeszentrale für Politische Bildung: Rechtspopulismus im Vergleich – Kernelemente und Unterschiede, https://www.bpb.de/politik/extremismus/rechtspopulismus/240093/rechtspopulismus-im-europaeischen-vergleich-kernelemente-und-unterschiede (Zugriff: 6.9.2019).

3 Wilhelm Heitmeyer: Warum der Begriff »Rechtspopulismus« verharmlosend ist, https://www.spiegel.de/kultur/gesellschaft/wilhelm-heitmeyer-warum-der-begriff-rechtspopulismus-verharmlosend-ist-a-1283003.html (24.8.2019, Zugriff: 26.8.2019).

4 https://www.duden.de/rechtschreibung/Shitstorm (Zugriff 21.8.2019).

5 Sheri Berman: Populism and Complexity, https://www.socialeurope.eu/populism-and-complexity (23.4.2019, Zugriff: 30.8.2019).

6 Dani Rodrik: What's driving Populism, https://www.socialeurope.eu/whats-driving-populism (23.7.2019, Zugriff: 30.8.2019).

7 »Der AfD geht es nur vordergründig um die deutsche Wirtschaft«, https://www.zeit.de/wirtschaft/2019-08/giovanni-

peri-migrationsoekonom-einwanderung-arbeitsplaetze-afd-ostdeutschland/komplettansicht?fbclid=IwAR2hiRVOGzyM5gwRKjBB-mAOKaPuOc-8hbEYpdMGHEvPgUpq3EWszm-kEVCo (31.8.2019, Zugriff: 31.8.2019).

8 Jean Pisani-Ferry: Farewell, flat World, https://www.project-syndicate.org/commentary/digital-economy-fuels-geopolitical-competition-by-jean-pisani-ferry-2019-07 (1.7.2019, Zugriff: 29.8.2019).

9 Chance oder Risiko? https://www.zeit.de/2019/31/john-kay-oekonom-volkswirtschaftslehre-wirtschaftswissenschaften-vorhersagen (24.7.2019, Zugriff: 2.9.2019).

10 Martin Gilens: Descriptive Representation, Money, and Political Inequality in the United States, in: Swiss Political Science Review 21 (2) (2015), S. 227.

11 Lea Elsässer; Svenja Hense; Armin Schäfer: Government of the People, by the Elite, for the Rich, MPIfG Discussion Paper 18/5 2018.

12 Stephan Schulmeister: Der Weg zur Prosperität, Wals bei Salzburg 2018.

13 Siehe hierzu auch Mariana Mazzucato: The Entrepreneurial State: debunking public vs. private sector myths, London 2013.

14 Michael Funke; Bernd Lucke; Thomas Straubhaar: Hamburger Appell, http://www.hwwi.org/uploads/tx_wilpubdb/Hamburger_Appell.pdf (Zugriff: 27.3.2020).

15 Thomas Fricke: Ökonomen Umfrage Teil 2: Keine Mehrheit für Radikales, in: Financial Times Deutschland vom 11.5.2006.

16 Für einen Überblick siehe Bundeszentrale für Politische Bildung (Hrsg.): Schuldenkrise und Demokratie, in: Aus Politik und Zeitgeschichte 2012.

17 Siehe die Ausführungen auf https://www.faz.net/aktuell/politik/harte-bretter/marktkonforme-demokratie-oder-demokratiekonformer-markt-11712359-p2.html (15.4.2012, Zugriff: 7.10.2019).

18 Benjamin Hartung, Philip Jung, Moritz Kuhn: What hides behind the German labor market miracle? Unemployment Insurance Reform and labor market dynamics, Universität Bonn Discussion Paper 2018, https://www.wiwi.uni-bonn.de/kuhn/paper/labormarketreform_November2018_edt.pdf (Zugriff: 18. 10. 2019).

19 Wilhelm Heitmeyer: Moralisch abwärts in den Aufschwung. Nützlichkeit und Effizienz – dieses Denken ist weit verbreitet und bedroht den Zusammenhalt der Gesellschaft. Ein Forschungsbericht, in: Die Zeit Nr. 51 vom 13. 12. 2007.

20 Philipp Ther: Das andere Ende der Geschichte. Über die große Transformation, Berlin 2019, S. 33.

21 Ariane Bemmer: Ein Hilfesystem, das ausgrenzt, ist keine Hilfe, https://www.tagesspiegel.de/politik/debatte-um-hartz-iv-reform-ein-hilfesystem-das-ausgrenzt-ist-keine-hilfe/23632880.html (15. 11. 2018, Zugriff: 16. 10. 2019)

22 Philipp Ther: Das andere Ende der Geschichte. Über die große Transformation, Berlin 2019, S. 95.

23 Zitiert nach: Blätter für deutsche und internationale Politik, Nr. 7, 1999, S. 887 f.

24 Olivier J. Blanchard und Daniel Leigh: Growth Forecast Errors and Fiscal Multipliers, NBER Working Paper No. 18779 (2013).

25 Brigitte Aulenbacher u. a.: Karl Polanyi. Wiederentdeckung eines Jahrhundertdenkers, Wien 2019.

26 Siehe hierzu Eva Amsen: Music charts reflect the changing pace of culture and society, scientists say, https://www.forbes.com/sites/evaamsen/2019/08/25/music-charts-reflect-the-changing-pace-of-culture-and-society-scientists-say/#34e71b583169 (25. 8. 2019, Zugriff: 2. 12. 2019).

27 Untersuchung der Social-Media-Analysefirma Alto in Zusammenarbeit mit NDR und WDR, https://www.tagesschau.de/investigativ/ndr-wdr/europawahl-soziale-medien-101.html (8. 5. 2019, Zugriff: 11. 3. 2020).

28 Siehe Interview in der FAZ, https://www.faz.net/aktuell/feuilleton/debatten/ethnologin-aus-thueringen-ueber-den-unmut-der-waehler-16457383.html (30. 10. 2019, Zugriff: 9. 12. 2019).

29 Siehe AfD: Steuern, Wirtschaft, Arbeit, https://www.afd.de/steuern-finanzen-wirtschaft-arbeit/ (Zugriff: 20. 1. 2020).

30 Luiz A. Pereira da Silva and Benoît Mojon: Exiting low inflation traps by »consensus«: nominal wages and price stability, https://www.bis.org/speeches/sp191219.pdf (Zugriff: 16. 1. 2020).

31 Tom Krebs: Eine gute öffentliche Infrastruktur ist das Fundament einer gerechten Gesellschaft, in: https://makronom.de/eine-gute-oeffentliche-infrastruktur-ist-das-fundament-einer-gerechten-gesellschaft-34698 (14. 1. 2020, Zugriff: 18. 1. 2020).

Abkürzungen

AfD	Alternative für Deutschland
ALG II	Arbeitslosengeld II
BIP	Bruttoinlandsprodukt
BIZ	Bank für Internationalen Zahlungsausgleich
CDU	Christlich-Demokratische Union
CEA	Council of Economic Advisers (Rat der Wirtschaftsberater, USA)
CEMR	Council of European Municipalities and Regions (Rat der Gemeinden und Regionen Europas)
CSU	Christlich-Soziale Union
DIW	Deutsches Institut für Wirtschaftsforschung
ESM	Europäischer Stabilitätsmechanismus
EU	Europäische Union
EWG	Europäische Wirtschaftsgemeinschaft
EZB	Europäische Zentralbank

FAZ	Frankfurter Allgemeine Zeitung
FDP	Freie Demokratische Partei
FN	Front National (französische Partei, mittlerweile: Rassemblement National)
FPÖ	Freiheitliche Partei Österreichs
IAB	Institut für Arbeitsmarkt- und Berufsforschung
IMK	Institut für Makroökonomie und Konjunkturforschung
IW	Institut der deutschen Wirtschaft
IWF	Internationaler Währungsfond
NPÖ	Neue Politische Ökonomie
OECD	Organisation for Economic Cooperation and Development (Organisation für wirtschaftliche Zusammenarbeit und Entwicklung)
OMT	Outright Monetary Transaction (vorbehaltloses geldpolitisches Geschäft)
OPEC	Organization of the Petroleum Exporting Countries (Organisation erdölexportierender Länder)
ÖVP	Österreichische Volkspartei
PEPP	Pandemic Emergency Purchase Programme
PiS	Prawo i Sprawiedliwość (Recht und Gerechtigkeit, polnische Partei)
PVV	Partij voor de Vrijheid (Partei für die Freiheit, niederländische Partei)
RGE	Rat der Gemeinden und Regionen Europas
RN	Rassemblement National (Nationale Sammlungsbewegung, französische Partei)
SPD	Sozialdemokratische Partei Deutschlands
SVR	Sachverständigenrat zur Begutachtung der gesamtwirtschaftlichen Entwicklung (»Fünf Weise«)
TTIP	Transatlantic Trade and Investment Partnership (Transatlantische Handels- und Investitionspartnerschaft)
UKIP	UK Independence Party (Partei für die Unabhängigkeit des Vereinigten Königreichs, britische Partei)
WTO	World Trade Organization (Welthandelsorganisation)

Literaturempfehlungen

Aulenbacher, Brigitte u. a.: Karl Polanyi. Wiederentdeckung eines Jahrhundertdenkers, Wien 2019.

Berman, Sheri: Populism and Complexity, https://www.social-europe.eu/populism-and-complexity (23. 4. 2019).

Blanchard, Olivier J. und Daniel Leigh: Growth Forecast Errors and Fiscal Multipliers, NBER Working Paper No. 18779 (2013).

Elsässer, Lea; Svenja Hense; Armin Schäfer: Government of the People, by the Elite, for the Rich, MPIfG Discussion Paper 18/5 (2018).

Gilens, Martin: Descriptive Representation, Money, and Political Inequality in the United States, in: Swiss Political Science Review 21 (2) (2015), S. 227.

Krebs, Tom: Eine gute öffentliche Infrastruktur ist das Fundament einer gerechten Gesellschaft, https://makronom.de/eine-gute-oeffentliche-infrastruktur-ist-das-fundament-einer-gerechten-gesellschaft-34698 (14. 1. 2020).

Piketty, Thomas: Kapital und Ideologie, München 2020.

Pisani-Ferry, Jean: Farewell, flat World, https://www.project-syndicate.org/commentary/digital-economy-fuels-geopolitical-competition-by-jean-pisani-ferry-2019-07 (1. 7. 2019).

Rodrik, Dani: What's driving Populism, https://www.socialeurope.eu/whats-driving-populism (23. 7. 2019).

Schulmeister, Stephan: Der Weg zur Prosperität, Wals bei Salzburg 2018.

Ther, Philipp: Das andere Ende der Geschichte. Über die große Transformation, Berlin 2019.

Dank

Dieses Buch ist ein Buch des Übergangs. Politisch, wirtschaftlich und persönlich. Mein nicht einfacher Schritt aus der Wissenschaft in die Politik verzahnt sich mit schwierigen Zeitläuften. Umso dankbarer bin ich all jenen, die mich in dieser Phase begleiten und unterstützen. Das gilt in erster Linie meiner Familie: meiner Frau Sabine sowie meinen Töchtern Janna und Julith.

Aber auch meine Freunde, persönliche, berufliche wie politische, haben mich in dieser Zeit ermutigt und zu vielen Gedanken inspiriert. Last not least möchte ich meinem Lektor Christof Blome für das intensive und herausfordernde Lektorat danken, das dem Text spürbar guttat.

Das Buch widme ich meinen betagten Eltern.